邓小平实录 ④

1982 — 1997

[改革开放40周年纪念版]

李新芝 / 主编

DENG
XIAO
PING

北京联合出版公司
Beijing United Publishing Co.,Ltd.

图书在版编目（CIP）数据

　　邓小平实录 . 4 / 李新芝主编 . —北京：北京联合
出版公司, 2018.7（2020.8 重印）
　　ISBN 978-7-5596-2190-0

　　Ⅰ . ①邓… Ⅱ . ①李… Ⅲ . ①邓小平（1904—1997）
–生平事迹 Ⅳ . ① A762

　　　　中国版本图书馆 CIP 数据核字（2018）第 115876 号

邓小平实录 . 4

　　　主　　编：李新芝
　　　责任编辑：郑晓斌　徐　樟

- -

北京联合出版公司出版
（北京市西城区德外大街 83 号楼 9 层　　100088）
河北鹏润印刷有限公司印刷　　新华书店经销
字数：292 千字　　710 毫米 ×1000 毫米　　1/16　　印张：18
2018 年 9 月第 1 版　　2020 年 8 月第 5 次印刷
ISBN 978-7-5596-2190-0
定价：52.00 元

- -

第九编　总设计师（1982—1989）

珍闻

第九编　总设计师

（1982—1989）

政治体制改革

在中国掀起的改革浪潮中，政治体制改革被认为是难度最大的。邓小平知难而进，对推动政治体制改革起了重要作用。

中国的政治体制是从革命战争年代演变而来的，主要是照搬苏联的模式。1956 年，我国进入全面进行社会主义建设时期后，这种高度集权的政治体制与经济、政治、文化等多方面的现代化建设不相适应的弊端，开始显现出来，其恶性发展的结果便是"文化大革命"那样一场十年动乱的大悲剧。

中共十一届三中全会前夕，在党酝酿和提出把全党工作重点转移到经济建设上来的时候，邓小平即已开始考虑和提出政治体制改革的问题。1978 年 10 月 11 日，他在中国工会第九次全国代表大会上的致辞中提出，实现四个现代化这场革命，"必然要多方面地改变生产关系，改变上层建筑，改变工农业企业自身的管理方式和国家对工农业企业的管理方式，使之适应于现代化大经济的需要"。并且指出："各个经济战线不仅需要进行技术上的重大改革，而且需要进行制度上、组织上的重大改革。"在这里，他明确提出了要改变生产关系、上层建筑和管理方式的问题，并强调要进行制度上的改革。

同年 12 月 13 日，邓小平在中共中央工作会议闭幕会上作了《解放思想，实事求是，团结一致向前看》的讲话。在这篇实际为中共十一届三中全会主题报告的讲话中，他更加明确和具体地提出了政治体制改革方面的问题。可见邓小平当时对政治体制改革问题已有了高度的重视。他提出："政治的空谈往往淹没一切。这并不是哪一些同志的责任，责任在于我们过去没有及时提出改革。但是如果现在再不实行改革，我们的现代化事业和社会主义事业就会被葬送。"对此，后来他解释说："我们提出改革时，就包括政治体制改革。"在讲话中，他还对涉及政治体制改革的许多问题作了阐述，如关于下放经济管理权限、加强责任制、保障人民民主、加强法制建设、克服官僚主义，等等。这些重要思想在随后召开的党的十一届三中全会上得到了确认。

中共十一届三中全会郑重提出了政治体制改革的任务，并作出了一系列决定，主要有：实行党中央和各级党委的集体领导，少宣传个人；充分地保障党员在党内对上级领导直至中央常委提出批评性意见的权利；把立法工作提到全国人民代表大会及其常委会的重要议程上来；检察机关和司法机关要保持应有的独立性；要保证人民在自己的法律面前人人平等，不允许任何人有超越于法律之上的特权；提出使民主制度化、法律化，使这种制度和法律具有稳定性、连续性和极大的权威。从而拉开了政治体制改革的序幕。

中共十一届三中全会开过之后到 1980 年 8 月近两年的时间里，我国的政治体制改革开始启动，初步纠正了"文化大革命"时期的畸形政治体制，但还没有触及根本问题。随着拨乱反正的深入开展和工作重点向经济建设的转移以及经济体制改革的逐步推进，人们对政治体制存在的弊病有了越来越痛切的感受，表现出强烈不满。

对于政治体制方面暴露出的与现代化建设的需要极不相适应的问题，在当时揭批林彪、"四人帮"，在总结"文化大革命"教训的大背景下，邓小平没有简单化地将其归咎于林彪、"四人帮"的干扰破坏，而是从更深的层面上，即从体制和制度上寻找根源，着手解决问题。

经过近两年的酝酿和探索，1980 年 8 月，中共中央政治局召开扩大会议，专门讨论政治体制改革问题。18 日，邓小平在会上做了题为《党和国家领导制度的改革》的重要讲话。当时讲的党和国家领导制度的改革，实际上就是政治体制改革。这是我们党关于政治体制改革问题的第一个专门报告。

邓小平在讲话中一针见血地揭露了我国现行政治体制中存在的弊端，指出："从党和国家的领导制度、干部制度方面来说，主要的弊端就是官僚主义现象，权力过分集中的现象，家长制现象，干部领导职务终身制现象和形形色色的特权现象。"讲话对产生这些弊端的根源作了深层次的分析，进而对政治体制改革的必要性和重要性进行了系统而精辟的阐述。例如，他指出："我们过去发生的各种错误，固然与某些领导人的思想、作风有关，但是组织制度、工作制度方面的问题更重要。这些方面的制度好可以使坏人无法任意横行，制度不好可以使好人无法充分做好事，甚至走向反面。"他强调，"为了适应社会主义现代化建设的需要，为了适应党和国家政治生活民主化的需要，为了兴利除弊，党和国家领导制度以及其他制度，需要改革的很多。我们要不断地总结历史经验，深入调查研究，集中正确意见，从中央到地方，积极地有步骤地继续进行改革。"邓小平在这篇讲话中还明确提出了政治体制改革的主要内容。

《党和国家领导制度的改革》这篇讲话，确定了我国政治体制改革的指导思想和基本思路，成为中国政治体制改革的纲领性文件。

在这篇讲话发表之后的几年里，政治体制改革并没有很快全面铺开。正如邓小平后来所说的那样："1980年就提出政治体制改革，但没有具体化。"其中的原因很多，主要就是因为政治体制改革与经济体制改革相比较而言，经济体制改革的任务更为紧迫，改革首先从经济体制发轫。同时也由于政治体制改革比经济体制改革更为复杂和敏感，在一些具体问题上，党内存在不同意见，要取得一致需要一定的时日。

先行的经济体制改革沿着从农村到城市的轨迹迅速推进，仅仅经过了几年的时间就促进了生产力的发展，引起了经济生活、社会生活、工作方式和精神状态的一系列深刻变化。另外，在经济体制改革加快步伐、不断深化的过程中已开始遇到新的问题和矛盾，包括与旧的政治体制的碰撞。由于中国过去经济体制同政治体制是紧紧捆在一起的，20世纪80年代中期，当经济体制改革转为以城市改革为重点以后，政治体制相对滞后的矛盾就自然地日渐暴露并突出起来。

在经济体制改革中所遇到的问题使邓小平敏锐地认识到，经济体制改革的深入，对政治体制改革提出了紧迫要求，必须适时地进行政治体制改革。

从1986年起，到召开党的十三大，政治体制改革问题重新成为邓小平思考和谈论的中心问题之一。

1986年5月20日，邓小平会见澳大利亚总理霍克。他在向客人介绍中国改革的现状和设想时说：城市改革是全面改革，不仅涉及经济领域，也涉及文化、科技、教育领域，更重要的是还涉及政治体制改革。政治体制改革就要消除机构臃肿、人浮于事、官僚主义，还包括改革人事制度。这是他继1980年之后再次提出政治体制改革问题。在这次谈话中，他提出"更重要的是还涉及政治体制改革"，强调的程度比以往明显加强。

自此开始，政治体制改革问题成为他 1986 年谈话的焦点。这一年中有近 20 次谈话谈到政治体制改革问题，其中有 9 次是作为主要谈话内容。

6 月 10 日，邓小平在听取中央负责同志汇报经济情况时说："现在看，不搞政治体制改革不能适应形势。改革，应该包括政治体制改革。"并且明确提出应该把政治体制改革"作为改革向前推进的一个标志"。

6 月 28 日，在中共中央政治局常委会上，乔石汇报党风工作情况后，邓小平从党和政府的关系问题再次谈到政治体制改革。他提出："政治体制改革同经济体制改革应该相互依赖，相互配合。"他甚至由权力下放问题，把政治体制改革提到了关系整个改革成败的高度，他说："只搞经济体制改革，不搞政治体制改革，经济体制改革也搞不通，因为首先遇到人的障碍。事情要人来做，你提倡放权，他那里收权，你有什么办法？从这个角度来讲，我们所有的改革最终能不能成功，还是决定于政治体制改革。"

9 月 3 日，他对日本公明党委员长竹入义胜说："对于改革，在党内、国家内有一部分人反对，但是真正反对的并不多。重要的是政治体制改革不适应经济体制改革的要求。""现在经济体制改革每前进一步，都深深感到政治体制改革的必要性。不改革政治体制，就不能保障经济体制改革的成果，不能使经济体制改革继续前进，就会阻碍生产力的发展，阻碍四个现代化的实现。"

11 月 7 日，他对意大利总理克拉克西说：在改革过程中，提出一个新的问题，经济改革到一定时候要提出政治改革。

毫无疑问，邓小平在 20 世纪 80 年代中期重新提出政治体制改革是改革实践发展的客观要求使然。这充分体现了邓小平敏锐的洞察力和对改革实践的准确把握。

按照经济体制改革的客观要求，邓小平重新提出了政治体制改革，但他没有把目光局限于围绕经济体制改革的一些实际问题来谈论政治体制改革，而是高瞻远瞩，从社会主义制度的完善和发展，从建设有中国特色的社会主义的总要求和实现现代化伟大目标的战略高度，放眼政治体制改革的总体设计。对于经济体制改革，邓小平曾说过，在经济问题上他是个外行，讲了一些话都是从政治角度来讲的。而在政治体制改革方面情况就不同了，英国前驻华大使伊文思的评论不无道理："政治改革则不同，对此，邓小平可不是外行。"

1986 年，距离党的十三大只有一年的时间，邓小平希望在这段时间里通过充分讨论、酝酿，理出头绪，以便能在党的十三大上形成一个实施政治体制改革的蓝图。所以他不仅强调政治体制改革的重要性和迫切性，而且将其目标和内容也都明确提了出来。

关于政治体制改革的总目标，邓小平说得非常清楚。1986 年 9 月 3 日，他会见竹入义胜，在回答客人的提问时说："进行政治体制改革的目的，总的来讲是要消除官僚主义，发展社会主义民主，调动人民和基层单位的积极性。"

9 月 29 日，在会见波兰统一工人党中央第一书记、国务委员会主席雅鲁泽尔斯基时，邓小平更加明确、完整地概括出总目标为三条："第一，巩固社会主义制度；第二，发展社会主义社会的生产力；第三，发扬社会主义民主，调动广大人民的积极性。"

更富有新意的是关于近期目标或者叫具体目标，这是邓小平在谈话中多次谈到的，以 11 月 9 日与日本首相中曾根康弘的谈话表述最为完整，他提出："第一个目标是始终保持党和国家的活力。"主要是实现领导层干部队伍年轻化；"第二个目标是克服官僚主义，提高工作效率。"邓小平认为效率不高主要涉及党政不分；"第三个目标是调动基层和工人、农民、知识分子的积极性。"

与长远目标相比，近期目标需要抓住当前政治体制改革中的主要矛盾和关键环节，邓小平所提出的目标体现了这一点。

第一个目标尤为关键，它是提高效率和调动积极性的基础和保证。

增强领导层的活力，实现干部队伍年轻化，邓小平很早就意识到这是关系国家长治久安的大问题。1980 年，他在《党和国家领导制度的改革》中着重讲过这个问题，而且身体力行，为领导层年轻化做出了表率。他认为，七年多的时间，我们走了几步，但还不理想，现在基本上还是老年化或者叫年龄偏大。因此，到了 1986 年，他不但更加重视这一问题，再三呼吁，而且从自身做起，恳切地表达自己退休的愿望，带头实践党和国家干部制度的改革。

1986 年 9 月 2 日，他在接受美国记者华莱士采访时说，就我个人来说，我是希望早退休。我正在说服人们，我明年在党的十三大时就退下来。11 月 1 日，他又对意大利总理克拉克西说，拿我来说，非改革不行，已八十二岁，还能干吗？该让路了。与我同龄的人有一批，我们在酝酿让位的问题，这一步非走不行。

在坚决主张包括自己在内的老同志退休，废除领导干部职务终身制的同时，邓小平毫不迟疑地力主领导层要年轻化，并表现出了很大的决心。10月24日，他在会见日中友协代表团的谈话中，当日本朋友谈起老一代和年轻一代领导人在年龄上、对问题看法上的差别时，邓小平干脆地说，年轻人思想开放，最支持改革。第二条，年轻人精力充沛，工作效率高。总之，要年轻化，否则没有出路。11月3日，他同美籍华人陈省身谈起这个问题并提出了实现年轻化的期限，他说："中国目前人才往往从五六十岁的人中挑选，这样就不能体现活力。中国只有出现三四十岁的政治家、科学家、经济管理家和企业家，并由这批人担负重任，国家才有活力，政策才能保持长久。"他明确提出要花十五年左右的时间逐步解决干部年轻化的问题。几天后，即在11月9日同中曾根康弘的谈话中，他进一步提出具体设想："明年党的十三大要前进一步，但还不能完成，设想党的十四大再前进一步，党的十五大完成这个任务。"

萦绕在邓小平脑海里的另一个问题是政治体制改革应该从何处着手。9月13日，邓小平在听取中央财经领导小组汇报时提出："改革的内容，首先是党政要分开，解决党如何善于领导的问题。这是关键，要放在第一位。第二个内容是权力要下放，解决中央和地方的关系，同时地方各级也都有一个权力下放问题。第三个内容是精简机构，这和权力下放有关。"

同时，邓小平还特别地提出了改革应遵循的原则和方法。如，改革既要坚决，又要谨慎；不能照搬西方模式，要根据我国的实际情况，在共产党的领导下，有秩序地进行；等等。这对于政治体制改革顺利健康地进行是非常必要和及时的。

从长远目标到近期目标，从具体内容到原则方法，既着眼于社会主义的长久发展，又充分考虑当前的客观实际，显示出邓小平对政治体制改革问题的深思熟虑。把这个时期他的阐述与他在1986年前后的有关阐述作个比较的话，完全算得上是完整、准确了。这意味着邓小平政治体制改革思想这时已基本形成了一个比较完整的体系，从而使我们党不仅开始重新重视政治体制改革问题，真正将其摆上议事日程，而且拥有了一定的思想理论基础，明确了方向。

1986年9月，党的十二届六中全会把坚定不移地进行政治体制改革确定为我国社会主义现代化建设的总体布局的重要内容之一。

同时，根据邓小平的建议和关于目标、内容的设想，党中央成立了中央政治体制改革研讨小组，组织有关方面的理论工作者和实践工作者进行专题研讨和论证工作。邓小平关于政治体制改革的一系列论述，还在全国理论界引起了一场规模空前的大讨论，讨论中所提出的许多观点和建议对政治体制改革方案的设计产生了积极的作用。研讨小组在吸收各方意见的基础上，经过反复论证，一年后形成了《政治体制改革总体设想》的初步方案，其主要内容写入了中共十三大报告。

1987年10月，中共召开的十三大将政治体制改革列入议程，提出了政治体制改革的蓝图。十三大报告指出："进行政治体制改革，就是要兴利除弊，建设有中国特色的社会主义民主政治。改革的长远目标，是建立高度民主、法制完备、富有效率、充满活力的社会主义政治体制。""改革的近期目标，是建立有利于提高效率、增强活力和调动各方面积极性的领导体制。"报告提出了七个方面的改革措施：第一，实行党政分开。第二，进一步下放权力。第三，改革政府工作机构。第四，改革干部人事制度。第五，建立社会协商对话制度。第六，完善社会主义民主政治的若干制度。第七，加强社会主义法制建设。很显然，中共十三大所提出的政治体制的总体设计方案，完全体现了邓小平关于政治体制改革的设想。

中共十二大

党的十一届三中全会以后，经过近四年的全面拨乱反正和局部改革，促进了我国由"文化大革命"的严重挫折到全面开创社会主义现代化建设新局面的重大转变。各项事业、各条战线出现了一系列新的变化，主要表现在：在思想上，重新确立了马克思列宁主义的实事求是的思想路线，逐步纠正了指导思想上和实际工作中的"左"倾错误，在新的历史条件下坚持和发展了毛泽东思想，思想解放，使各条战线焕发出了生气勃勃的创造力。在经济上，党把工作重点转移到社会主义现代化建设上来，调整了国民经济，改革开放起步，农村经济体制改革初见成效，经济逐步走上稳步发展的健康轨道。在政治上，揭批"四人帮"，消除其帮派势力和思想残余，平反冤假错案，落实各项政策，实现了安定团结、生动活泼的政治局面。在组织上，逐步调整、整顿和加强了各级领导班子，把一批优秀人才提拔到各级领导岗位上。党的组织逐步健全，党的威信不断提高。

这一切表明，中共十一届三中全会以来，党中央所制定和执行的路线、方针、政策是正确的，我们国家已经基本消除了"文化大革命"所造成的严重后果，并为全面开创社会主义现代化建设和改革开放的新局面创造了条件。同时也要看到，随着国内外形势的转变，社会主义现代化建设的伟大实践向我们党提出了一系列需要不失时机地加以解决的重大课题。确定继续前进的战略目标、战略步骤、战略重点和与此相适应的具体方针政策，全面开创社会主义现代化建设新局面等问题，迫切地提到了中国共产党的议事日程上来。

1982年9月1日至11日，中国共产党第十二次全国代表大会在北京隆重开幕。大会的主要议程有三项：1.审议通过中央委员会的报告，确定全面开创社会主义现代化建设新局面的纲领；2.审议通过新的中国共产党章程；3.按照新党章规定，选举新的中央委员会、中央顾问委员会和中央纪律检查委员会。

邓小平在会上致开幕词。

邓小平在开幕词中回顾了党的七大以来的历史，阐明了党的十二大的历史地位，指出这次代表大会将是党的第七次全国代表大会以来最重要的一次会议。

他说，党的七大是建党以后民主革命时期我们党最重要的一次代表大会。它总结了我国民主革命二十多年曲折发展的历史经验，制定了正确的纲领和策略，克服了党内的错误思想，使全党的认识在马克思列宁主义、毛泽东思想的基础上统一起来，达到了全党的空前团结，为新民主主义革命在全国的胜利奠定了基础。党的八大的路线是正确的，但由于当时党对于全面建设社会主义的思想准备不足，党的八大提出的路线和许多正确意见没有能够在实践中坚持下去。党的八大以后，我们取得了社会主义建设的许多成就，同时也遭到了严重挫折。

对于党的十二大，邓小平满怀信心地说："现在这次代表大会和'八大'时的情况有了很大的不同。正如'七大'以前，民主革命二十多年的曲折发展，教育全党掌握了我国民主革命的规律一样，'八大'以后社会主义革命和建设二十多年的曲折发展也深刻教育了全党。从中共十一届三中全会以来，我们党在经济、政治、文化等各方面的工作中恢复了正确的政策。和党的'八大'的时候比较，现在我们党对我国社会主义建设规律的认识深刻得多了，经验丰富得多了，贯彻执行我们党的正确方针的自觉性和坚定性大大加强了。我们有充分的根据相信，这次代表大会制定的正确的纲领，一定能够全面开创社会主义现代化建设的新局面，使我们党兴旺发达，使我们的社会主义事业兴旺发达，使我们的国家和各民族兴旺发达。"

开幕词中，邓小平总结了党的历史经验，首次提出了走有中国特色的社会主义道路的指导思想，明确提出了"建设有中国特色的社会主义"这一科学命题，这是对党的十一届三中全会以来社会主义现代化建设指导思想的新的理论概括。

邓小平提出："我们的现代化建设，必须从中国的实际出发。无论是革命还是建设，都要注意学习和借鉴外国经验。但是，照抄照搬别国经验、别国模式，从来不能得到成功。这方面我们有过不少教训。把马克思主义的普遍真理同我国的具体实际结合起来，走自己的道路，建设有中国特色的社会主义，这就是我们总结长期历史经验得出的基本结论。""中国的事情要按照中国的情况来办，要依靠中国人自己的力量来办。独立自主，自力更生，无论过去、现在和将来，都是我们的立足点。中国人民珍惜同其他国家和人民的友谊和合作，更加珍惜自己经过长期奋斗而得来的独立自主权利。任何外国不要指望中国做它们的附庸，不要指望中国会吞下损害我国利益的苦果。我们坚定不移地实行对外开放政策，在平等互利的基础上积极扩大对外交流。同时，我们保持清醒的头脑，坚决抵制外来腐朽思想的侵蚀，决不允许资产阶级生活方式在我国泛滥。中国人民有自己的民族自尊心和自豪感，以热爱祖国、贡献全部力量建设社会主义祖国为最大光荣，以损害社会主义祖国利益、尊严和荣誉为最大耻辱。"

在开幕词中，邓小平还指出：20世纪80年代是我们党和国家历史发展上的重要年代。加紧社会主义现代化建设，争取实现包括台湾在内的祖国统一，反对霸权主义、维护世界和平，是我国人民在20世纪80年代的三大任务。这三大任务中，核心是经济建设，它是解决国际、国内问题的基础。今后一个长时期，至少是到本世纪末的近二十年内，我们要抓紧四项工作：进行机构改革和经济体制改革，实现干部队伍的革命化、年轻化、知识化、专业化；建设社会主义精神文明；打击经济领域和其他领域内破坏社会主义的犯罪活动；在认真学习新党章的基础上，整顿党的作风和组织。这是我们坚持社会主义道路，集中力量进行现代化建设的最重要的保证。

邓小平的开幕词言简意赅，高屋建瓴，听后给人以力量，使人振奋。特别是"建设有中国特色的社会主义"的提出，解决了我们党在几十年的艰苦探索中一直没有解决的问题，即现代化建设走什么道路的问题。这个问题实际上是邓小平在新时期全部理论思考的主题，是邓小平理论的精髓。

邓小平致开幕词后，紧接着，胡耀邦代表中共十一届中央委员会向大会作了题为《全面开创社会主义现代化建设的新局面》的政治报告。

报告在回顾了中共十一届三中全会以来的历程和各条战线所取得的巨大成就之后，提出了党在新的历史时期的总任务是：团结全国各族人民，自力更生，艰苦奋斗，逐步实现工业、农业、国防和科学技术现代化，把我国建设成为高度文明、高度民主的社会主义国家。

报告把社会主义现代化经济建设作为在全面开创新局面的各项任务中的首要任务，从我国的实际出发，确立了我国经济建设的战略目标、战略重点、战略步骤和一系列方针政策。根据邓小平的设想，报告确定：从 1981 年到本世纪末的二十年，我国经济建设总的奋斗目标是，在不断提高经济效益的前提下，力争使全国工农业的年总产值翻两番，使人民的物质文化生活达到小康水平。在战略部署上分两步走：前十年主要是打好基础，积蓄力量，创造条件；后十年要进入一个新的经济振兴时期。

报告在提出促进社会主义经济全面高涨的同时，提出要努力建设高度的社会主义精神文明和高度的社会主义民主。报告指出，社会主义精神文明是社会主义的重要特征，是社会主义制度优越性的重要表现。而社会主义的物质文明和精神文明建设，都要靠继续发展社会主义民主来保证和支持。建设高度的社会主义民主，是我们的根本目标和根本任务之一。社会主义民主的建设必须同社会主义的法制建设紧密地结合起来，使社会主义民主制度化、法律化。

解决好干部队伍的新老交替，尽快实现干部队伍的革命化、年轻化、知识化、专业化，是中共十二大的主要议题之一。

9 月 10 日和 11 日上午，大会举行全体会议，选举产生了新的中央委员会委员、中央纪律检查委员会委员。中央委员会保留了邓小平等 6 位德高望重的老一辈革命家，同时新成立了党史上没有过的中央顾问委员会。

这三个委员会的产生，尤其是顾问委员会的成立，体现了邓小平在《党和国家领导制度的改革》中关于设立三个委员会、进一步建立分权制衡机制的设想，顺利实现了党的领导班子的新老干部交替。这在国际共产主义运动史上也是一个创举。这是中共十二大的一个重要功绩。

党的第十二次全国代表大会反映了到 1982 年以邓小平为代表的中国共产党对在中国建设社会主义的规律性所达到的认识水平，并根据这一认识水平，规划了社会主义建设的蓝图，提出了实现这一蓝图所必须执行的大政方针。"建设有中国特色的社会主义"这一科学概念的提出，标志着我们党真正找到了一条建设社会主义的正确道路。正如邓小平所说：中国共产党"从十一届三中全会到'十二大'，我们打开了一条一心一意搞建设的新路"。从此，中国进入全面开创社会主义现代化建设新局面的阶段。

中央顾问委员会

中央顾问委员会，是邓小平根据我们党的实际需要而倡导的一种史无前例的过渡性的组织形式，是我们党实现干部领导职务从终身制走向离退休，最终废除干部领导职务终身制，实行党和国家领导制度改革的一个重要步骤。

中央顾问委员会始于 1982 年 9 月召开的党的十二大，终于 1992 年召开的党的十四大，共存在了十年的时间。

完成干部队伍的新老交替，废除干部领导职务的终身制，建立退休制度，是邓小平一直非常重视并致力于解决的一个问题。

长期以来，领导干部职务终身制一直是国际共产主义运动和我国社会主义民主政治建设中存在的弊端。新中国成立后，由于受苏联政治体制的影响，我们党在实践中一直没有彻底从领导制度上解决这个问题。

粉碎"四人帮"后，在邓小平等一批老一辈革命家的领导下，果断地进行了拨乱反正的工作，"文革"期间混入干部队伍的帮派分子被清理出去，大批冤假错案得到了纠正，一大批老干部被解放出来，并重新回到领导岗位。这些老干部在长期的革命和建设过程中，为党和人民作出了很大贡献，有丰富的治党、治国和治军的经验，是我们党和国家不可多得的宝贵财富。但是，从另一方面来讲，这些老干部复出时，大都年事已高，精力不济，无法适应新的工作要求，致使干部队伍的活力减退、效率下降，这是当时摆在我们党面前亟须解决的一个突出的问题。

早在 1977 年，刚刚恢复工作的邓小平就敏锐地意识到这个问题。这年的12 月，他在中央军委全体会议上对在座的老同志说："现在我们的领导干部年龄都比较大了，五年以后，五十岁以下的人，打过仗的就很少了。所以，我们这些老同志，要认真选好接班人，抓紧搞好传帮带。"

1978 年 6 月 2 日，邓小平在全军政治工作会议上谈到接班人问题时，再次提出："我们老同志在这个问题上，眼光要放得远一些。""选好接班人，带好接班人。这件事做好了，我们才有资格去见马克思，见毛主席，见周总理。"

1979 年 7 月，邓小平在接见海军党委常委扩大会议全体同志时强调："现在摆在老同志面前的任务，就是要有意识地选拔年轻人，选一些年轻的身体好的同志来接班。"他提出，老同志要有意识地退让。要从大处着眼，一定要趁着我们在的时候挑选好接班人，把那些表现好的同志用起来，培养几年，亲自看着他们成长起来。11 月 2 日，他在中央党、政、军机关副部长以上干部会议上又说：

现在我们国家面临的一个严重问题，不是四个现代化的路线、方针对不对，而是缺少一大批实现这个路线、方针的人才。……确定了实现四个现代化的目标还不够，还需要有人干。谁来干？反正靠我们坐在办公室画圈圈不行，没有希望。现在真正干实际工作的还是那些年轻人。……老同志现在的责任很多，第一位的责任是什么？就是认真选拔好接班人。选得合格，选得好，我们就交了账了，这一辈子的事情就差不多了。其他的日常工作，是第二位、第三位、第四位、第五位、第六位的事情。

急切之情溢于言表。

在邓小平一再倡导和呼吁下，培养接班人的问题逐渐为全党所接受。在1980 年 2 月 23 日至 29 日召开的中共十一届五中全会上，提出了废止领导干部职务终身制的问题。会后，中共中央政治局又通过了《关于丧失工作能力的老同志不当"十二大"代表和中央委员会候选人的决定》，在废除终身制、实现干部队伍年轻化的道路上迈出了坚实的一步。

1981 年 7 月 2 日，邓小平在中共省、自治区、直辖市委员会书记座谈会上的讲话中，把这个问题提得到更高层面，并适时地提出了老干部离退休的问题。他说，选拔培养中青年干部这个问题太大了，这是个战略问题，是决定我们命运的问题。解决这样一个大问题，我们老同志要开明，要带头。他提出，退休制度，也应该有个年龄限制。不仅年龄有限制，干部的名额也有限制。并提出，要把这个事情当作第二个五年计划的目标，用五年到十年的时间完成。

邓小平在倡导和推进选拔中青年干部的过程中，碰到的最大难题是如何妥善解决老干部的离职问题。

由于当时老同志刚刚恢复工作，在领导班子中是骨干力量，工作热情很高，马上让他们退出工作岗位，许多人一时难以接受。加之多年来我们党没有注意提拔中青年干部，造成干部队伍青黄不接，有些老干部担心年轻干部经验少，压不住阵脚。

从我们党当时干部队伍的状况来看，新提拔的年轻干部在一段时间内也确实离不开经验丰富的老同志的传帮带。这就决定了我们党在短时间内全面实行退休制度有一定的难度，也是不现实的。鉴于这种状况，邓小平向中共中央提出，设立中央顾问委员会，作为一种过渡办法。这样，既可以使老同志适时地退出第一线，以利于优秀中青年干部进入领导班子，增强活力，提高战斗力；又可以使老干部在第二线过渡一段时间，充分利用他们的经验，起一个传帮带的作用。

1980年8月18日，在中共中央政治局扩大会议上，邓小平第一次提出设立顾问委员会的建议。他说，中央正在考虑再设一个顾问委员会（名称还可以再考虑），连同党的中央委员会，都由党的全国代表大会选举产生，并明确规定各自的任务和权限。这样，就可以让大批原来在党中央和国务院工作的老同志，充分利用他们的经验，发挥他们的指导、监督和顾问的作用。同时，也便于使党中央和国务院的日常工作班子更加精干，逐步实现年轻化。

1981年7月2日，邓小平在省、自治区、直辖市党委书记座谈会上又提到这个问题。他说："在前一段时间，中央曾经设想，将来除了新的中央委员会以外，再设两个委员会，一个是顾问委员会，一个是纪律检查委员会，容纳一些老同志。中央委员会成员比较年轻一点，这是为后事着想。"这次会议之后，设立顾问委员会的问题开始提上党中央的议事日程。

1982年7月4日，邓小平在军委座谈会上谈到如何解决新老干部交替的矛盾问题时，引用了聂荣臻提出的一个建议。他说："聂荣臻同志提出步子要稳当，我赞成。他有一个好意见，就是要结合，老的一下丢手不行。老的要结合中、青。"

1982年7月30日，中共中央召开政治局扩大会议，讨论即将向中共十二大提交的《中国共产党章程》（修改草案）。邓小平在这次会议的讲话中说：

> 这次的党章有些问题没有完全解决，比如领导职务终身制的问题，已经接触到了，但没有完全解决，退休制度的问题也没有完全解决，设顾问委员会，是一种过渡性质的。鉴于我们党的状况，我们干部老化，但老同志是骨干，处理不能太急，太急了也行不通。还有，我们多年来对中青年干部的提拔就是少，就是没有注意这方面的工作嘛。而且还得承认，确实是障碍重重，这个障碍有些是有意识的，有些是无意识的，两种情况都有。所以，我们需要有一个顾问委员会来过渡。顾问委员会，应该说是我们干部领导职务从终身制走向退休制的一种过渡。我们有意识地采取这个办法，使得过渡比较顺利。也许经过三届代表大会以后，顾问委员会就可以取消了。如果两届能够实现，就要十年。……所以，顾问委员会是个过渡，这个过渡是必要的，我们选择了史无前例的这种形式，切合我们党的实际。但是在这个过渡阶段，必须认真使干部队伍年轻化，为退休制度的建立和领导职务终身制的废除创造条件。

1982年9月1日至11日召开的党的第十二次全国代表大会审议和通过了《中国共产党章程》（修改草案），正式决定并宣布在中央和省级设立顾问委员会，并规定了各自的性质和权限。"党的中央顾问委员会是中央委员会的政治上的助手和参谋"，"中央顾问委员会在中央委员会领导下进行工作，对党的方针、政策的制定和执行提出建议，接受咨询；协助中央委员会调查处理某些重要问题；在党内外宣传党的重大方针、政策；承担中央委员会委托的其他任务"。

大会根据新党章的规定，选举出了中央顾问委员会委员172人。

党的十二大闭幕后，中央顾问委员会于9月13日召开了第一次全体会议。在这次会议上，邓小平当选为第一任中央顾问委员会主任，薄一波、许世友、谭震林、李维汉为副主任，选举出24名常务委员。

在这次会议上，邓小平发表了重要讲话。在谈到顾问委员会成立的原因和目的时，他说："中央顾问委员会是个新东西，是根据中国共产党的实际情况建立的。"党的"十一届三中全会以后不久，我们就讲要废除党和国家领导职务实际上存在的终身制。这个问题，世界上许多国家恐怕都比我们解决得好。我们干部老化的情况不说十分严重，至少有九分半严重。这个问题不解决，我们的国家、我们的党就缺乏活力。现在着手来解决，采取顾问委员会这种过渡的形式，比较合乎我们的实际情况，比较稳妥，比较顺当。"其目的是使中央委员会年轻化，同时让一些老同志在退出第一线之后继续发挥一定的作用。

邓小平以他的远见卓识，在中央顾问委员会成立之日就郑重宣布，不久的将来要取消它，并紧紧抓住它的过渡性这一性质和特点，来规定它存在期间应起的作用。这就为顾问委员会开展工作定下了基调，明确了工作方向和行动准则。

邓小平说，中央顾问委员会是解决党的中央领导机构新老交替的一种组织形式，是一种过渡性质的组织形式。他说："我们的国家也好，党也好，最根本的应该是建立退休制度。"他设想"再经过十年，最多不要超过十五年"的时间，通过这种过渡形式，稳妥地解决好干部新老交替的问题，把退休制度建立起来，然后取消这个顾问委员会。他说："顾问委员会今天刚成立，就宣布准备将来取消，这就明确了这个组织的过渡性。"

中央顾问委员会怎样做工作、怎么起作用？邓小平说："总的说就是要按照新的党章办事。"他指出：

> 顾问委员会要注意的第一件事情，就是不要妨碍中央委员会的工作。我们老同志要自觉，我们都是老上级、老领导，牌子大、牌子硬啊，比中央委员会的成员牌子硬啊。以后中央委员会的成员越来越年轻，越来越是我们的后辈。我们的态度正确，对推动他们的工作，帮助他们的工作，很有好处。如果搞得不适当，也会带来不好的影响。不仅不要妨碍中央委员会的工作，包括中央政治局、书记处的工作，也不要妨碍下面各级的工作。

他告诫道：到省里去了解情况，不要随便发表意见。首先要认真调查研究，学习下面的实际经验。要注意起传帮带作用，而不是去发号施令。我们讲话是有人听的，有分量的，所以要慎重。从一开始就要注意这个问题。他要求"顾问委员会的成员要联系群众"，可以联系一个基层单位，深入地了解情况，这样就可以对党中央更好地起到参谋和助手的作用。到联系的单位还可以做一个报告员，把我们国家的事情，我们党在每个时期采取的方针政策，国际情况和我们的对外政策，及时地给群众讲讲，可以讲现在，也可以讲历史。作报告本身就是传帮带。他还提出：顾问委员会要在保持党的优良作风方面以身作则。他说，我们这些老同志下去，人家是非常尊重的，生活上是会照顾的，我们自己要注意不要过分麻烦人家。总之，中央顾问委员会怎样做工作、怎样起作用，是个新问题。相信我们这些老同志会处理得很好。

中央顾问委员会建立以后，做了大量的卓有成效的工作。老同志们在为党发挥余热的同时，也逐步地开始淡出，到1985年9月党的全国代表会议以后，中央先后有141位老同志退出了中央政治局、中央委员会、顾问委员会。在全国范围内，先后有180万老干部从领导岗位上退了下来，有330万年轻干部被选拔到各级领导岗位。

1987年，邓小平在党的第十三次全国代表大会上辞去了中央政治局委员和常委、中央委员和中央顾问委员会主任的职务。1989年又辞去了军委主席的职务，完全从党、国家和军队的领导岗位上退了下来。

中央顾问委员会，凭借老一辈无产阶级革命家在党内的崇高威望和率先垂范的作用，顺利解决了领导职务终身制的问题，带动了政治体制的全面改革。

到1992年党的第十四次全国代表大会时，我们党新老干部的合作与交替取得了预期的进展，各级领导班子经过调整和充实，明显增强了活力。党的干部离休、退休制度已基本确立。中央顾问委员会作为过渡性质的组织形式，已基本上完成了它的任务。根据中央顾问委员会的建议，党的十四大决定，从中共十四大起不再设立中央顾问委员会。

正如邓小平在中央顾问委员会成立之初的那篇讲话中所设想的那样，经历了整整十年的时间，中央顾问委员会圆满地完成了它的历史使命，光荣地退出了政治舞台。

下苏杭

1983年2月5日，邓小平离开北京，踏上南下的列车。此行的目的地，他选择在经济比较发达的苏州和杭州。

选择苏州和杭州，邓小平有他的考虑。

中共十二大开过以后，"翻两番""奔小康"成为全党和全国人民议论的中心话题。这个目标切不切合实际，到底能不能达到，会不会成为一个空的口号，人们都在议论，党的高层领导人也在思考。

中共十二大选举产生了中央顾问委员会，邓小平当选为主任。在中央顾问委员会第一次全体会议上，邓小平号召顾问委员会的成员要联系实际，认真调查研究，学习各地的实际经验，深入了解情况，宣传党在各个时期的方针政策。

中国是一个农业大国，特点是人口多、底子薄。"翻两番"的目标能不能实现，主要在农村。

邓小平最关注的就是农村。他说："中国有 80% 的人口在农村，中国的社会是不是安定，中国的经济能不能发展，首先要看农村能不能发展，农民的生活是不是好起来。翻两番，首先要看这 80% 的人口能不能达到。"

1982 年 12 月 1 日，邓小平在同国家计委负责人宋平谈话时曾说，本世纪"翻两番"的目标靠不靠得住？党的十二大说靠得住，我也相信是靠得住的，但究竟靠不靠得住，还要看今后的工作。

邓小平心中装着"翻两番""奔小康"的问题，在北京坐不住了。春节将至，他想到实际生活中去获取"翻两番"的第一手资料。此时，他把目光投向了经济发展较快的苏杭地区。

俗话说："上有天堂，下有苏杭。"苏杭地区地处长江三角洲，背靠上海，历来比较富庶，近几年经济发展尤为迅速。特别是苏州，当时的人均国民生产总值已经超过了 800 美元，像这样的地方能不能在 2000 年再翻两番？如果能，到那时的社会又将会是什么样？

带着这样的思考，邓小平第一站就直奔苏州。

2 月 6 日下午 2 时 31 分，一辆乳白色丰田面包车驶进古城苏州，来到位于城南的南园宾馆。邓小平和夫人卓琳就下榻在宾馆的新平房。

2 月的江南，春意盎然，宾馆的庭院内垂柳已经吐芽，迎春花含苞欲放。邓小平的到来又给这里增添了新的融融春意。

这是邓小平第二次来苏州。

二十多年前，他曾来过这里，那是"三年困难时期"。

时过境迁，苏州已今非昔比。整洁的街道，琳琅满目的商品，特别是喜气洋洋的人群，再加上新春佳节前的祥和气氛，这一切确实令这位年近八十岁的老人心旷神怡。

　　原苏州地委书记戴心思回忆说："小平同志到苏州的时候，正好是我们党的十二大开过不久。那个时候，苏州和全国一样，大家都在议论'翻两番''奔小康'的问题。那个时候一谈就是这个问题，因为党的十二大刚刚开过。小平同志对苏州这个地方，最关心的问题就是能不能翻两番，什么时候能够奔上小康。他问，现在苏州农村的现状究竟是什么样子？你们对翻两番有没有信心？因为当时有一种议论，好像基础差的地方翻番比较容易，因为基数低，翻番比较容易。基础好的地方，好像块头大，翻番比较难。当时江苏省委的一些领导同志和我们苏州市呀、地区呀，我们的一致看法，就觉得不一定。可能基础好的地方翻番比较快，因此当时我们就估计，苏州这个地方翻两番肯定不要到 2000 年。"

　　邓小平一到苏州，便急于了解当地的情况。

　　2 月 7 日下午，江苏省委的领导和苏州地委的领导来到南园宾馆新平房的会客室。

　　邓小平习惯性地点燃了一支熊猫牌香烟，听取江苏同志的汇报。

　　邓小平首先问："到 2000 年，江苏能不能实现翻两番？"

　　江苏的同志回答说："从江苏经济发展的历史看，自 1976 年至 1982 年，六年时间，全省工农业总产值就翻了一番。照这样的增长速度，就全省而言，用不了二十年时间，就有把握实现翻两番。"

　　一问一答。问话直奔主题，回答简单明了。

　　"苏州有没有信心，有没有可能？"邓小平又问。

　　苏州工农业生产的基数较高，是江苏省经济最发达的地方，在国内经济水平较为发达的地区中具有代表性。

　　当时，正值苏州地区和苏州市合并前夕，按照新的区划，苏州市将下辖吴县、吴江、昆山、太仓、常熟、沙洲（今张家港市）6 个县。1978 年，6 个县的工农业总产值为 65.5928 亿元。到 1982 年年底，工农业总产值增加到 104.8813 亿元，人均超过 800 美元。四年间，工农业总产值以 12.65% 的年平均速度递增，这一递增速度高于全省的平均水平。按这样的发展势头，苏州实现翻一番的奋斗目标有五到六年就已经足够，再翻一番，用十年时间也就差不多了。留点余地，到 1995 年一定能够实现翻两番的目标。

"像苏州这样的地方，我们准备提前五年实现党中央提出的奋斗目标。"江苏的同志回答说。

听到这里，邓小平十分满意地点了点头，脸上露出了充满信心的微笑。

原来预定的会见时间已经到了，工作人员来到门口，看到邓小平又点燃了一支烟，谈话还要继续下去。

邓小平说："人均 800 美元，达到这样的水平，社会上是一个什么面貌？发展前景是什么样子？"

党的十一届三中全会以来，苏州地区广大农村抓住经济建设这个中心不动摇，抓住有利的国际环境这个机遇不放松，全面实行联产承包，迅速发展社队企业，经济一直迅速增长，人民生活显著改善，农村面貌发生了巨大变化。1982 年，苏州地区有近 20 个公社、60 个大队以及一批生产队，工农业总产值人均超过 800 美元，经济和社会发展水平上了一个新的台阶，成为苏州农村奔小康的典型。

江苏的同志汇报说，人均达到 800 美元的这些单位，人民的物质文化生活水平有了显著的提高，具体表现在：

——人民吃、穿、用问题解决了，物质生活在一个较高的水平上有了保障。

——住房问题解决了，人均居住面积达到 20 平方米。

——就业问题解决了，农、副、工三业协调发展，人人得到妥善安排，本地劳动力不外流，相反开始吸收外地劳动力做工务农。

——教育、文化等事业经费有了保障，中小学教育得到普及，各种文体设施及其他社会福利事业普遍建立起来。

——人民的精神面貌显著变化，观念更新，旧俗收敛，新风光大，犯罪活动减少，社会治安明显好转。

——一批初步繁荣富庶、文明昌盛、安定祥和的社会主义新农村已经和正在不断涌现出来。

邓小平听得十分仔细，几乎每一条都熟记于心，后来回到北京，他曾先后同中央负责同志和中央顾问委员会的同志反复讲到这几条，说："这几条就了不起呀！"

"苏州农村的发展采取的是什么方法？走的是什么路子？"邓小平对他所关注的事紧追不放。

江苏的同志回答说："江苏，特别是苏州，历来是经济比较发达的地区。党的十一届三中全会以来，苏州农村经济得以出现新的飞跃，主要靠两条：一条是重视知识分子的作用，依靠技术进步。苏州农村劳动力原来文化素质较高，为了发展生产，各地还吸收了不少上海、苏州、无锡等城市的退休人员和科技人员，充分发挥他们的技术和知识的作用。有些老工人很有本事，请来工作所费不多，只是给点工资，解决点房子，就很乐意干，在生产上发挥了很好的作用。往往是请来一位能人，就能建起或激活一个工厂。另一条是发展了集体所有制，也就是发展了中小企业。在农村，就是大力发展社队工业。"

听到这里，邓小平眼睛一亮，他对发展社队工业产生了浓厚的兴趣。

在计划经济体制下，苏州社队工业的初创阶段十分艰难，曾经经历过"千方百计找门路，千言万语求原料，千山万水跑供销，千辛万苦创基业"的过程。这一过程给这个地区带来了巨大变化。1982年，常熟、沙洲等6个县社队工业总产值已达28.18亿元，占工业总产值的40.35%，成为农村经济的重要支柱和农民收入的主要来源。社队工业的发展又反过来为农副业的发展提供了资金、技术、装备等物质条件，这就是"以工补农""以工建农"，农、副、工三业协调发展。

对社队工业，江苏的同志总结说："归根结底，凭借的是灵活的经营机制，实行的是市场经济体制。从原材料的获得，资金的来源，到产品的销售，完全靠市场。因此可以说，是市场哺育了社队工业。"

老百姓从实际工作中领悟到了市场经济的作用，这使邓小平非常兴奋，市场经济这个问题，是他思考已久的一个问题。

1979年11月，邓小平在会见美国不列颠百科全书出版公司编委会副主席吉布尼和加拿大麦吉尔大学东亚研究所主任林达光等人时就说过这样一句结论性的话：

"社会主义也可以搞市场经济。"

如今，苏州的实践也已经充分证明了这一点。

"看来，市场经济很重要。"邓小平再一次作了肯定。

不知不觉中，几个小时过去了，邓小平没有一丝疲倦，兴奋之情溢于言表。此时，天色已晚，工作人员第三次来到会客室门口，对邓小平说，晚饭已经准备好了。邓小平这才说了声："好吧，今天就谈到这里。"

2月8日，江苏省委的同志请邓小平到无锡太湖游览。

上午9时55分，邓小平一行乘车抵达无锡。在江苏省委负责同志的陪同下，兴致勃勃地游览了太湖、鼋头渚公园。中午在小箕山楠木厅休息。

下午3时，邓小平乘车返回苏州。

当天晚上，江苏省委、苏州地委和市委的负责人再一次去看望邓小平。邓小平又一次由衷地称赞江苏以及苏州的工作搞得好。

江苏的同志说："苏州地区的社队工业虽然起步较早，现在已略具规模，但总的来说，还只能算是打基础阶段，潜力还很大。只要政策允许，完全是有可能进一步发展的，而且完全可能发展得更快一点！"

邓小平这一次在苏州对社队工业有了感性认识，后来他多次讲到，社队工业也就是乡镇企业。第二年，中共中央专门为加快社队工业的发展下发了正式文件，为这一新生事物正名。这一举措为全国范围社队工业的崛起铺平了道路。

邓小平后来说："农村改革中，我们完全没有预料到的最大的收获，就是乡镇企业发展起来了，突然冒出搞多种行业，搞商品经济，搞各种小型企业，异军突起。这不是我们中央的功绩。""如果说在这个问题上中央有点功绩的话，就是中央制定的搞活政策是对头的。"

2月9日，江苏的同志请邓小平游览苏州园林。

这一天，天公特别作美，风和日丽。

苏州园林，名甲天下。邓小平一行来到了留园和虎丘。

虎丘，有"吴中第一名胜"的美称。虽说还是早春，但这里已是游人如织。邓小平在先前一再叮嘱，他来游览时园林要像往常一样开放，不要禁园。他要像一位普通游客一样，置身于群众之中。在虎丘致爽阁前，一对青年夫妇抱着孩子在游览，邓小平走上前去，同他们聊了起来。当这对年轻夫妇认出眼前这位慈祥的老人就是邓小平时，他们激动地说："小平同志，您老人家好！"邓小平关切地问他们日子过得怎么样，小夫妻俩抢着回答："在您老人家的领导下，我们的生活过得很好，越来越好！"邓小平笑了。看到邓小平慈祥的面容，小孩也喊道："爷爷您好！"邓小平更加开心了，用手抚摩着孩子苹果似的脸蛋说："对对对，是该叫爷爷喽。"说着，便同他们合影留念。

在参观游览的过程中，邓小平对江苏的同志说，苏州园林是老祖宗留给我们的宝贵遗产，一定要好好加以保护。苏州作为风景旅游城市，一定要重视绿化工作，要制定绿化规划，扩大绿地面积，发动干部群众义务植树，每年每个市民要植树20株。在参观市容市貌时，邓小平一再嘱咐：要保护好这座古城，不要破坏古城风貌，否则，它的优势也就消失了。要处理好保护和改造的关系，做到既保护古城，又搞好市政建设。

中午，江苏省委的领导和苏州地委书记戴心思以及南京军区司令员向守志陪同邓小平用午餐。

2月9日下午，邓小平结束在苏州的视察活动。

下午3时25分，邓小平离开苏州，前往杭州视察。

2月9日晚，邓小平来到杭州，住进位于杭州西湖边上的刘庄宾馆一号楼。这是粉碎"四人帮"以后，邓小平第一次到杭州。

一辆黑色红旗轿车缓缓停下，邓小平从车上下来，他伸出手来与前来迎接的省委书记铁瑛、省长李丰平等一一握手。铁瑛想，小平同志已经是年近八十岁的老人了，旅途劳顿，于是他提出请小平同志先休息几天。一听这话，邓小平连连摇手说："我不累，大家进屋里一块谈谈。"

进屋后大家刚一坐定，邓小平便兴致勃勃先说开了。看得出，他心里很高兴，也很急迫。

他说，我这次在苏州，与江苏的同志主要谈到2000年是不是可以翻两番，达到小康水平的问题。现在苏州工农业总产值人均已接近800美元。苏州的同志谈，他们共解决了6个方面问题：第一，人民吃穿问题解决了，基本生活有了保障；第二，住房问题解决了，人均面积20平方米，因为土地不足，向空中发展，小城镇和农村二三层小楼已经不少了；第三，就业问题解决了，城镇基本上没有待业劳动者了；第四，农村人口不外流，农村人总想往城市跑的情况改变了；第五，中小学教育普及，教育、文化、体育和其他公共事业有能力安排了；第六，人民精神面貌变化了，犯罪率下降了。苏州的同志感到，达到800美元后有这些表现。江苏从1976年至1982年的六年间，工农业总产值翻了一番，依这样的发展，到1988年就可以再翻一番！

邓小平点了一支烟，深深地吸了一口，又接着说，我问江苏的同志，你们的路子是怎样走的？他们说，主要是两条，一条是依靠上海的技术力量，还有一条是发展了集体所有制，也就是中小企业、乡镇企业。

接着，他迫不及待地向在场的浙江省的负责人重复着在苏州提出的问题："你们考虑，到了800美元，社会上是个什么面貌呢？发展前景是什么样子呢？"

他好像自问自答，"吃穿没有问题，用也基本上没有问题；文化有了很大发展，教师的待遇也不低。"

于是，铁瑛开始汇报。当他讲完省领导班子调整的情况后，邓小平说：有没有四十几岁的？班子如果可以再年轻一些，十一个常委中有两个五十岁以下的同志就更好了，下一步还得调整。调整班子是好事，这次还不够，还得一步一步来。

接着，铁瑛开始汇报浙江工农业生产情况："全省工农业总产值已经人均600美元，我们分析了全省工农业发展情况，到2000年翻两番半或三番是可能的。"

听到这里，邓小平问："你们看，翻两番是不是靠得住？现在是多少？"

铁瑛回答："按工农业产值，人均920元，国民收入490元。"

邓小平又问："到2000年是多少？"

回答是大约1 200美元。

邓小平紧接着问道："你们的收入在全国占第几位？"

李丰平回答说："这两年浙江的发展势头很好。1982年农业获得了建国以来的最好收成，比上年增长15%，全省工农业总产值比上年增长10%，人均达到了500多美元，名列全国第七位。"

邓小平说，北京、上海、天津三个市可以除外，你们是第四位。辽宁、黑龙江的重工业产值高，人民生活水平不如江浙。生活好了，人就不愿往外走。江苏、浙江，还有山东，这两年也上得快。鲁西北这两年生活也好了，人也不往外走了。苏州，现在已到了或者接近每人800美元的水平。他们已经解决了知识青年的就业问题。江苏基本上解决了这个问题。南京还有1 000多人。

邓小平又问："江苏从1976年到1982年的六年时间里，工农业总产值翻了一番。照此下去，到1988年前后可以达到翻两番的目标。你们呢，你们能不能实现这个目标？"

"如果顺利的话，翻两番不成问题。"铁瑛接过话茬儿，颇有信心地说。李丰平也点了点头。

看到浙江的负责同志信心十足，邓小平笑着说："你们浙江能否多翻一点呢？像宁夏、甘肃要翻两番就难了。"

李丰平回答说："1980年浙江人均330美元，预计1990年可以达到人均660美元，到2000年达到1 300多美元，通过努力，争取翻三番。"

"噢？！你们有信心能翻两番半到三番？"邓小平面带微笑，很认真地反问道，"你们有什么措施作保证吗？"

"有的。"铁瑛接着汇报了省委目前采取的5项措施：解放思想；抓改革；抓科技和教育；抓浙江轻工业的特点和优势；发展乡镇企业和农业。

当铁瑛汇报到科技、教育问题时，邓小平说，现在大学招生，增加一倍的学生也可以，教师有，就是要盖房子。干部、职工要轮训，文化水平要提高。

从纲到目，汇报进行了近两个小时。邓小平全神贯注地听着，看不出丝毫的疲惫和倦意。

听完浙江同志的汇报，邓小平脸上呈现出满意的微笑，他说："你们是沿海发展比较快的一个省，你们的工作不错，我很高兴！是呀，到2000年，江苏、浙江是应该多翻一点，不然青海、甘肃这些基础落后的省可能会有困难。江浙多翻一点，可以拉一拉，保证达到全国翻两番的目标。"

铁瑛说："我们工作做得还不够，还有些缺点。"

邓小平笑着说："工作中怎么会没有缺点呢？注意了就行嘛。"

2月11日上午9时，邓小平坐着面包车，以普通游客身份出现在灵隐寺。

邓小平刚一出现，不少游客就认出了他，人群中立即爆发出一阵热烈的掌声和欢呼声。邓小平向人们挥手致意，还不时地握握游客的手。当他看见一位小女孩在大人的怀抱中拍着可爱的小手欢迎他时，就笑着用手摸了摸孩子的小脸说："这娃娃长得好胖啊！叫什么名字？"从南京来杭探亲的孩子父母激动得满脸通红，一个劲儿地教孩子快叫"邓爷爷好"。两岁的孩子乖巧地叫了声："邓爷爷好！"邓小平高兴地笑着说："好！好！"

第二天，2月12日上午10时，邓小平乘船游览三潭印月。在这里，他又碰到了这位小女孩。邓小平高兴地招呼只有一面之交的小女孩。小女孩亲热地大声喊道："邓爷爷好！"并张开双臂扑向邓爷爷的怀抱。邓小平用他那温暖的手抚摩着孩子，亲昵地说："来，跟爷爷亲亲！"孩子高兴地在邓小平的脸上亲着，邓小平亲切地搂着她，和孩子的小脸紧紧地贴在一起。在场的摄影记者拍下了这珍贵的镜头。不久，《浙江日报》以"亲亲邓爷爷"为题刊登了其中的一幅照片。

下午4时，当杭州人民忙着做年夜饭时，邓小平和女儿、外孙、外孙女一起来到栖霞岭下的岳庙。岳庙，是民族英雄岳飞被害后的长眠之地，长期以来，成了人们瞻仰这位民族英雄、砥砺民族气节的一个圣地。

岳飞，是南宋时抗金的主要将领。在金兵大举进犯之时，岳飞坚决主战。他联合各地抗金力量，屡败金兵，收复了大片失地，最后却被皇帝赵构和以权奸秦桧为首的投降派以"莫须有"的罪名杀害。岳庙是后人为纪念岳飞所建。进入岳庙，迎面便是忠烈祠正殿，檐中间挂有"心昭天日"的巨幅横匾，这是1979年叶剑英同志所题。题词的出处是根据岳飞临刑前挥笔在狱案上写下的八个大字："天日昭昭！天日昭昭！"邓小平十分敬重岳飞，他在这里留了影。随后，邓小平来到北碑廊，这里陈列着岳飞的奏折、诗词、手书的刻石。在岳飞的《满江红》前，邓小平笑着说："我小时候就会唱《满江红》呢！"说罢，情不自禁地吟了起来，"怒发冲冠，凭栏处，潇潇雨歇……"邓小平还在岳飞手书的诸葛亮的前后《出师表》碑文前留步，诵读碑文。

随后，邓小平来到了南碑廊。这里陈列着元、明、清以来后人拜谒岳庙时写的诗词和重修记事刻石。其中有一块明朝江南四大才子之一文徵明的诗词碑，由三块拼合而成，邓小平问陪同人员这是怎么回事。陪同人员说："这块碑是原碑，内容中指出杀害岳飞的罪魁祸首主要是赵构皇帝，不是秦桧，因而很有价值。以后我们想重修一块完整的。"

邓小平说："有条件再修一块。"

沿着碑廊，邓小平来到岳坟。这是南宋皇帝孝宗为岳飞昭雪冤案，以礼改葬之地。墓碑上刻有"宋岳鄂王墓"，左侧有其子继忠侯岳云附葬墓碑。邓小平手拉着外孙萌萌绕着墓走了一圈后，站在碑前，用手指了指整座岳墓问道：

"岳墓是不是原物？"

陪同人员说："岳墓建成以来，历尽沧桑，'文革'期间，又被作为'四旧'，遭到肆意破坏。岳飞塑像被砸烂，墓穴被平毁。""现在的岳墓、岳庙是1979年重修的。为了恢复历史原貌，我们还在坟头上重新种上了草。"

邓小平听后点了点头，继续往前走去。这时，两侧铁栅栏里的秦桧夫妇、张俊、万俟卨四个陷害岳飞的奸人跪像前已挤满了游客，有人还指指点点，以表憎恶。邓小平把孙辈们拉到跪像前，用手指着几个奸臣跪像说："英雄为后人所纪念，坏人为后人所唾弃。"他还望着门柱上的对联继续说，"'青山有幸埋忠骨，白铁无辜铸佞臣。'很对呀！你们要像岳飞一样精忠报国才是。"走出岳庙的大门，道路边早已挤满了游客和群众。人群中爆发出掌声和欢呼声，邓小平停住脚步，微笑着频频向人们招手致意。

这天晚上，邓小平在刘庄宾馆和省委领导、卫士、服务员一起吃了顿年夜饭，度过辞旧迎新的除夕夜。

2月14日是大年初二。和往常一样，邓小平起得很早，在刘庄宾馆的院子里散步。他对浙江省公安厅厅长张秀夫说："上有天堂，下有苏杭。杭州真是个好地方，去看看西湖春色吧。"

"好啊，去南线，钱塘江大桥、六和塔、九溪十八涧一带。"张秀夫高兴地回答说。

邓小平点了点头。

路上，邓小平对陪同的铁瑛说："你们省哪个地方收入高些？"

铁瑛回答说："宁波市高些。"

听到这个回答，邓小平也深有同感地说："我在公园遇到几位宁波人，他们的服装是香港式的。"

轿车继续往前疾驶。邓小平看着窗外，突然侧过头对身边的铁瑛说："浙江是沿海经济发达地区。一般来说，经济发达的地方，生活越好，越会控制生育。经济发展了，案件也少些。"

铁瑛专注地看着邓小平，听他接着说："西方那些国家，不搞计划生育，但也会自动控制人口，因为它们不要人口多，多了影响生活。"

在游龙井和九溪时，邓小平对铁瑛说："杭州的绿化不错，给美丽的西湖风景添色。你们一定要保护好西湖名胜，发展旅游业啊！"在此前后，杭州的负责人和老同志曾不止一次地聆听过邓小平的谆谆教诲，"杭州这样的风景旅游城市，在世界上可是不多的"，"要把杭州的旅游业好好发展起来"。"'上有天堂，下有苏杭'，杭州真是个好地方。要把西湖保护好，建设好！"

车向南走，来到钱塘江大桥旁边的六和塔，邓小平称赞路边成片的水杉树真漂亮。他叫司机将车停在路边，走下车来，用手指了指不远处的水杉树说："你们这里的水杉树很好看，笔直。"说罢，健步朝杉树林走去。

"水杉树好，既经济，又绿化了环境。长粗了，还可以派用处，有推广价值。"他停在一株挺拔的杉树前端详片刻，用手指着树干说。

邓小平看到不远处有几株泡桐树，立刻招呼铁瑛和正在一边交谈的随行人员："快来看泡桐。"

"泡桐树，也是一种经济树木。你们浙江种得多不多？"他问铁瑛。

"浙江泡桐树种得不多，杭州更少，金华、绍兴等地有一些。"铁瑛回答说。

"泡桐树长得快啊，板料又好。"邓小平随手点燃了一支烟，吸了一口继续说，"泡桐树用来做箱子没缝，很好的，日本人可喜欢啦。""我看，水杉和泡桐，这两种树江南都应该提倡。"

台湾问题

台湾自古以来就是中国的神圣领土，台湾人民与大陆人民有着悠久的共同的历史文化，有着不可分割的血肉联系。1949年，蒋介石集团退守台湾，人为地造成了台湾与祖国大陆分离的局面。

当辽沈、淮海、平津三大战役的硝烟还未散尽之时，以毛泽东为代表的中国共产党人就提出了"中国人民一定要解放台湾"的口号。

1950年6月，朝鲜战争爆发，美国海军第七舰队进入台湾海峡，阻碍了中国人民解放军渡海作战解放台湾的计划。一道海峡成为隔绝两岸人民的鸿沟。台湾和大陆的统一开始成为一个悬而未决的问题。

为了结束人为造成的海峡两岸的分裂状况，中国共产党人一直在积极探寻实现国家统一的途径和办法。

从20世纪50年代中期开始，中国共产党人有了解决台湾问题的两种设想。

1955年5月，周恩来在全国人大常委会第十五次会议上宣布："中国人民解放台湾有两种可能的方式，即战争的方式和和平的方式。中国人民愿意在可能的条件下，争取用和平的方式解放台湾。"这是中国共产党人第一次公开提出和平解放台湾的主张。

此后，随着社会主义建设的全面展开，中国共产党进一步确定了争取用和平方式解放台湾的思想。毛泽东、周恩来多次在不同场合进一步阐明和平解放台湾的具体方针政策。

但是，由于美国的阻挠和国民党当局的错误政策，和平统一的进程受到严重阻碍。海峡两岸还几度造成严重对峙的形势。

历史进入20世纪70年代，美国总统尼克松于1972年2月访问北京，周恩来和尼克松签订了《中美上海联合公报》，使得美国在敌视中华人民共和国二十多年后终于承认台湾是中国的一部分。

解决台湾问题开始出现了转机。

1973 年 3 月，中共中央决定恢复邓小平党的组织生活和国务院副总理职务。复出的邓小平非常关注台湾问题。1974 年 10 月 2 日，邓小平在会见台湾同胞、海外华侨和外籍华人代表时就提出，解放台湾的方式，我们希望通过和平谈判来解决。和平方式不可能，也要考虑到非和平方式，两种方式都应该考虑进去，首先我们做工作，希望一个阶段内能够用和平方式。希望通过一段比较长时间的工作，使台湾人民了解我们祖国的面貌，了解我们祖国的情况，了解我们的政策。关于解放台湾以后的政策，我们还要考虑，特别是要同台湾人民商量，不过可以说，解放台湾以后，不可能把大陆的一套马上搬过去。

　　1975 年，邓小平主持中央日常工作后，强调全党讲大局，把国民经济搞上去。邓小平说，我们现在需要一个和平的国际环境来建设我们的国家。在中美关系正常化的接触中，中国政府坚持台湾问题是中国的内政，解决台湾问题美国必须按照日本方式，即撤军、废约、断交，不能有别的方式。但是，由于当时国内外条件尚不成熟，特别是由于后来国内"左"倾错误逐渐发展严重，邓小平第三次被打倒，中美关系正常化进程陷于停顿，解决台湾问题也就没有提上具体日程。

　　粉碎"四人帮"以后，邓小平于 1977 年 7 月重新出来工作，党的十届三中全会恢复了他原来担任的党政军领导职务。从这个时候开始，如何把我们国家建设好，怎样尽快结束民族分裂状态，实现祖国统一，成为他反复思考的一个中心问题。

　　中美两国的建交谈判是从 1978 年 7 月开始的。在谈判中，用什么方式解决台湾问题，中美双方各执己见，未取得一致。美国希望中国只用和平方式解决台湾问题；中国则强调解决台湾问题的方式是中国的内政，不容他人干涉。最后是双方就此各自发表一个声明。美国的声明中表示它期待台湾人民将有和平的未来，关心由中国人自己和平解决台湾问题。中国则在声明中指出：解决台湾回归祖国、完成国家统一的方式完全是中国的内政。就在双方争执的过程中，邓小平于 10 月出访日本，出席《中日和平友好条约》互换批准书仪式。行前，他对日本著名文艺评论家江藤淳说，我们的国内政策在台湾将根据台湾的现实来处理。比如说，美国在台湾有大量的投资，日本在那里也有大量的投资，这就是现实。我们正视这个现实。《中日和平友好条约》的签订，对中美关系的正常化起到了重要的推动作用。11 月 4 日，邓小平又对缅甸总统吴奈温说，在解决台湾问题时，我们会尊重台湾的现实。比如，台湾的某些制度不动，美日在台湾的投资可以不动，但是要统一。后来，他对美国客人说得更加明了：

我们将尊重台湾的现实来解决台湾问题。台湾的社会制度同我们现在的社会制度当然不同，在解决台湾问题时，会照顾这个特殊问题。我们是社会主义国家，台湾可以存在不同的社会制度，还可以保留原来的社会制度、经济制度。这是在国家统一的情况下允许保留的。

中美建交谈判历时近半年，终于达成协议，于1978年12月16日发表《中华人民共和国和美利坚合众国关于建立外交关系的联合公报》，宣布从1979年1月1日起，中美双方互相承认，并建立外交关系。中美建交，美国与台湾废除《美台共同防御条约》，撤离在台的军事人员，与台湾断交，使得台湾问题的和平解决成为可能。

和平解决台湾问题，也是从中国国内的现实出发的。

1978年12月，中国共产党召开了十一届三中全会，这是党的历史上的重要转折。中国共产党重新确立了实事求是的思想路线，作出了全党工作重心转移到经济建设上来的战略决策。为了实现这一转变，我们的内政外交方针需作一系列相应的调整。以经济建设为中心，一切工作都服从并服务于这个中心。关于台湾问题，用和平方式还是用非和平方式解决，就显得尤其重要。显然，实行和平统一对社会主义现代化建设更为有利。邓小平这样说过：

我们采取和平统一祖国的政策，道理很简单，有利于中国自己的社会主义建设，有利于实现四个现代化。有人说中国好战，其实中国最希望和平。中国希望至少二十年不打仗。我们面临发展和摆脱落后的任务。我们希望有一个和平的国际环境，一打仗，这个计划就吹了，只好拖延。从现在到本世纪末是一个阶段，再加三十至五十年，就是说我们希望至少有五十年至七十年的和平时间。我们提出维护世界和平不是在讲空话，是基于我们自己的需要。利用和平方式实现祖国的统一，有利于实现国内外的和平与稳定，可以避免因为战争或动乱而影响现代化建设。如台湾问题始终是中美关系中存在的主要障碍问题，也是一个热点和爆发点，解决不好，可能成为一个爆发性的问题，从而影响到整个世界的和平与稳定。

基于这种认识，党中央进一步考虑，如果台湾保留其资本主义制度，使两种不同的社会制度在一个国家内和平共处并长期共存，不仅有利于保持台湾的稳定与发展，而且也有利于祖国大陆的对外开放，加速大陆的现代化进程。保持台湾的资本主义制度长期不变，资本主义经济依然存在，两种制度之间开展和平竞赛，有利于双方通过多种形式开展经济合作，取长补短，有利于更快地实现中华民族的繁荣昌盛，使中国更快地进入世界强国之林。

1979年1月1日，中华人民共和国全国人民代表大会常务委员会发表了《告台湾同胞书》，郑重地宣布了中国共产党和中国政府关于台湾回归祖国、实现国家统一的大政方针，引起了海内外的强烈反响。《告台湾同胞书》指出，"统一祖国这样一个关系全民族前途的重大任务，现在摆在我们大家的面前"，"早日实现祖国统一，不仅是全中国人民包括台湾同胞的共同心愿，也是全世界一切爱好和平的人民和国家的共同希望"，"在大陆上的各族人民，正在为实现四个现代化的伟大目标而同心戮力。我们殷切期望台湾早日归回祖国，共同发展建国大业。我们的国家领导人已经表示决心，一定要考虑现实情况，完成祖国统一的大业，在解决统一问题时尊重台湾现状和台湾各界人士的意见，采取合情合理的政策和办法，不使台湾人民蒙受损失"。通过商谈，结束军事对峙状态，"双方尽快实现通航通邮"，"发展贸易，互通有无，进行经济交流"。

同一天，政协全国委员会在人民大会堂举行茶话会，座谈讨论《告台湾同胞书》。政协主席邓小平在会上说，今天是个不平凡的日子，有三个特点：全国工作着重点的转移；中美关系正常化；台湾归回祖国、完成祖国统一的大业提到具体日程。

尤其引起世界瞩目的是，就在这一天，国防部长徐向前发表声明，停止炮击大小金门等国民党军据守的岛屿，福建前线轰鸣了几十年的炮声开始听不到了。

这是新时期中国共产党人对台政策的重大转变。

党的十一届三中全会以后，我们党进一步发展和完善了对台政策，在此基础上，邓小平创造性地提出了"一国两制"的伟大构想。

1979 年 1 月，邓小平应邀访美。行前他多次会见美国客人，阐述了中国政府关于解决台湾问题的原则立场。1 月 2 日，他在会见美国众议院银行、财政和城市事务委员会访华团时说，解决台湾回归祖国，完成国家统一的问题，是中国的内政。我们对台湾问题的解决是采取现实态度的。他提到了 1 月 1 日发表的中华人民共和国全国人民代表大会常务委员会《告台湾同胞书》，说：我们的态度是真诚的，合情合理的。他还表示，我们允许包括美国、日本在内的各国同台湾继续保持民间的贸易、商务、投资等关系。1 月 8 日，他又对来访的美国客人解释我们的现实态度，这就是台湾同美国保持民间贸易，社会制度不变，生活方式不变，人民的生活条件不仅不会降低，而且还会提高。随后不久，他又进一步指出，台湾作为一个地方政府当局拥有自己的权力，但必须是在一个中国的条件下。它可以有自己一定的军队，同外国的贸易、商业关系可以继续，民间交往可以继续，现在的政策、现行的生活方式可以不变，资本主义经济可以不变。要求就是一条，一个中国，不是两个中国，爱国一家。带着这些创见性的新构想，邓小平踏上了美利坚合众国的国土。邓小平的访美震动了全世界。1 月 30 日，邓小平在美国参众两院发表的演说中指出，我们不再用"解放台湾"这个提法了。只要台湾回归祖国，我们将尊重那里的现实和现行制度。我们一方面尊重台湾的现实，另一方面一定要使台湾回到祖国的怀抱。在尊重台湾现实的情况下，我们要加快台湾回归祖国的速度。

1981 年 9 月 30 日，全国人大常委会委员长叶剑英向新华社记者发表谈话，阐述关于台湾回归祖国实现和平统一的九条方针：建议举行中国共产党和中国国民党两党对等谈判，实行第三次合作，共同完成祖国统一大业。双方可先派人接触，充分交换意见。建议双方为共同通邮、通商、通航、探亲、旅游以及开展学术、文化、体育交流提供方便，以达成有关协议。提出：国家实现统一后，台湾可作为特别行政区享有高度的自治权，并可以保留军队。中央政府不干预台湾地方事务。台湾现行社会、经济制度不变，生活方式不变，同外国的经济、文化关系不变，私人财产、房屋、土地、企业所有权、合法继承权和外国投资不受侵犯。台湾当局和各界代表人士，可以担任全国性政治机构的领导职务，参与国家管理。台湾地方财政遇有困难时，可由中央政府酌情补助。台湾各族人民、各界人士愿回祖国大陆定居者，保证妥善安排，不受歧视，来去自由。欢迎台湾工商界人士回祖国大陆投资，兴办各种经济事业，保证其合法权益和利润。热诚欢迎台湾各族人民、各界人士、民众团体通过各种渠道，采取各种方式提供建议，共商国是。

这就是海外广为称颂的"叶九条"，也是新时期中国共产党对台方针政策的进一步深化和发展。

1982年1月11日，邓小平在会见一位海外朋友时说：

> 九条方针是以叶剑英委员长的名义提出来的，实际上是一个国家两种制度。

同年10月，他又说：

> 我们不用我们的制度和思想统一台湾，台湾也不可拿它的制度和思想来统一大陆，只有在这样的基础上才可以谈得上合作，相互容纳。台湾保持台湾的制度，大陆保持大陆的制度，这样就不发生你吃我、我吃你的问题。如果我们要用我们的制度和思想统一台湾不现实，不可能，那就只有用武力，我们现在不采取这个方法，目的是让我们民族统一起来，着眼于民族利益。

1983年3月，一些海外学者在美国旧金山举办了"中国统一之展望"的讨论会，此举受到了中国政府的关注和欢迎。3个月后，参加人之一、美国新泽西州西东大学教授杨力宇来到北京。6月26日，邓小平会见他时说：

> 我们不赞成台湾"完全自治"的提法。"完全自治"就是"两个中国"，而不是一个中国。制度可以不同，但在国际上代表中国的，只能是中华人民共和国。我们承认台湾地方政府在对内政策上可以搞自己的一套。台湾作为特别行政区，虽是地方政府，但同其他省、市以及自治区的地方政府不同，可以有其他省、市、自治区所没有而为自己所独有的某些权力，条件是不能损害统一的国家的利益。

他还指出：

祖国统一后，台湾特别行政区可以有自己的独立性，可以实行同大陆不同的制度。司法独立，终审权无须到北京。台湾还可以有自己的军队，只是不能构成对大陆的威胁。大陆不派人驻台，不仅军队不去，行政人员也不去。台湾的党、政、军等系统，都由台湾自己来管。中央政府还要给台湾留出名额。

这就是著名的"邓六条"。讲话发表后，港、澳、台地区反应强烈，一切爱国的人们都为中共实现祖国统一的博大胸怀和实事求是的精神所感动。

"邓六条"的发表，使"一国两制"构想更加完备、充实，更加具体化、系统化。由此，祖国的统一事业进入了一个新阶段。

1989年5月16日，邓小平在会见苏联最高苏维埃主席团主席、苏共中央总书记戈尔巴乔夫时说："我这一生只剩下一件事，就是台湾问题，恐怕看不到解决的时候了。"同年6月，中国共产党十三届四中全会产生了以江泽民为核心的新的中央领导集体。这个领导集体把党的十一届三中全会以后提出的和平统一祖国的方针和"一国两制"的构想，继续作为党和国家的基本政策。1995年1月30日，江泽民发表了题为《为促进祖国统一大业的完成而继续奋斗》的重要讲话。讲话精辟地阐述了邓小平"和平统一、一国两制"思想的深刻内涵，提出了现阶段发展两岸关系、推进祖国和平统一进程的八项主张。内容包括：坚持一个中国的原则，是实现和平统一的基础和前提；对于台湾同外国发展民间性经济文化关系，我们不持异议；进行海峡两岸和平统一谈判；努力实现和平统一，中国人不打中国人；大力发展两岸经济文化交流与合作；两岸同胞要共同继承和发扬中华文化的优秀传统；充分尊重台湾同胞的生活方式和当家做主的愿望，保护台湾同胞一切正当权益；欢迎台湾当局的领导人以适当身份前来访问，我们也愿意接受台湾方面的邀请，前往台湾。

这就是继"叶九条""邓六条"之后又闻名于海内外的"江八点"。这些主张和建议，为打破现阶段两岸政治僵局，早日结束两岸的敌对状态，推动和平统一的进程，开辟了新的前景。

江泽民的讲话充分体现了中国共产党和中国政府解决台湾问题的方针政策的一贯性、连续性和在新形势下的重大发展，是解决台湾问题的纲领性文件。1997年9月，中国共产党第十五次全国代表大会再一次重申了解决台湾问题的立场、方针和原则。

从 1987 年 11 月台湾当局宣布台胞赴大陆探亲实施细则开始，海峡两岸同胞被隔绝状态终于画上了句号。两岸从紧张的军事对峙转向了缓和，台湾当局也提出正式结束所谓"戡乱时期"。两岸新闻、科技、学术、体育、文艺各方面的交流得到开展，特别是 1993 年以来两次"汪辜会谈"，带动了两岸关系的迅速发展。

香港回归

香港问题是历史遗留问题。

香港，包括香港岛、九龙、新界三个部分，自古以来就是中国领土。1840 年英国发动鸦片战争，强迫清政府于 1842 年签订了丧权辱国的《南京条约》，永久割让香港岛。1856 年英法联军发动第二次鸦片战争，1860 年英国迫使清政府缔结《北京条约》，永久割让九龙半岛尖端。1898 年英国人乘列强在中国划分势力范围之机逼迫清政府签订《展拓香港界址专条》，强行租借九龙半岛大片土地以及附近 200 多个岛屿（后统称"新界"），租期 99 年，1997 年 6 月 30 日期满。

上述三个条约都是侵略战争的产物，在国际法上是无效的，所以中国人民从来都不承认这几个不平等条约，辛亥革命后的历届中国政府也都没有承认过这些条约。抗日战争时期，国民党当局曾向英国政府提出收回香港的问题。1943 年，双方达成协议，在战胜日本后重新考虑新界的租借问题。但是抗战胜利后，国民党当局因忙于打内战，协议又被搁置。

中华人民共和国成立后，中国政府的一贯立场是：香港是中国的领土，中国不承认帝国主义强加的三个不平等条约，主张在适当时机通过谈判解决这一问题，未解决前暂时维持现状。

到了 20 世纪 70 年代末，随着"新界"租期届满日益临近，国际市场上投资者日益持观望态度。这种观望态度在地产业投资上最为突出。因为地产业的投资受租借期的限制很大。而租借期日趋迫近就使投资者越来越裹足不前。这种情况不仅使港英政府的财政收入大为减少，而且对香港整个经济的发展产生了很大的消极影响。英国政府作出了这样的一种估计："若不设法采取步骤去减低 1997 年这个期限所带来的不明朗情况，在 20 世纪 80 年代初期至 20 世纪 80 年代中期，便会开始出现信心迅速崩溃的现象。"

1979 年出任英国首相兼首席财政大臣的撒切尔夫人，在香港问题上受到的压力很大。

随着 1997 年的日益临近，英国政府不断派其代表试探中国政府关于解决香港问题的立场和态度。

1979 年 3 月下旬，香港总督麦理浩访华，向中国政府提出 1997 年到期的批地契约问题。3 月 29 日邓小平会见他时，谈到了中国政府对香港问题的立场和态度。邓小平说：

> 我们历来认为，香港主权属于中华人民共和国，但香港又有它的特殊地位。香港是中国的一部分，这个问题本身不能讨论。但可以肯定的一点，就是即使到了 1997 年解决这个问题时，我们也会尊重香港的特殊地位。现在人们担心的是在香港继续投资靠不靠得住。这一点，中国政府可以明确地告诉你，告诉英国政府，即使那时做出某种政治解决，也不会伤害继续投资人的利益，请投资的人放心。就是在本世纪和下世纪初相当长的时期内，香港还可以搞它的资本主义，我们搞我们的社会主义。

1981 年 4 月，英国外交大臣卡林顿访华。邓小平说："在十六年内或十六年后，即使香港的地位有变化，投资者的利益也不会受到损害。"

1982 年 1 月，英国掌玺大臣艾坚斯访华。

1982 年 4 月，英国前首相希思访问中国。希思回顾了 1974 年 5 月访问中国时同毛泽东会见的情景，对邓小平说："那次你也在座，当时毛主席和周总理说，反正要到 1997 年，那还早，还是让年轻人去管吧。现在离 1997 年只有十五年的时间，你如何考虑在这个期间处理这个问题？"邓小平说，香港的主权是中国的。还有新界，包括整个香港，过去是不平等条约，实际上是废除的问题。"我们是多年的老朋友了，如中国到时不把香港的主权收回来，我们这些人谁也交不了账。"至于说到投资问题，中国要维护香港作为自由港和国际金融中心的地位，也不影响外国人在那里投资，在这个前提下由香港人管理香港。邓小平还表示："如果可能，我们愿意同贵国政府正式接触，通过谈判来解决这一问题。"现在是"考虑解决香港问题的时候了"。

摸清了中国政府的意图后，撒切尔夫人也就匆忙上阵了。

1982年9月22日，北京首都国际机场、天安门广场和钓鱼台国宾馆上空，米字旗和五星红旗迎风飘扬，贯穿东西的长安街上多处挂上了欢迎彩旗。明眼的北京人一看就知道，一定是有重要的英国领导人来访。此前中国共产党中央机关报《人民日报》报道了英国首相玛格丽特·撒切尔夫人将于9月22日访问中国的消息。

22日下午1点20分，一架英国皇家空军专机在北京首都机场徐徐降落。走下飞机的是有"铁娘子"之称的英国首相撒切尔夫人。

中国外交部副部长章文晋及其夫人、外交部西欧司司长王本祚，香港总督尤德爵士、有世界"船王"之称的香港巨富包玉刚等前往机场迎接。

撒切尔夫人此行访问中国，非同寻常。

她是为同中国方面会谈解决香港问题而来的。

选择9月来华，撒切尔夫人是有考虑的。

就在此前的几个月，英国和阿根廷因为历史遗留问题，爆发了马尔维纳斯群岛之战，凭借着船坚炮利，英国取得了胜利。

这次北京之行，撒切尔夫人意在挟马岛胜利的余威，与中国谈判香港问题，幻想可以继续保持英国侵占香港的三个不平等条约有效。

行前，她也曾声明"有关香港的三个条约有效"，意在国际上大造舆论，并借机试探中国的反应。

23日，撒切尔夫人与中国方面开始讨论香港问题。会谈一开始，她便摆出强硬的态势，坚持三个条约仍然有效。

中国领导人正式通知英方，中国政府决定在1997年收回整个香港地区，同时阐明中国收回香港后将采取特殊政策，包括设立香港特别行政区，由香港当地中国人管理，现行的社会、经济制度和生活方式不变，等等。

撒切尔夫人提出，如果中国同意英国1997年后继续管治香港，英国可以考虑中国提出的主权要求。

看来，到了非彻底摊牌不可的时候了。

24日上午，邓小平在人民大会堂福建厅会见了撒切尔夫人。

对于这次会谈，双方都感到了这是一次摊牌的接触。一开始气氛就令人紧张。

这天上午，撒切尔夫人身着蓝底红星丝质西装裙，脚踏黑色高跟鞋，挽黑色手袋，戴一条珍珠项链，显得雍容华贵，仪态万方。她先到人民大会堂新疆厅会晤邓颖超，然后再往与之隔邻的福建厅和邓小平会谈。

参加这次会谈的英方代表是：香港总督尤德、首相首席私人秘书巴特勒、英国驻中国大使柯利达；中国方面有：国务委员兼外交部长黄华、外交部副部长章文晋、中国驻英国大使柯华。

会谈正式开始，撒切尔夫人摆出一副先声夺人的架势，对邓小平说：必须遵守有关香港问题的三个条约，条约虽然写在纸上，但任何手段都不可能消除它存在的事实。

邓小平听到这句话，表情非常严肃地对撒切尔夫人说：主权问题不是一个可以讨论的问题。现在时机已经成熟，应该明确肯定：1997 年中国将收回香港。也就是说，中国要收回的不仅是新界，而且包括香港岛、九龙半岛。邓小平表示，中国在这个问题上没有回旋余地。中国和英国就是在这个前提下来进行谈判，商讨解决香港问题的方式和办法。

和全中国人民一样，邓小平对帝国主义强加给中国人民的不平等条约备感耻辱。他坚决地说，如果中华人民共和国成立四十八年后还不把香港收回，任何一个中国领导人和政府都不能向中国人民交代，甚至也不能向世界人民交代。如果不收回，就意味着中国政府是晚清政府，中国领导人是李鸿章。

李鸿章是晚清军政重臣，1870 年起任直隶总督兼北洋大臣。他曾代表清政府主持签订了中英《烟台条约》、《中法新约》、中日《马关条约》、《中俄密约》及《辛丑条约》等一系列割地赔款、丧权辱国的不平等条约。

邓小平表示，现在，当然不是今天，但也不迟于一两年的时间，中国就要正式宣布收回香港的这个决策。我们可以再等一两年宣布，但肯定不能延长更长的时间了。邓小平说的这番话，表达了中国领导人恢复行使对香港主权的强烈决心。

撒切尔夫人听后，无可奈何地摇了摇头。

接着，撒切尔夫人提出谈判的题目就是一个归属问题。

邓小平马上反驳道：是三个问题，第一个是主权问题，总要双方就香港归还中国达成协议；第二个是 1997 年我们恢复行使主权之后怎么样管理香港，也就是在香港实行什么样的制度的问题；第三个是十五年过渡期间的安排问题，也就是怎样为恢复行使主权创造条件。

原本打算用谈主权问题来迫使中国最终同意以主权换治权的撒切尔夫人，

此时在邓小平面前，不得不承认失败，表示同意邓小平提出的三个问题。

当然，撒切尔夫人也不肯善罢甘休，要不然她怎么会有"铁娘子"之称呢？

撒切尔夫人话锋又转到保持香港繁荣的问题上，认为香港只有在英国的管辖下才能继续繁荣。说这话时，她多少流露出一些盛气凌人的表情。

邓小平说，保持香港的繁荣，我们希望取得英国的合作，但这不是说，香港继续保持繁荣必须在英国的管辖之下才能实现。香港继续保持繁荣，根本上取决于中国收回香港后，在中国的管辖之下，实行适合于香港的政策。

说到这里，撒切尔夫人又用多少带点要挟的口气说，如果香港不能继续保持繁荣，对中国的四个现代化建设将会带来很大的影响。

邓小平十分自信地表示，我认为，影响不能说没有，但说会在很大程度上影响中国的建设，这个估计不正确。如果中国把"四化"建设能否实现放在香港是否繁荣上，那么这个决策本身就是不正确的。

最后，撒切尔夫人拿出了她的"撒手锏"，用威胁的口吻说："如果中国宣布收回香港，将会给香港带来灾难性的影响。"

邓小平坚定地说，我还要告诉夫人，中国政府在作出这个决策的时候，各种可能都估计到了。如果在十五年的过渡时期内香港发生严重的波动，那时，中国政府将被迫不得不对收回的时间和方式另作考虑。如果说宣布要收回香港就会像夫人说的"带来灾难性的影响"，那我们要勇敢地面对这个灾难，作出决策。

撒切尔夫人听后，无言以对。

最后，邓小平建议双方达成这样一个协议，即双方同意通过外交途径开始进行香港问题的磋商。

撒切尔夫人表示同意。

难怪外电在评述这次会晤时说：撒切尔夫人是锋芒毕露，邓小平是绵里藏针。撒切尔夫人尽管受丘吉尔影响极深，有"铁娘子"之称，尽管她坚持"鲜明的传统保守主义哲学和强硬的经济政策"，但在邓小平面前，她毕竟还年轻……

会谈结束了。

撒切尔夫人在当天下午向中外记者发布声明说：今天两国领导人在友好的气氛中就香港前途问题进行了深入的讨论，双方领导人就此问题阐述了各自的立场。双方本着维持香港的繁荣和稳定的共同目的，同意在这次访问后通过外交途径进行商谈。

新华社在发布这一声明的同时，还加上了一段话："至于中国政府关于收回整个香港地区主权的立场是明确的、众所周知的。"

这次会谈后，根据双方达成的协议，中英两国开始通过外交途径就解决香港问题进行商谈。

1983年7月，中英双方开始了正式的谈判。但在前四轮的谈判中，由于英方仍然坚持1997年英国继续管治香港的立场，致使谈判毫无进展。在前四轮谈判中，英方名义上同意交还主权，却坚持治权不放，并通过宣传工具制造种种舆论，说什么香港的繁荣离不开英国的管理，主张"以主权换治权"。当时英方还打出三张"牌"：一是"信心牌"，说香港人对中国政府接管没有信心。二是"民意牌"，说香港人不愿这么干。三是"经济牌"，即抽走资金等。1983年9月，英资财团首先在伦敦大量抛售港元，引起港元暴跌，造成了抢购、挤兑和撤资的风潮。

就在中英香港谈判出现紧张状态之际，希思再一次访问中国。

邓小平在会见希思时请其转告撒切尔夫人：英国想用主权来换治权是行不通的，劝告英方改变态度，以免出现到1984年9月中国不得不单方面公布解决香港问题的方针政策的局面。1997年收回香港的政策不会受到任何干扰、有任何改变，否则我们就交不了账。

希思回国后向英国政府传递了邓小平的谈话内容。

10月，撒切尔夫人来信提出，双方可在中国建议的基础上探讨香港的持久性安排。这样会谈再次启动。在第五轮、第六轮会谈中，英方确认不再坚持英国管治，也不谋求任何形式的共管，并理解中国的计划是建立在1997年后整个香港的主权和管治权应该归还中国这一前提的基础上。至此，中英会谈的主要障碍开始排除。

从1983年12月第七轮会谈起，谈判进入了以中国政府关于解决香港问题的基本方针为基础进行讨论的轨道。根据中国政府的基本方针政策，未来的香港特别行政区直辖于中华人民共和国中央人民政府。除外交和国防事务属中央人民政府管理外，香港特别行政区享有高度的自治权。中央人民政府将在香港特别行政区派驻军队，负责其防务。香港特别行政区政府成员均须由香港特别行政区永久性居民中的中国公民组成，英籍和其他外籍人士可担任顾问或政府一些部门中最高至副司级的职务。虽然英方明确承诺过不再提出任何与中国主权原则相冲突的建议，但讨论中仍不时提出许多与其承诺相违背的主张。例如，英方一再以"最大程度的自治"来修改中方主张的"高度自治"的内涵，反对香港特区直辖于中央人民政府；英方一再要求中方承诺不在香港驻军，企图限制中国对香港行使主权，并要求在香港派驻性质不同于其他国家驻港总领事的"英国专员"代表机构，试图将未来香港特区变成一个英联邦成员或准成员；英方还提出持有香港身份证的海外官员可以担任"公务员系统中直至最高层官员"，并要中方承诺在 1997 年后原封不动地继承港英政府的结构以及过渡时期英方可能做出的改变；等等。英方上述主张的实质是要把未来香港变成英国能够影响的某种独立或半独立的政治实体，直接抵触中国主权原则。中方理所当然地坚决反对，未予采纳。

关于驻军问题，是中英谈判中争论最大的问题。邓小平说得更是斩钉截铁：中国有权在香港驻军，中国一定要在香港驻军。1984 年 4 月，英国外交大臣杰弗里·豪访问中国，再次表示希望中方不要在香港驻军，担心驻军会干预香港特别行政区的内部事务，损害香港的"高度自治"。邓小平在会见豪时说，1997 年后，我们派一支小部队去香港，这不仅象征中国收回了主权，更大的好处是对香港来说是一个稳定的因素。

当时参加中英谈判的原国务委员、国务院港澳办公室主任姬鹏飞回忆说：

> 驻军问题吵了好久，驻军问题是驻不驻啊？他们说你们不驻好了，我们说一定要驻军。不是在报纸上人家公开了吗，说是不驻军，有些人不是不主张驻军吗？所以小平同志就拍了桌子，召集香港代表来谈谈。香港不驻军，我们怎么体现收回香港？香港要象征性地驻军。香港收回来了，驻军是我们主权的表现，不驻军就是表明我们没有收回。

这里说的邓小平"拍了桌子"是发生在 5 月的事。5 月 2 日，香港《明报》刊出一篇报道，指名道姓说中央某一位负责人对记者表示，中国将不在香港驻军。5 月 25 日，邓小平会见了港澳地区的全国人大代表和全国政协委员，他特意把香港记者都留了下来，发表了一篇言辞激烈的讲话：

> 我要在这里辟谣，关于"将来不在香港驻军"的讲话，是胡说八道！这不是中央的意见。既然香港是中国领土，为什么不能驻军？英国外相

也说，希望不要驻军，但承认我们恢复行使主权后，有权驻军。连这权力都没有，还算什么中国领土。

从 1984 年 4 月第十二轮会谈结束后，双方转入过渡时期香港的安排和有关政权移交事项。中方提出了关于过渡时期的安排和有关政权交接的基本设想。建议在香港设立常设性中英联合小组，任务是协调中英协议的执行，商谈有关实现政权顺利移交的具体措施。对此英方坚决反对，强调不要正式确定 1997 年前为"过渡时期"，不应建立任何常设机构，以免造成中英"共管"的印象。1984 年 4 月，邓小平对来访的英国外交大臣杰弗里·豪说，在过渡时期有很多事情要做，没有一个机构怎么行？邓小平表示，可以考虑这个小组设在香港而轮流在香港、北京、伦敦开会。英方表示同意双方在此基础上讨论。但在此后三个多月的会谈中，英方仍反对在香港设立联合小组，使谈判陷入僵局。1984 年 7 月，英国外交大臣杰弗里·豪再次访华，邓小平在会见他时说，我们非常关注香港的过渡时期。针对香港的过渡时期，提出了以下几点：第一，希望不要出现动摇港元地位的情况；第二，我们同意可以批出 1997 年后五十年内的土地契约，而且同意港英政府可以动用这种卖地收入，但希望用于香港的基本建设和土地开发，而不是用作行政开支；第三，希望港英政府不要随意增加人员和薪金、退休金金额，那将会增加将来特别行政区政府的负担；第四，希望港英政府不要在过渡时期中自搞一套班子，将来强加于香港特别行政区政府；第五，希望港英政府劝说有关方面的人不要让英资带头转走资金。邓小平表示："我们希望过渡时期不出现问题，但必须准备可能会出现一些不以我们的意志为转移的问题。"关于联合小组问题，中方表示如英方同意设立联合小组并以香港为常驻地，该小组进驻香港的时间以及 1997 年后是否继续存在一段时间都可以商量。最后双方商定，设立联合联络小组，小组于 1988 年 7 月 1 日进驻香港，2000 年 1 月 1 日撤销。

至 1984 年 9 月，双方经过前后 22 轮谈判，终于达成协议，中英双方同意用《联合声明》的形式，采用如下表达方式，即中国政府声明："中华人民共和国政府决定于 1997 年 7 月 1 日对香港恢复行使主权。"英国政府声明："联合王国政府于 1997 年 7 月 1 日将香港交还中华人民共和国。"9 月 26 日草签了中英《联合声明》和三个附件。至此，为时两年的中英两国政府关于香港问题的谈判圆满结束。

1984 年 12 月 19 日，中英两国政府首脑在北京正式签署关于香港问题的《联合声明》。

英国首相撒切尔夫人于 12 月 18 日在外交大臣杰弗里·豪的陪同下再度来到北京，对中国进行正式访问，并签署《联合声明》。

12 月 19 日，邓小平再次会见撒切尔夫人。

此次的会见已不同于上次，气氛显得热烈友好。

邓小平在人民大会堂笑容满面地与撒切尔夫人握手，并高兴地说：

> 我们两国领导人就香港问题达成协议，为各自的国家和人民做了一件非常有意义的事情。香港问题已经有近一个半世纪的历史。这个问题不解决，在我们两国和两国人民之间总存在着阴影。现在这个阴影消除了，我们两国之间的合作和两国人民之间的友好前景光明。

撒切尔夫人对邓小平的这一评价表示完全赞同。她说，回顾我两年多以前初次在这里同您见面以来，我们已经取得了多么大的成就，双方的了解也加深了。

撒切尔夫人还特别说道：从历史的观点来看，"一国两制"是最富天才性的创造，这个构想看起来是个简单的想法，却是充满想象力的构想，是解决香港问题的关键，是我们达成协议的关键。

邓小平接着说：如果"一国两制"的构想是一个对国际有意义的想法的话，那要归功于马克思主义的辩证唯物主义和历史唯物主义，用毛泽东主席的话来说就是实事求是。这个构想是在中国的实际情况下提出来的。

谈到人们对"一国两制"能否行得通，中国在签署中英《联合声明》后是否能始终如一地执行的疑虑，邓小平对撒切尔夫人说：我们不仅要告诉阁下和在座的英国朋友，也要告诉全世界的人，中国是信守自己的诺言的。

撒切尔夫人听后，表示坚信"一国两制"的构想是行得通的。

接着，邓小平又讲道，采用和平方式解决香港问题，就必须考虑到香港的实际情况，也考虑到中国的实际情况和英国的实际情况，也就是说，我们解决问题的办法要使三方面都接受。三方面都能接受的只能是"一国两制"，允许香港继续实行资本主义，保留自由港和金融中心的地位，除此之外没有其他办法。

邓小平还向撒切尔夫人讲述了 1997 年后保持香港现行的资本主义制度五十年不变的道理，并请撒切尔夫人告诉国际上和香港的人士，"一国两制"除了资本主义，还有社会主义，就是中国的主体、10 亿人口的地区坚定不移地实行社会主义。主体是很大的主体，社会主义是在 10 亿人口地区的社会主义，这是个前提，没有这个前提不行。在这个前提下，可以容许在自己身边，在小地区和小范围内实行资本主义。

当天下午 5 时 30 分，在人民大会堂西大厅隆重举行了中英关于香港问题《联合声明》的正式签字仪式。

中国总理赵紫阳和英国首相撒切尔夫人分别在长桌本国国旗一侧就座，用中国的台式英雄金笔，各自代表本国政府在《联合声明》上签字。

邓小平出席了签字仪式。

当两国领导人交换声明文本时，大厅里爆发出热烈的掌声。随后，两国领导人发表讲话。

撒切尔夫人说：这是一个具有历史意义的时刻，邓小平能够出席各自政府签署的关于香港前途的《联合声明》，在香港的历史上，在英中关系的历程中以及国际外交史上都是一个里程碑。《联合声明》为从现在起到 1997 年和 1997 年以后继续保持香港的稳定、繁荣和发展提供了坚实的基础。

撒切尔夫人赞扬中国领导人对双方谈判采取的高瞻远瞩的态度，并盛赞"一国两制"。她说，"一国两制"的构想是没有先例的，它为香港的特殊历史环境提供了富有想象力的答案。

谈到中英《联合声明》，撒切尔夫人说，这是香港人民往后赖以向前发展的基础，香港会成为一个比现在更加繁荣的地方。今天，我们荣幸地同中国朋友一起，参加一个独特的仪式，我们应该有一种创造历史的感觉，应该有一种自豪感，并对未来充满信心。

讲话结束后，邓小平手举香槟酒杯，高兴地走到撒切尔夫人面前，和撒切尔夫人碰杯，共祝中英双方完成了一件影响深远、具有历史意义的大事。

1985 年 5 月 27 日，中英两国政府在北京互换批准书，中英《联合声明》正式生效。

为了确保 1997 年之后香港的繁荣稳定，在全国人大审议批准中英《联合声明》的同时，起草《香港特别行政区基本法》的工作也同时展开。在基本法起草的过程中，邓小平倾注了大量的心血。他多次会见基本法起草委员会的全体成员，对基本法的原则和意义作了精辟的解释。他说："我们的'一国两制'能不能成功，要体现在《香港特别行政区基本法》里面。这个基本法还要为澳门、台湾作出一个范例。所以，这个基本法很重要，要非常认真地从实际出发来制定。"基本法出台后，邓小平说：

> 写出了一部具有历史意义和国际意义的法律。说它具有历史意义，不只对过去、现在，而且包括将来；说国际意义，不只对第三世界，而且对全人类都具有长远意义。这是一个具有创造性的杰作。

澳门回归

澳门，自古以来就是中国的领土。16世纪中叶以后，被葡萄牙人逐步占领。19世纪中叶以后，在鸦片战争失败和帝国主义列强瓜分中国的背景下，葡萄牙人乘机相继侵占了澳门半岛全部和凼仔、路环两岛，从而占领整个澳门地区。

中国历届政府从未在澳门主权问题上作过让步。中华人民共和国成立后明确宣布：对于一些历史遗留问题，例如香港、澳门问题，中国政府主张在条件成熟的时候，经过谈判和平解决，在未解决之前维持现状。

澳门问题的提出，是从20世纪70年代中后期开始的。1976年秋，葡萄牙总统埃亚内斯在联合国与中国常驻联合国代表黄华就中葡关系和澳门问题进行磋商，拉开了中葡建交谈判的序幕。1979年2月，中葡正式建立外交关系，双方在澳门问题上一致认为：澳门是中国的领土，目前由葡萄牙政府管理，澳门问题是历史遗留问题，在适当的时候，中葡两国应通过协商友好解决。这就为澳门问题的解决创造了有利条件。

邓小平后来说，就澳门问题来说，解决的条件早已成熟，我们拖了一下，主要是当时对用什么方式解决澳门问题还没有考虑成熟。因为解决了澳门问题，香港、台湾问题怎么办？显然，在邓小平的心中，澳门问题是与实现祖国统一大业紧紧地联系在一起的。

历史遗留下来的中华民族的统一大业问题，包括台湾问题、香港问题、澳门问题。解决国家的统一问题，"只能有两种方式，一种是和平的方式，一种是非和平的方式"。20世纪80年代初，邓小平敏锐地把握时代发展的脉搏和契机，审时度势，高瞻远瞩，以巨大的理论勇气和政治勇气，创造性地提出了完成祖国统一大业的新思路，这就是"和平统一、一国两制"的伟大构想。1982年1月，邓小平在谈到祖国统一问题时指出："比如将来，整个国家是社会主义，在个别的地方允许另外的制度存在，允许存在资本主义制度，这是结合中国的实际情况。"不只是台湾问题，还有香港问题，"澳门也算类似的问题"，"也要考虑制度不变，是中华人民共和国的一部分，保持特殊地区或者叫特别区"。他在谈到澳门将来实行的一些政策时还说，澳门由当地直接选出人来管理，北京不派人去。以后邓小平又把"一国两制"的思想概括起来作了多次系统的阐述。其基本内容是：在一个中国的前提下，国家的主体坚持社会主义制度；香港、澳门、台湾是中国不可分割的组成部分，它们保持原有的资本主义制度长期不变，在国际上代表中国的只能是中华人民共和国。

邓小平提出的"和平统一、一国两制"的伟大构想，是从中国的实际出发、实现国家统一的最佳方案。这一构想，既体现了实现祖国统一、维护国家主权的原则性，又充分考虑到台湾、香港、澳门的历史和现实，具有高度的隶属灵活性，成为推进祖国和平统一大业的基本方针。

"和平统一、一国两制"的构想提出后，首先被成功地运用于解决香港问题。中英《联合声明》的签署为通过和平方式解决国与国之间历史遗留问题提供了一个范例，对澳门问题的解决起到了推动和示范作用。

解决香港问题的成功实践，在澳门同胞中引起了极大的反响。澳门怎么办，一时成为澳门人关注的焦点。

就在中英关于香港问题达成协议后第10天，邓小平在人民大会堂西大厅接见了港澳同胞国庆观礼团全体同志。当澳门代表问到解决澳门问题的时间和方式时，邓小平说：

> 澳门问题的解决，想用香港的方式，在同一个时间解决。我们以前不讲，是不要因为澳门影响其他。澳门的解决当然也是澳人治澳，"一国两制"。但它比香港早一点解决好，还是同香港同时解决，我们还想听听大家的意见。

同年10月6日，邓小平在接见澳门知名人士马万祺时进一步阐述了解决澳门问题的原则：澳门问题也将按照解决香港问题那样的原则来进行，"一国两制"，澳人治澳，五十年不变，等等。澳门收回后，赌业可以继续存在下去。

1985年5月，葡萄牙总统埃亚内斯访问中国时提到，现在我们关心的事情只有一件：即现在需要在公开场合确认在移交澳门管辖权时不会影响投资，不会影响政治和经济的发展，不会影响当地的正常生活。邓小平当即表示："双方友好商量，这些问题不难解决。"

邓小平的这些谈话，让整个澳门的人都吃了一颗"定心丸"。

实现祖国的完全统一，是民族的愿望，历史的重托。邓小平这样说过，我们是要完成前人没有完成的统一事业。实现和平统一需要一定时间。如果说不急，那是假话，我们上了年纪的人，总希望早日实现。不做这件事，后人写历史要责备我们。他以高度的责任心和强烈的民族自豪感执着地追求实现祖国统一的目标。他强调，如果不在本世纪内解决香港、澳门问题，任何一个中国领导人和政府都不能向中国人民交代，甚至也不能向世界人民交代。人民就没有理由信任我们，任何中国政府都应该自动下野，自动退出历史舞台。

香港问题解决了，澳门问题也必须在本世纪内解决，这是历史赋予中国共产党人的神圣使命。

1986年6月30日，中葡双方在北京开始了关于解决澳门问题的谈判。和中英香港谈判不一样的是，中葡双方在澳门主权问题上的分歧不大，不像中英关于香港问题谈判初期那样剑拔弩张。双方的分歧比较大的是中国收回澳门的时间。中方明确表示，考虑到中葡之间的友好关系，中方将当初确定的同时收回港澳的安排错开，比香港晚一年，即1998年恢复对澳门行使主权。但葡方强调，澳门与香港不同，中方应给葡方更多的过渡时间，至少不能少于给予香港的十二年过渡期。葡萄牙国内甚至有人公开宣称，葡萄牙难以接受中国在2000年前收回澳门的管治权，这个时间应为2017年。一时间，在葡萄牙和澳门，不能在本世纪内归还澳门的言论甚嚣尘上，为中葡会谈蒙上了一层阴影。

针对葡方的意见，中国政府采取了"既团结，又斗争"的原则，邓小平斩钉截铁地说："澳门问题必须在本世纪内解决，不能把殖民主义尾巴拖到下一世纪。"1986年12月31日，中国方面声明："在2000年以前收回澳门是包括澳门同胞在内的10亿中国人民不可动摇的立场和愿望，任何关于2000

年以后交还澳门的主张都是不能接受的。"1987年1月，葡萄牙最高国务会议经过四个半小时的激烈争论达成共识：保持和发展与中华人民共和国的友好合作关系，对于维护澳门的稳定和繁荣、维护葡萄牙在澳门及远东的利益有着十分重要的意义。会议同意于1999年将澳门交回中国。

1987年3月18日至23日，中葡双方在第四轮会谈中对各项协议文本内容最后取得一致意见。3月26日，中葡两国政府代表团团长草签了两国政府关于澳门问题的《联合声明》及附件，同时决定在正式签署协议时，就部分澳门居民旅行证件问题互致备忘录。

对此，一位法国记者评论说："西方分析家认为，23日在北京宣布的1999年12月澳门归还给中国的协议是邓小平的一次胜利。邓小平的强硬态度迫使葡萄牙做出了一些让步。"

1987年4月13日，中葡关于澳门问题的《联合声明》在北京人民大会堂西大厅举行正式签署仪式。声明宣布：澳门地区是中国领土，中华人民共和国政府将于1999年12月20日对澳门恢复行使主权。

邓小平高兴地对前来参加签字仪式的葡萄牙总理席尔瓦说："中国在不长的时间内解决了香港问题、澳门问题，为处理国际上有争议的问题树立了一个范例。""澳门问题的解决，开辟了两国间的新关系。结束过去，走向未来。"

澳门问题能够顺利解决，归功于"一国两制"的伟大构想。正如邓小平所说，我们考虑用何种方式解决香港、澳门和台湾问题的立足点是：解决澳门问题不仅要符合中国的利益，还要符合葡萄牙的利益和澳门的利益。解决香港问题不仅要符合中国的利益，还要符合英国的利益和香港的利益。而解决台湾问题，则既要符合大陆的利益，也要符合台湾的利益。我们经过较长时间的考虑，从解决台湾问题着手，提出了"一国两制"的构想。受台湾问题的启发，我们考虑是否可以利用同样的方式解决香港、澳门问题。在澳门问题上，我们双方没有争执，而在香港问题上，是有争执的。看来，用"一国两制"方式解决这类问题是成功的，为解决国际争端、消除地区热点问题提供了经验。

为了确保澳门顺利回归，1988年4月13日，第七届全国人民代表大会第一次全体会议通过决定，成立中华人民共和国澳门特别行政区基本法起草委员会，专门负责《澳门特别行政区基本法》的起草工作。经过四年多的紧张工作，起草委员会先后召开了9次全体会议，1993年3月，《澳门特别行政区基本法（草案）》提交第八届全国人民代表大会第一次会议审议，3月31日获得通过。江泽民当天颁布主席令，颁布了《澳门特别行政区基本法》，包括三个附件以及澳门特别行政区区旗、区徽图案，批准自1999年12月20日起实施。江泽民说："和平统一、一国两制"，是我们实现祖国统一大业的坚定方针。我们将严格执行香港基本法和澳门基本法，克服困难，排除阻力，努力实现香港、澳门的平稳过渡和保持长期稳定繁荣。

澳门基本法体现了中葡《联合声明》的精神，是"一国两制"方针的具体化。它规定：澳门特别行政区是中华人民共和国不可分离的部分，是中华人民共和国的一个享有高度自治权的地方行政区域，直辖于中央人民政府；澳门特别行政区不实行社会主义制度和政策，保持原有的资本主义制度和生活方式五十年不变；澳门特别行政区实行高度自治，享有行政管理权、立法权、独立的司法权和终审权，以及负责维持本地区内的社会治安。澳门特别行政区行政机关的官员、立法会的议员由澳门特别行政区永久性居民组成；行政长官、行政会委员、立法会主席、检察院检察长和终审法院院长均须由特别行政区永久性居民中的中国公民担任。原有的法律、法令、行政法规和其他规范性文件，除同基本法相抵触或经特别行政区的立法机构或其他有关机关依照法定程序作修改外，予以保留。

澳门基本法既维护了国家主权、统一和领土完整，又从澳门的实际情况出发，反映了澳门的特点，照顾了澳门社会各阶层的利益，保证了澳门的经济发展和稳定，具有非常重要的意义。澳门基本法把"一国两制"的方针政策用宪法性法律的形式明确地规定了下来，为"一国两制"构想在澳门的实践提供了坚实的法律基础。

所有制和分配制度的改革

新中国成立以后，经过对生产资料私有制的社会主义改造，我国建立了社会主义的基本制度。但是，由于"左"倾指导思想的影响，由此形成的过分单一的所有制结构严重阻滞了生产力的发展。

党的十一届三中全会以后，为了促进经济的发展，邓小平明确提出"要多方面地改变生产关系，改变上层建筑"，对旧的体制进行改革。从1978年起，党中央开始逐步调整原有的政策，把大批小商、小贩、小手工业者及其他劳动者从原工商业者中区别开来，恢复其劳动者身份。接着，又明确肯定原工商业者已经成为社会主义社会中的劳动者。1979年3月，国务院正式批转了国家工商行政管理局关于全国工商局长会议的报告，这个报告明确指出，为了方便群众生活，为了解决部分人的就业问题，可以根据实际情况在城镇恢复和发展一部分个体经济。这样，在公有制占绝对统治地位的情况下，作为其他经济成分的个体经济得以逐步恢复和发展。

个体经济的恢复和大发展是与大批知识青年回城相联系的。在"文化大革命"中，全国数以千万计的城镇知识青年上山下乡。当时，这一方面是为了改变农村落后状况，另一方面也是为了减轻城市就业压力。

"四人帮"被粉碎后，大批知识青年回城，但是，城市不可能很快接纳这么多人，于是，矛盾出现了。与此同时，城市中新生长起来的大批劳动力，这时也面临着不能充分就业的问题。

就业，成为当时全社会极为关注的问题。

按过去的做法，就业，就是由政府的劳动部门分配工作。当时人们选择工作的标准第一是国营工厂，第二是国营商业，第三是集体工厂。但是，数以千万计的青年一下子涌回城市，政府没有办法在国营和集体工商业中安置他们。于是，1980年8月召开的全国劳动就业会议，提出了在国家计划指导下，实行劳动部门介绍就业、自愿组织起来就业和自谋职业相结合的方针。其中所谓"自谋职业"，就是让人们从事个体工商业。

为了进一步解决就业问题，1981年10月17日，中共中央、国务院又作出《关于广开门路，搞活经济，解决城镇就业问题的若干决定》（以下简称《决定》）。《决定》正式提出，在公有制占优势的前提下，"实行多种经济形式和多种经营方式长期并存，是我党的一项战略决策，绝不是一种权宜之计"，今后一定要"按照国民经济的需要适当发展城镇劳动者个体经济"。针对有关部门歧视、限制甚至打击个体经济的现象，《决定》明确指出："要采取积极态度，坚决迅速地改变那些歧视、限制、打击、并吞集体经济和个体经济的政策措施，代之以引导、鼓励、促进、扶持的政策措施。要对过去的有关规定限期进行认真的清理，并提出改革的具体办法。"《决定》还要求全党、政府各部门及群众团体，积极行动起来，为发展个体经济服务出力、献计献策。根据《决定》的精神，当时，工商管理部门大批发放个体营业证，各级政府还尽可能提供方便条件，报纸上也大力宣传个体户对社会的贡献。

经过各级政府的共同努力，到1982年，全国已安置2000多万人就业。在这个过程中，集体、合营、个体经济如雨后春笋般地发展，尤其是个体经济发展更为迅速，全国城镇个体经济达到263.6万户，从业人员为398万人。

实践的发展，推动了理论的进步。1981年6月，党的十一届六中全会召开，会议通过了《中共中央关于建国以来党的若干历史问题的决议》（以下简称《决议》）。《决议》概括了中共十一届三中全会以来党在所有制形式上的新认识，第一次提出了个体经济是公有制经济的必要补充的论点，《决议》指出："社会主义生产关系变革和完善必须适应于生产力的状况，有利于生产的发展。……一定范围的劳动者个体经济是公有制经济的必要补充。必须实行适合于各种经济成分的具体管理制度和分配制度。"

1982年，党的十二大召开，邓小平明确提出，要建设有中国特色的社会主义。党的十二大报告进一步提出："由于我国生产力发展水平总的说来还比较低，又很不平衡，在很长时期内需要多种经济形式的同时并存。""在农村和城市，都要鼓励劳动者个体经济在国家规定的范围内和工商行政管理下适当发展，作为公有制的必要的、有益的补充。"

这表明，我们党已经初步形成了以公有制为主体、多种所有制形式并存，以按劳分配为主体、多种分配形式并存的方针。

短短的两三年内，个体经济蓬勃发展。在成千上万的个体户中，大多数人虽然只能有个温饱，但有不少人比国营企业职工的收入要丰厚得多，其中有为数不多的人在几年内富了起来。随着经营规模的扩大，人手越来越紧张，他们开始雇工，由个体户变成了私人企业主。

这种情况的出现首先给城市职工以很大的冲击。尽管邓小平在党的十一届三中全会上提出了允许和鼓励一部分人先富起来的"大政策"，有关部门、单位和企业坚持按劳分配原则，恢复和实行奖金等制度，一般职工的生活水平已有一定的提高，但相比较而言，这些搞个体经济的人，现在收入比他们要高得多，甚至一些过去被视为"不三不四"的人，现在也耀武扬威起来了。他们心理上开始不平衡起来。

如果说普通职工只是心理不平衡的话，对党的领导干部来说，就面临着很多政策上的难题，主要的是私营企业能不能雇工、能雇多少，最典型的例子就是"傻子瓜子"。

"傻子瓜子"的经营者叫年广久,安徽芜湖人。他很早就是个体商贩,开始贩卖水果,后改营炒货。他和两个儿子在家里炒制西瓜子,或提篮叫卖,或摆摊兜售。他悉心钻研瓜子的炒制技巧,培育出"傻子瓜子"这一名牌食品,加上他会经营,生意越做越大。瓜子的日产量由原来的几十斤增加到200多斤,月营业额达万元,在当时个体户中成为"冒尖户"。

　　随着自身的发展,年广久要继续扩大经营,这时摆在他面前有两条路可以选择:一是向个体经济联合体发展;二是雇工。年广久也曾想过走合作经济的道路,但处理各方面的经济利益关系比较复杂。走私营企业的道路相对简单一些。于是,他从1981年9月开始雇工,当时他只雇了4个帮手,主要劳动力还是他父子3人。这时人们心里还可以勉强接受,而且,对于少量雇工,这时政策上也是允许的。1981年国务院颁布《城镇非农村个体经济若干政策规定》及随后下发的有关文件,都规定个体工商业可以请一两个帮手,最多不超过四五个学徒,合在一起可以雇7个人。为什么可以雇7个人呢?说起来可笑,因为马克思的著作里有个界限,尽管这只是马克思举的一个例子而已。

　　后来年广久经营日趋扩大,共雇工140多人,日产瓜子1万多斤,月营业额达60多万元。从一家个体户发展到这样一个有相当规模的私营企业,只用了两年多时间!年广久发展这么快,固然与他选择的这个行业有关,瓜子不关系国计民生,是计划经济管不着的空间,也是公有经济的空隙,但更主要的是在社会主义初级阶段,私营经济具有活力。然而,他的迅速发迹,却引起了各方面的议论和指责,特别是他的雇工多,当时很多人看了不舒服,认为这是剥削,是搞资本主义,主张对他采取措施。

　　邓小平得知后,却明确表态说:"我的意见是放两年再看。那个能影响我们的大局吗?如果你一动,群众就说政策变了,人心就不安了。你解决了一个'傻子瓜子',会牵动人心不安,没有益处。让'傻子瓜子'经营一段,怕什么?伤害了社会主义吗?"

　　确实,年广久开办私营企业对社会主义不仅没有带来什么害处,还带来了很多好处。以1982年为例,这一年"傻子瓜子"所创造的收入中,他个人所得、雇工工资、上缴国家税费分别为44.6%、12%和43.33%。由于他的经济实力,打开了江、浙、沪的市场。在他的挑战和带动下,芜湖一下子涌现出近60家瓜子企业,被誉为"瓜子城"。全国各地也兴起了瓜子加工热,从南到北,涌现出"迎春瓜子""口不离""好吃来""阿凡提"等数不清的新品种，成为一个不小的产业。

一颗瓜子千斤重。邓小平对"傻子瓜子"的支持，使得私营企业蓬勃发展起来。

私营企业在形式上出现了多样化：既有由个人承包或租赁集体企业而逐步演变成的私营企业，也有个人或家庭独资经营的企业，此外，还有合伙、集股经营的企业，靠技术成果起家的私营企业也开始出现。而且在范围上也逐渐扩大，私营企业出现的初期，大部分从事手工业、商业、饮食业、服务业，后来逐步发展到工业、交通运输、食品加工、高科技、金融、采矿、建筑材料等各行各业。

到 1987 年，我国的私营企业已有 25 万户，雇工约 400 万人。在登记注册的私营企业中，资本拥有 10 万元以上的占 45%，几近半数。工业产值占全国工业总产值的 1% 以上。

在鼓励、支持私营企业发展的同时，邓小平还积极倡导利用外资，在我国境内兴办"三资"企业。

1979 年，邓小平在不同场合曾多次谈及利用外资进行经济建设的问题。1月 17 日，在会见胡厥文、胡子昂、荣毅仁等工商界人士时，邓小平指出："现在搞建设，门路要多一点，可以利用外国的资金和技术，华侨、华裔也可以回来办工厂。吸收外资可以采取补偿贸易的方法，也可以搞合营，先选择资金周转快的行业做起。"

10 月 4 日，在中央召开的省、自治区、直辖市党委第一书记座谈会上，邓小平专门提出要充分研究怎样利用外资的问题，指出："第二次世界大战以后，一些破坏得很厉害的国家，包括欧洲、日本，都是采用贷款的方式搞起来的，不过它们主要是引进技术、专利。我们现在如果条件利用得好，外资数目可能更大一些。问题是怎样善于使用，怎样使每个项目都能够比较快地见效，包括解决好偿付能力问题。利用外资是一个很大的政策，我认为应该坚持。"在邓小平的积极倡导和指导下，利用外资进行经济建设逐渐成为全党和全国人民的共识，并付诸实践。

1979 年 7 月，全国人大五届二次会议通过并颁布了《中华人民共和国中外合资经营企业法》等法律，同时，负责管理利用外国投资的专门机构——国家外国投资管理委员会也正式成立。随着中央和国务院批准广东、福建两省在对外经济活动中实行特殊政策和灵活措施，利用外资工作全面展开。

1980年，经国家外国投资管理委员会批准或授权有关省市批准而兴办的合资企业有20个，这是改革开放后在我国产生的最早一批"三资"企业，投资总额2亿多美元，其中外商投资额为1.7亿多美元。

　　在这20家中外合资经营企业中，投资当年就开始生产经营的企业有北京航空食品公司、中国迅达电梯公司、浙江西湖藤器公司、中法合营天津王朝葡萄酿酒公司等。这几家合资企业都是老厂吸收外资合营进行扩大生产经营的，经过几个月经营，在生产经营管理上都有了很大的可喜变化。例如，北京航空食品公司于1980年5月合资开业后，加强劳动组织整顿和工人培训，改进配餐的品种和花色，到10月，每日供应中外班机的配餐份数由开业初的600多份增加到1 320份，营业额从开业初的22万元左右，上升到9月的46万元，盈利额从5月的1.7万元增加到8月的5万多元。

　　从1980年5月1日第一家中外合资企业北京航空食品公司诞生到1982年年底，国内累计建立的"三资"企业总数有909家，其中，中外合资经营企业有83家，外商投资为1.41亿美元，中外合作经营企业有793家，外商投资为27亿多美元，外商独资经营为33家，协议外资金额3.67亿美元，实际利用外资金额为0.39亿美元。

　　"三资"企业的蓬勃发展，得到了邓小平的充分肯定。1985年8月28日，邓小平会见津巴布韦政府总理穆加贝时，在总结新中国成立后我国革命和建设的经验教训的基础上，强调了在坚持公有制经济为主体的同时发展"三资"企业的必要性，他说："公有制包括全民所有制和集体所有制。现在占整个经济的90%以上。同时，发展一点个体经济，吸收外国的资金和技术，欢迎中外合资合作，甚至欢迎外国独资到中国办工厂，这些都是对社会主义经济的补充。"

　　针对这时出现的一些对利用外资工作的不适当指责，邓小平明确指出："一个'三资'企业办起来，工人可以拿到工资，国家可以得到税收，合资合作的企业收入还有一部分归社会主义所有。更重要的是，从这些企业中，我们可以学到一些好的管理经验和先进的技术，用于发展社会主义经济。这样做不会也不可能破坏社会主义经济。我们倒是觉得现在外国投资太少，还不能满足我们的需要。"此后，他又多次指出，"在本世纪最后的十六年，无论怎么样开放，公有制经济始终还是主体。同外国人合资经营，也有一半是社会主义的。合资经营的实际收益，大半是我们拿过来。不要怕，得益处的大头是国家，是人民，不会是资本主义。"

1984 年，被邓小平誉为"新时期政治经济学"的《中共中央关于经济体制改革的决定》正式公布，《决定》的第八点明确提出，要"积极发展多种经济形式，进一步扩大对外的和国内的经济技术交流"。《决定》还进一步提出，"利用外资、吸引外商来我国举办合资经营企业、合作经营企业和独资企业，也是对我国社会主义经济必要的有益的补充"。这进一步推动了"三资"企业的发展。从 1985 年开始出现了外商直接投资的高潮，这一年新办的合资企业 1 412 家，吸收外资 0.30 亿美元，比上年分别增长 90.55% 和 90.31%，分别是前六年的 1.5 倍和 1.4 倍。到 1987 年年底，已批准登记的"三资"企业有 1 万多家，吸收外资总额达到 335.25 亿美元。

随着城乡多种经济成分的逐步发展，我们党对公有制为主体、多种经济成分共同发展，以按劳分配为主体、多种分配方式并存的方针又有了进一步的发展。党的十三大报告认为，"在所有制和分配上，社会主义社会并不要求纯而又纯，绝对平均。在初级阶段，尤其要在以公有制为主体的前提下，发展多种经济成分，在以按劳分配为主体的前提下实行多种分配方式，在共同富裕的目标下鼓励一部分人通过诚实劳动和合法经营先富起来"。

党的十三大报告把在公有制为主体的前提下继续发展多种所有制经济与实行以按劳分配为主体的多种分配方式和正确的分配政策作为深化改革的任务之一，指出："社会主义初级阶段的所有制结构应以公有制为主体。目前全民所有制以外的其他经济成分，不是发展得太多了，而是还很不够。对于城乡合作经济、个体经济和私营经济，都要继续鼓励他们发展。公有制经济本身也有多种形式。除了全民所有制、集体所有制以外，还应发展全民所有制和集体所有制联合建立的公有制企业，各地区、部门、企业互相参股等形式的公有制。在不同的经济领域，不同的地区，各种所有制经济所占的比重应当允许有所不同。"

"社会主义初级阶段的分配方式不可能是单一的。我们必须坚持的原则是，以按劳分配为主体，其他分配方式为补充。除了按劳分配这种主要方式和全体劳动所得以外，企业发行债券筹集资金，就会出现凭债权取得利息；随着股份经济的产生，就会出现股份分红；企业者的收入中，包含部分风险补偿；私营企业雇佣一定数量劳动力，就应当允许。我们的分配政策，既要有利于善于经营的企业和诚实劳动的个人先富起来，合理拉开收入差距，又要防止贫富悬殊，坚持共同富裕的方向，在促进效率提高的前提下体现社会公平。"

进入 1989 年，由于经济上的治理整顿，特别是 1989 年春夏之交政治风波的影响，我国私营经济和"三资"企业的发展出现了新的情况。1989 年上半年个体工商户约减少 218.4 万户，从业人员减少 361.6 万人，停业 8 000 多家。个体私营经济出现了十年来第一次户数锐减的现象。与此同时，"三资"企业也停滞不前。

针对这种情况，1992 年年初，邓小平在著名的南方谈话中明确指出，这几年"改革开放迈不开步子，不敢闯，说来说去就是怕资本主义的东西多，走了资本主义道路。要害是姓'资'还是姓'社'的问题"。"中国要警惕'右'，但主要是防止'左'。"今后"改革开放胆子要大一些，敢于试验，不能像小脚女人一样。看准了的，就大胆地试，大胆地闯"。

在邓小平南方谈话的精神指导下，1992 年 10 月召开的党的十四大，明确指出发展个体私营经济，大胆吸收外国先进的经营方式和管理方法，引进外资，"不会损害社会主义，只会有利于社会主义的发展"。

党的十四大正式提出经济体制改革的目标是在坚持公有制和以按劳分配为主体、其他经济成分和分配方式为补充的基础上，建立和完善社会主义市场经济体制。报告对所有制和分配制度改革的方针又有了进一步的发展，报告指出："社会主义市场经济体制是同社会主义基本制度结合在一起的，在所有制结构上，以公有制包括全民所有制和集体所有制经济为主体，个体经济、私营经济、外资经济为补充，多种经济成分长期共同发展，不同经济成分还可以自愿实行多种形式的联合经营。国有企业、集体企业和其他企业都进入市场，通过平等竞争发挥国有企业的主要作用。在分配制度上，以按劳分配为主体，其他分配方式为补充，兼顾效率与公平。运用包括市场在内的各种调节手段，既鼓励先进，促进效率，合理拉开收入差距，又防止两极分化，逐步实现共同富裕。"

党的十四大以后，中央采取了一系列政策和措施，鼓励、扶持和促进个体私营经济、"三资"企业等多种经济形式的发展，鼓励以按劳分配为主体的多种分配形式的施行。

1993 年 1 月 6 日，国家工商行政管理局推出《关于促进个体私营经济发展的若干意见》，提出了我国政府促进个体私营经济健康发展的 20 条政策，明确宣布："除了关系国家安全和人民健康的行业外，原则上都允许个体、私营经济从事生产经营。"《意见》还强调要坚决保护个体私营经济的合法权益。外部环境的日益宽松，社会条件的逐步改善，促进了私营经济的迅猛发展。到 1996 年 6 月底，全国登记注册的个体工商户突破 2 474 万户，从业人员 4 544.2 万人，注册资金 886.7 亿元，总产值 1 794.3 亿元，销售总额或营业收入 5 763.3 亿元。全国私营企业达到 70.9 万家，从业人员 1 014.2 万人，注册资金 3 128.6 亿元。

与此同时，"三资"企业也获得了很大发展。1995 年 6 月 20 日，由国家计委、经贸委、对外贸易部联合颁布了《指导外商投资方向暂行规定》，同时还颁布了《外商投资产业指导目标》，这是我国首次公布鼓励、限制、禁止外商投资领域的政策性文件。《规定》在原有基础上显著扩大了鼓励外商投资的范围，拓宽了对外开放的领域，这是吸收外资工作的一项重大举措。截至 1997 年年底，全国累计批准外商投资企业 30.37 万家，协议利用外资金额 5 193.8 亿美元，实际使用外资额 2 205 亿美元。从 1993 年开始我国连续五年是外商投资最多的发展中国家。

第一次视察经济特区

1984 年 1 月 24 日，中共中央政治局常委、中央顾问委员会主任邓小平，离开正值隆冬的北京，在中央政治局委员王震、杨尚昆的陪同下，乘专列来到了鲜花盛开、春意盎然的南疆。

1 月 24 日上午 10 时，专列经广州站时作短暂停留。广东省委负责人、广州军区的负责人到车上看望邓小平。邓小平深情地对广东省省长梁灵光说："经济特区是我的提议，中央的决定。五年了，到底怎么样，我要来看看。"

中午，专列驶进了深圳车站。在深圳特区诞生后的第 5 个年头，邓小平迈着轻快稳健的步伐，踏上了中国改革开放的前沿地带。邓小平的到来，给南粤沃土增添了浓郁的春色，也带来了几分企盼。深圳人此时此刻正怀着兴奋和忐忑不安的心情期待着……

还是在 1979 年 1 月，邓小平在一份香港厂商要求回广州开设工厂的《内部情况摘报》上批示："这件事我看广东可以放手干。"随后在 4 月召开的中央工作会议上，广东省的领导同志就如何发挥广东优势，吸引爱国华侨、港澳同胞和外商来投资办企业问题，向中央常委汇报了在邻近港澳和沿海地区划出一些地方，设置类似海外的出口加工区的设想。向中央常委汇报后，广东省委书记习仲勋又带着这个意见向邓小平汇报，提出广东要实行特殊政策和灵活措施。邓小平听完汇报后，郑重地说："还是办特区好，过去陕甘宁就是特区。中央没有钱，你们自己去搞，杀出一条血路来。"也就是在这次会议上，中央授权广东在对外经济活动中，实行特殊政策和灵活措施。据广东省委副书记王全国回忆："会后，中共中央、国务院根据邓小平的倡议，5月，派国务院副总理谷牧率领一个由中央有关部委组成的工作组到广东帮助起草文件，一直工作到6月6日。然后到福建，福建就根据广东的报告，也起草了报告。谷牧把两省的报告带到北京。中央很快就批了。这就是中发〔1979〕50号文件。"文件指出："出口特区"先在深圳、珠海两市试办，待取得经验后，再考虑在汕头、厦门设置。1980年3月，中共中央在广州召开广东、福建两省会议，将"出口特区"定名为"经济特区"。5月，中共中央和国务院发出文件，要求将深圳特区建成兼营工业、商业、农牧业、住宅、旅游等项事业的综合性经济特区。8月，全国人大常委会第十五次会议批准了《广东省经济特区条例》。深圳经济特区正式宣告成立。

与香港一河之隔的深圳，从正式宣告经济特区诞生之日起，就开始了风风火火、沸沸扬扬的日子。一支支建设大军从祖国四面八方开到深圳河畔，一群群年轻的打工仔、打工妹从各地涌来。深圳，这个边陲小镇，一下子沸腾起来了。这里，到处响着推土机、挖掘机、起重机的隆隆声，到处可见步履匆匆的行人，领导和打工者一同住进低矮、湿热的工棚，一同起早贪黑在工地上，一同出大力、流大汗。

没有钱，深圳人四处奔走，靠借贷，滚雪球似的支撑起一座座大厦，铺设成一条条马路。"五通一平"的基础设施初具规模后，外商纷至沓来，合作、合资、独资企业与日俱增。经过几年建设，一座新兴的现代化城市的雏形已经形成。

深圳的名声大振，一方面引起了国内外各方面人士的广泛关注和获得热情赞扬，另一方面也招来了党内外一些不同意见者对深圳改革开放的怀疑和指责。有的说，深圳已改变了颜色，走上了复辟资本主义的道路；有的说，特区已变成了新的"租界"；有的说，特区黑市货币流行，违纪违法活动横行，大搞倒卖"洋货"，"搞错了"；还有的说，特区之所以有今天，是靠优惠政策，"剥削"内地，赚内地的钱；等等。广东省省长梁灵光回忆说："我到广东的时候，改革开放才开始，那时全国对改革开放，有人赞成，有人不赞成。不赞成的不但有省、市领导，包括中央里也有人赞成，有人不赞成。有一次我到中央开中央工作会议，会上发了个参考材料，有篇文章我看了很受刺激，感到不对头。文章的题目是《中国租界的由来》，这是中央政策研究室印发的参考材料。当时我们正在讨论中央方针政策啊，讨论改革开放啊，弄出了那么一个材料来，我估计可能是当时有人风言风语，这是有争议问题呀，提出深圳是不是新的租界呀，我觉得很有问题。那时候，西部一个省的副省长来广东参观考察，他在广东看了一圈，回到宾馆大哭了一场，他想不通，认为革命了几十年，现在变了。还有，西南来的一个考察组，到广东来，临行时省委办公厅交代，你们到了广东不许一个人外出。特别是 1982 年中央发出打击走私犯罪的紧急通知后，广东成了过街老鼠，人人喊打。广东搞改革开放以来，的确有人搞走私，搞投机倒把。所以，那时对广东的改革开放压力很大。特区搞得对不对，搞特殊政策对不对，也有各种议论。"

外界的议论不足为奇。五年来，深圳人顶住了种种非议和压力。他们深知，一个新生事物的诞生，必然会引起人们的关注和议论，这一切，对于这些勇于第一个"吃蟹"的创业者来说，算不了什么。但是，特区的倡导者邓小平是怎么看待特区的，对深圳特区几年来的发展，是肯定还是否定？深圳特区实行的一系列改革开放政策对了还是错了，特区还要不要办下去？在这关系深圳特区能否继续前进和全国改革开放能否继续深入下去的关键时刻，深圳的"拓荒牛"们无不翘首以盼，他们盼望有一天特区的倡导者、改革开放的总设计师邓小平能亲自来看一看深圳的发展，听一听他们的声音，为深圳人和每一个关心深圳乃至全国改革开放前途和命运的人排忧解难，指点迷津。这一天，他们终于盼到了。

此时此刻，初到深圳的邓小平心情一样迫切。

中午 12 时 30 分，邓小平身穿涤卡灰色中山装，脚穿黑色皮鞋，步履稳健地走下火车，同迎候在车站月台上的深圳市委、市政府的主要负责人梁湘、周鼎等人一一握手。

汽车驶向深圳迎宾馆桂园别墅。这时，距农历春节还有 7 天的时间。紫荆树在特区的路旁已绽开紫红色的花朵，象征吉祥喜庆的盆盆金橘摆上了特区人居室的阳台。路上，邓小平按捺不住急切的心情，几次轻轻拨开车窗的纱帘，注视着一掠而过的楼群、工地、人流。自深圳经济特区建立之日起，邓小平就一直关注着深圳这棵改革开放幼苗的成长。一晃五年过去了，深圳究竟是什么样子，成功不成功，对特区的种种指责、怀疑对不对？

坐在后面一辆轿车中的深圳市委负责人，兴奋之余不免又有些紧张。他们清楚地知道，邓小平倡议建立深圳经济特区五年来，深圳发展的每一步都倾注着邓小平的心血：1981年，国家处于国民经济的调整期，拿不出钱来支持特区。邓小平在这年的中央工作会议期间，语重心长地对广东省的负责人说："经济特区要坚持原定方针，步子可以放慢些。""放慢些"，是出于对国家经济暂时困难的考虑，但是原定的方针不能变，特区要坚定不移地干下去，这是最根本的。1982年年初，深圳蛇口工业区拟聘请外籍人士当企业经理，遭到一些人的责难。邓小平得知这一情况，立即拍板：可以聘请外国人当经理，这不是卖国。五年来，他们只是按照建设的需要去做，这样行吗？这次，邓小平是会肯定还是否定，他们心里也没有底。

汽车驶入桂园别墅。一进别墅门，老人的外孙就嚷着："外公，这儿好漂亮，在这儿照相。"

邓小平招呼家人："喂，喂，命令照相呢！好，照！"

"咔嚓"——邓小平笑了。

几个紧随其后的深圳官员看到这一幕，悄悄议论："小平同志好像心情不错。"

下午3点，邓小平在他下榻的迎宾馆6号楼会议室，听取深圳市委书记、市长梁湘的工作汇报。

"开始吧。"邓小平手里拿着市委常委的名单说。

这时，梁湘站在特区规划示意图前，开始介绍深圳特区的自然环境，五年来引进外资、基本建设以及改革推进的情况。

梁湘说，办特区后，执行了党中央的政策，深圳的情况发生了很大的变化。到目前为止，共与外商签订协议2 378项，协议投资118亿港元，引进了15 000多台（套）设备，其中不少是20世纪70年代的先进产品，新修建了上百间工厂，开始进行了人事、工资、体制等方面的改革，生产效率和经济效益大大提高。几年来特区工农业产值、财政收入增长很快，特别是工业产值，1982年达到3.6亿元，1983年达到7.2亿元。

"那就是一年翻一番喽？"邓小平插话说。

梁湘说："是翻了一番，比办特区前的1978年增长了10倍多。财政收入也比四年前增长了10倍，去年达到3亿多。"

邓小平满意地点点头。

汇报中，梁湘提出深圳希望发行新货币。

听到这里，邓小平关切地问："对人民币究竟影响有多大？"

梁湘说，深圳当前流通三种货币：人民币、外汇券、港元。

邓小平问："港元为主？"

梁湘说："估计农民手里有1亿港元，事实上港元占主要市场。"

邓小平问："发行一个货币对人民币打击程度怎样？"又问，"土地收税，是否与香港一样？最近一个美国学者讲，应收土地税，否则以后吃大亏，你们研究一下。"

邓小平接着说："核电站要搞。""华裔朋友（指陈济棠的儿子）提出在深圳办一所大学，以美国的办学方法，设管理系、电子专业，教员请外边著名学者兼课，管理请华人当校长，规模大得很。"

梁湘说："我们觉得，我们取得的成绩是不少的，但问题同样存在不少。尤其是离小平同志对我们的希望相差甚远……大家早就盼望您来看一看，今天总算盼到了。"

一时，整个会议室鸦雀无声。

邓小平坐在沙发上一口一口地吸着烟……

"我们请小平同志给我们作指示！"梁湘再也憋不住了。

"你们讲，我听。"邓小平说。接着他又说，"这地方正在发展中"，"你们讲的我装在脑壳里，不发表意见"。

嘀嗒、嘀嗒……时间一分一秒地过去了，大家都能听得见窗外法国梧桐树叶迎风摇曳发出的沙沙声。

"那么，散会吧。"梁湘宣布。

邓小平为什么不表态呢？

听完汇报，邓小平在省委、市委领导同志的陪同下乘坐旅行车观看市容。一路上，邓小平目不暇接地望着窗外热火朝天的建设工地，不停地询问这是什么工地，那座高楼是准备用来干什么的。梁湘等人一一作答。

下午4时50分，邓小平一行人乘车来到正在兴建的罗湖商业区中刚刚竣工开业的国际商业大厦，忙于采购年货的人发现了穿深灰色便服的邓小平，喜出望外，热烈鼓掌欢迎。邓小平向他们挥挥手，并亲切地向他们问好。

随后，邓小平乘电梯登上国际商业大厦的天台。当时，天气还很冷，八十岁高龄的邓小平全然不顾，兴致勃勃地顺着这座高层大厦天台的围墙，从东面走到北面，又从北面走到西面、南面，时而凭栏远眺，时而俯瞰近景，尽情地饱览深圳特区的建设风貌和深圳全景。在这里，近处的深圳全景，蜿蜒的深圳河，远处隐藏在雾气中的香港，尽收眼底。

国际商业大厦脚下两平方公里处是正在建设中的罗湖新城区，在特区的规划图中，这里将成为深圳特区未来的商业金融中心，也是香港从新界跨进社会主义经济特区的门槛。这里将大部分引进外资，兴建198幢18至48层高的高楼大厦。在邓小平的面前，矗立着已经建成和正在施工的60多幢18层以上的高楼群。通信、供水、供电、供气、防洪和污水处理等设施初具规模。在这里，邓小平看到了一个现代化的新兴城市正在崛起。

这时，邓小平的目光又落在马路对面正在施工的国贸大厦上。这座后来被誉为"神州第一楼"、高53层的现代化建筑，此时正以"三天一层楼"的速度升高。特区的建设者在国内率先采用大面积滑模的先进施工工艺，在这儿创造了蜚声中外的"深圳速度"。

天色已近黄昏，气温明显下降。随行人员中，有人取来一件大衣，邓小平摆摆手，依然扶着栏杆，望着晚霞映照着的生机勃勃的特区。最后，他远望南方的香港，陷入了深思……

过了很久，邓小平对身旁的人说："看见了，我都看清楚了。"

25日上午9时，邓小平一行来到上步工业区中国航空技术进出口服务公司深圳工贸中心的电脑工厂和电脑软件厂参观。这个公司是一家合资企业，成立于1982年8月，是深圳市首家从事电脑引进开发、推广服务的电脑公司，主要生产微型电脑、电脑软件和电脑外壳等。邓小平一到厂里，就被这里有趣的电脑应用技术表演和工程师的生动介绍吸引住了，原定安排15分钟的参观时间，延长到整整40分钟。

副总工程师王兆全向邓小平介绍了他们是如何根据特区的特殊政策，从发达资本主义国家引进先进的电脑技术，然后又是怎样自己制造出功能、质量完全达到先进水平的电脑设备来，既少花外汇，又赢得了时间。邓小平听了高兴地连连点头。

当王兆全汇报到国外对电脑软件的生产如何重视，如何供不应求，而我们中国人多，只要通过引进样机，然后加以学习、消化，是完全有条件大量生产软件，进行智力输出时，邓小平不断点头表示同意，他说："搞软件生产，咱们中国有这个条件。有一位美籍华人学者告诉我，美国搞电脑软件编制的都是一批娃娃、学生，他还建议我们要积极培训青少年哩！"

邓小平望望大家，充满信心地说："全中国有那么多娃娃、学生，搞软件是完全有条件的。电脑教育要从娃娃抓起。"

10时30分，邓小平来到全省农村的首富村——深圳河畔的渔民村。听说邓小平要来，村党支部书记吴伯森早早便来到村口等候。看见自己盼望已久的邓小平终于来了，吴伯森高兴得热泪盈眶，立即迎上前扶住邓小平说："邓伯伯好！欢迎您，欢迎您！"

渔民村是深圳特区几年来迅速富裕起来的一个先进典型。他们利用与香港新界一河之隔的优越地理条件，依靠党的十一届三中全会以来制定的对外开放、对内搞活的经济政策，大力发展渔业、运输业和来料加工业，1979年，人均收入达1 900多元，居全省农村之冠。1981年，全村户户收入过万元，成为深圳特区第一个万元户村。1982年，35户农民全部住进了村里统一新盖的两层小楼。1983年又刷新纪录，人均收入达2 800多元。饮水思源，老支书一再向邓小平表达对党中央的感激之情，并高兴地陪同邓小平参观了配有空调设备的文化馆。接着，他特意请邓小平到他家做客，邓小平欣然答应。

新春将至，吴伯森的家里一派喜庆景象。陈设精致的客厅里，两盆果实累累的金橘，增添了很多欢乐的气氛。1983年2月，胡耀邦到吴伯森家里做客时，看到老吴穿着旧唐装，脚踏凉鞋，曾对他说："你也应当穿漂亮一点。"所以今天吴伯森特意穿上崭新的呢大衣，皮鞋也叫老伴给擦得乌黑发亮。

邓小平同吴伯森一起坐在客厅里的沙发上，吴伯森如数家珍地点着家里的冰箱、彩电、洗衣机等新式家用电器，心里异常激动，他说："我们穷苦的渔民能过上今天这样幸福的日子，真是过去做梦也没想到，感谢邓伯伯！是党中央和您为我们制定了好政策！"

邓小平说："应该感谢党中央。"

接着，邓小平又询问了吴伯森家里几口人，收入多少。吴伯森告诉他，这个村1983年人均年收入2 800多元，家家是万元户。吴伯森一家，平均每人月收入四五百元。

邓小平听后高兴地对随行人员说："比我的工资还高啊！"

走出客厅，邓小平参观了老支书家里的卧室，走进厨房观看了那全套不锈钢炊具、电子煤气炉以及院子里的各种花卉，并愉快地同老支书一起站在门口，让摄影记者拍照留念。

当走出渔民村村口时，梁湘问："像渔民村这样的居住条件和生产水平，全国人民达到要多少年？"

邓小平说："大约需要一百年。"

梁湘说："不要那么长吧？"

邓小平说："至少也要七十年，到本世纪末，再加五十年。"

后来，人们听到邓小平在北京向全世界宣布，要在下世纪中叶，使中国人民的生活达到中等发达国家的水平。回想邓小平在渔民村说的"再加五十年"，那不正是下世纪中叶吗？显然，这不是偶然的巧合，而是早已在他心中酝酿的一个伟大的战略目标。只不过一向注重实际的邓小平更重视从实际出发，从1979年起就开始从理论上、从实践中论证这一伟大战略目标的可行性。从1983年江浙之行对小康目标的论证，到这次的南方视察，他无时无刻不在思考着这个宏伟的目标。他曾经说过，也许我们活不到下个世纪，但有责任提出下个世纪的奋斗目标……

深夜，桂园别墅楼上的灯光还亮着。深圳的许多干部群众还站在宾馆外，远远地望着那窗口亮着的灯光。

1月26日上午8时30分，当汽车的马达声响起，邓小平乘坐的小轿车缓缓滑过桂园别墅的林荫道驶向蛇口时，邓小平也许不会想到，他此时留给深圳人的是一串沉重的问号……

1个小时后，车到蛇口，邓小平一行来到深圳湾海滨的招商局蛇口工业区。这里是香港招商局主办的一个新兴工业城，只有四年多的历史。宽阔的道路绿树成行，现代化的标准厂房鳞次栉比，已建成的47个独资和合资企业中，30个已开工生产。

在工业区办公大楼7楼会议室里，工业区董事长、总指挥袁庚向邓小平汇报蛇口工业区的建设情况。他说，1979年，蛇口是一片荒滩，路面坑坑洼洼，连像样的厕所都没有，如今道路四通八达，厂房林立，一个现代化工业区已初具规模。建成这样一个初具规模的现代化工业区，共花去人民币1.5亿元，但没要国家投资一分钱，完全靠自己筹资或贷款解决问题。可见中央的改革开放政策在蛇口确实发挥了巨大威力。

袁庚谈到这里，觉得邓小平年事已高，听汇报时间不宜过长，便说："再谈5分钟结束汇报。"

邓小平说："没关系。"

袁庚又继续讲了20多分钟。他说，这几年蛇口工业区冒了点风险，进行了一系列的改革，如人事劳动制度实行了招聘制和合同制，工业区领导班子实行民主选举和企业经理聘用制。除此之外还实行了工资、住房和体制等方面的改革。他说，工业区有很大的自主权，办事无须左请示右请示，看准了就可以拍板定案。想当厂长、经理的人也没有什么后门可走，全部实行招聘制，靠本事吃饭，靠群众民主选举产生。说着，袁庚把三十六岁自学成才的工业区党委副书记乔胜利介绍给邓小平。邓小平高兴地要乔胜利坐到他身旁，问他的学历、年龄、工资收入和生活等情况。邓小平说，现代化没有年轻人不行，要鼓励年轻人挑起重担，多干工作。

听完汇报，邓小平走到窗前，指着一派繁忙景象的蛇口港码头，问袁庚，码头是什么时候建成的？能停多少吨位的船？袁庚一一作了回答。邓小平称赞道："你们搞了个港口，很好。"

接着，邓小平参观了蛇口工业区的一家中外合资企业华益铝材厂。在轧制铝薄板的机器前，厂长指着一批包装好的产品说，这是准备发运美国的铝薄板。邓小平听了，走上前去，仔细地看了看木箱上的英文，又拿起自动冲床刚冲压出来的圆片称赞说："很薄，很光。"

结束铝材厂的视察，邓小平一行登上微波山视察微波通信站，并从山顶俯瞰整个蛇口工业区。他还向企业负责同志了解了资金和设备引进、产品销路、职工收入和人才培训等情况。

10时30分，袁庚请邓小平到即将在春节期间开业的"海上世界"做客。这是由一艘退役海轮改建而成的服务设施，这艘海轮在法国建造，戴高乐总统曾经乘坐过，后来被中国远洋总公司购进。

登上9层高的"明华轮"，大家都有点累了，陪同人员劝邓小平到"总统房"休息，可邓小平的精神特别好，在女儿邓榕的陪同下，来到顶层甲板上。邓小平时而望望蛇口工业区，时而转身远眺碧波荡漾的深圳湾景色，时而又移眸伶仃洋海面上的艘艘快艇，脸上不时浮现出舒心的微笑。

午宴上，邓小平特别高兴，连饮三杯茅台酒。应"明华轮"主人的请求，邓小平挥毫题写了"海上世界"四个苍劲有力的大字。

邓小平离开"海上世界"时，自发来欢送的人群热烈地鼓掌，并以深情的目光注视着邓小平一行的车队朝港口驶去。

车上，梁湘问邓小平："您还有什么指示？"

邓小平说："没有什么，就是绿化还不够。"

梁湘回答说："今后我们一定按您的指示，尽快把深圳绿化好。"

下午 2 时 45 分，邓小平结束了对深圳的视察，乘坐海军炮艇朝着珠海经济特区驶去。

邓小平满意地离开了深圳。但是，这"满意"仅仅是人们从他的笑脸上感觉到的。因为在深圳的这几天里，他自始至终没有说多少话，特别是没说一句结论性的话。

26 日下午，邓小平乘炮艇渡过伶仃洋到达珠海，入住中山温泉宾馆。邓小平要在这里休息三天，然后再到珠海市去看看。

27 日，邓小平和家人正在宾馆散步。忽然，听到对面的游人向他高喊："邓伯伯好！""小平同志好！""邓爷爷好！"他马上停了下来。走在最前面的是广州荔湾区宝盛沙地小学的吴慧明一家三口，见到邓小平后介绍说：我们是广州来的教师，是来旅游的。邓小平听后高兴地笑了。

稍后，邓小平在参观宾馆的商场时，又一次与吴老师一家邂逅。这一次，吴老师八岁的女儿谭志颖挣开妈妈的手，蹦蹦跳跳地跑到邓小平跟前，立正、鞠躬，然后甜甜地叫道："邓爷爷好！"

邓小平弯下腰，和蔼地与小姑娘交谈起来。小姑娘告诉邓爷爷，她是广州荔湾少年宫学书法的学生，作品还拿到国外展出过，很想送幅字给邓爷爷。邓小平认真地问："你写什么字呢？"小姑娘不假思索地说："我祝您长寿，就写'长寿'两字好吗？"邓小平听后笑着连说："好，好，好！"接着又弯腰亲吻了另一位老师带着的小男孩，才向他们挥手道别。

随后，他在宾馆会见了港澳知名人士霍英东、马万祺和澳门南光公司总经理柯正平等人。

邓小平说："办特区是我倡议的，不晓得成功不成功？"

霍英东说："这政策是对头的。"

邓小平说："看来路子走对了。"

29 日上午，珠海市委书记吴健民和市长梁广大等来到中山温泉宾馆，接邓小平到珠海市参观。

途中，邓小平一边观看市容，一边听取市委领导同志的工作汇报。吴健民知道邓小平的耳朵有点背，所以一直是靠在他耳边向他介绍情况。邓小平极少插话，只是仔细地听着。

当吴健民谈到珠海经济特区创办五年间引进的投资项目时，邓小平问："为什么在特区的项目那么少？"

"因为特区的范围划得小，才15平方公里多一点。开始引进的项目，多放在各个公社中去了。"

"嗯……"邓小平听后，仿佛在思索着什么，但他没有发表意见。

车子很快就驶进了拱北，先后经过了拱北工业区、通澳门的口岸、珠海度假村、九洲港口、直升飞机场和南山工业区。邓小平虽然没有下车，但在车上看得很仔细、很认真，有时还向坐在他身边的吴健民了解有关情况。一路上，邓小平看到的是纵横交错的大道，鳞次栉比的高楼大厦、厂房，川流不息的车辆，看到这些，邓小平欣慰地笑了。他对珠海的规划格局表示满意。

不一会儿，车子开到了香洲毛纺厂。年轻的厂长黄国明是珠海人，改革的洪流把他从一名普通的渔家子弟推到了中国第一批补偿贸易型中外合资企业的经营者岗位上。1978年冬，香洲毛纺厂正式签订了中外合作办企业的合同。这是我国步入改革开放历程后签订的第一批中外合资办企业的合同。这个厂从基建到投产前后不到一年。

邓小平参观了该厂的洗毛、混合、梳毛、走锭、纺纱、合股、成件、包装各个工序。

"这些设备是哪里的？"邓小平看得十分认真，边看边向黄国明提问。黄国明按每个工序的运作作了简要的介绍。

"是从联邦德国、瑞士、日本引进的。"

"原料是哪里的？"

"是从澳大利亚进口的。"

"产品销往哪里？"

"全部出口。我们是一家'三来一补'的企业。"

"三来一补"，这是中国实行对外开放后出现在工业经济辞典中的一个新名词。尽管这是一种比较低层次的吸引和利用外资的经营模式，但对工业基础几乎是空白的珠海经济特区而言是一个良好的开端。由"三来一补"创造原始积累的财富，继而向自主经营的外向型企业方向发展，香洲毛纺厂"借鸡生蛋"，已成为由中方独立经营的外向型企业。

在香洲毛纺厂看了 20 分钟之后，邓小平一行乘车来到了狮山电子厂。这是一家自行设计、生产收录机及音响的替代进口型企业。见前来接待他的厂长李振是个年轻人，邓小平高兴地同他握手。

接着，李振向邓小平汇报了建厂的情况。他陪邓小平沿着整条作业线，一边走，一边看，一边作详细的介绍。珠海工业几乎是从一片空白起步，在这么短时间里就能生产出自己设计的收录机、音响等电子产品，这毕竟是一个可喜的变化。

临别前，邓小平兴致勃勃地观看了电子厂的产品展示橱柜，认真地听着介绍，然后他打量着这位年轻的厂长，问："你是哪个学校出来的？"

"我是自己学习的。"李振回答说。

邓小平显然没有听清楚，侧耳问身边的人。女儿邓榕说："他是自学的。"

邓小平笑着说："是自学成才的啊。好！"

这时，吴健民插话说："我们大胆使用这批年轻的干部。"

邓小平问李振："你多大年纪了？"当这位厂长回答"二十八岁"时，邓小平连声说道："好！好！年轻人管理工厂好，年轻人办事好！"

10 时左右，邓小平到刚刚落成的珠海宾馆休息，宾馆总经理张倩玲陪着邓小平一行参观了宾馆。邓小平说："这里发展旅游的条件比深圳好。"

中午，邓小平在珠海宾馆用午餐。席间，吴健民对邓小平说："中国兴办特区，同时充分利用港澳，是难以分开的一个统一的问题。深圳和珠海，感受尤深。这也许算是中国的特色。"邓小平微笑着点点头。突然，他问吴健民是不是大学生，吴健民回答说："我没有上过大学，1956 年 8 月至 1957年 12 月，我曾到中央高级党校学习，与卓琳同志是同一期的同学，我年纪大了，已决定退下来。"邓小平听后略转过头去，用慈祥赞许的目光望着吴健民。

按照接待方案，考虑邓小平第一次到珠海来，机会难得，希望他能给珠海题词。总经理张倩玲请示了梁广大后，特意准备好桌子和笔墨纸砚，摆在邓小平用餐后的休息室里。

待邓小平用完餐并稍事休息后，张倩玲走过来，怀着企盼的心情对邓小平说道："请您给题词留念，好吗？"心情愉悦的邓小平欣然接受。他在人们的簇拥下，站起身来向桌子走去，拿起笔蘸了蘸墨汁，问道："写什么呢？"

只见他沉思片刻,十分果断地挥笔题下了令珠海人民永远难忘的七个大字:"珠海经济特区好"。

这是他到广东后首次题词赞扬特区。这不由又一次使人们联想到:他在深圳为什么既不明确表态,又不挥毫题词呢?当深圳人得知邓小平为珠海题词的消息后,心情变得更为复杂了。深圳市领导经过商量,决定派市接待处处长张荣赶往广州,请求邓小平题词。市领导的这一决定,实质上是想通过这一方法请邓小平给深圳打个"分",看"及格不及格"。这何尝不是深圳人的共同想法呢?

1月29日下午,邓小平乘车离开珠海前往广州,路经顺德时,邓小平下车参观。在清晖园,顺德县委书记欧广源向邓小平简要汇报了党的十一届三中全会以来顺德发展商品经济的情况。他说,顺德人养鱼、种甘蔗、种花卉,发展商品生产,正逐步富裕起来。

在听取汇报时,邓小平插话说:"塘鱼产量高,值钱,各种糠皮可以喂,我在泰国看到很便宜。""日本人一个人有100斤鱼,所以体质好。""山和水能解决大问题,我们的山利用得还可以,水不行。"

到达广州后,邓小平下榻广州珠岛宾馆。

此时,邓小平还不知道,深圳的同志已赶到广州,在等待他的题词。

张荣接受任务后,即于30日一早赶到广州。他通过有关方面将深圳人的请求向邓小平作了汇报。邓小平说,回北京再题吧。

第二天是农历的大年二十九,深圳人还在焦急地盼望着……

梁湘对纷纷前来问讯的人们说:"这说明我们的工作离党中央的要求还有距离,珠海题了,好,应当向别人学习,气不能泄!"

1月31日,邓小平参观了白天鹅宾馆,称赞这是搞得较好、赚钱的大饭店。邓小平在看了总统房后说,美国宾馆的总统房比这里的差得远了。就那么几个房子,要900多美元。他问宾馆的负责人:"这个多少钱?合美元是多少?"听完报价,邓小平说,"按这么算,这里的总统房值3 000美元。"

在白天鹅宾馆,霍英东请邓小平吃西餐。服务员问邓小平:"喝什么酒?茅台酒?"邓小平:"威士忌。到这里就是喝洋酒。"席间,邓小平的外孙、外孙女在餐厅玩耍,高兴地到处跑,邓小平看着他们和蔼地说:"你们要精神文明,不要闯祸。"

2月1日,时间已到了大年三十,人人都准备过年了。羊城的太阳分外明媚,花城的"花市"已经开了几天了，到处花香袭人。早饭后，邓小平领着外孙在珠岛宾馆内的小花园散步。

邓小平的女儿邓楠看到迟迟不肯回去过年的张荣，想了想说："那，就这样吧，将他一军，我们把纸、笔都准备好了，他一回来，我就同他说。"

邓小平散步回来，看见桌上摆着纸、笔，连墨都研好了，便问："啥子事？"

邓楠把张荣介绍给他："这是深圳来的张荣同志。"

邓小平笑笑说："认识，认识。还没回去过年？"

邓楠说："您没给题词，人家哪有心思过年！"

邓小平听后笑了笑说："这么严重，还要等着过年？"

接着，邓小平在沙发上坐下来，问道："你们说，写什么好呢？"

张荣赶忙递上几个准备好的字条：有"深圳特区好"，"总结成绩和经验，把深圳经济特区办得更好"等，邓小平拿起字条念了一下，随手搁到一边，然后拿起笔，在砚中蘸上墨，几乎是不假思索地俯下身去，在纸上一字一字地题写：

"深圳的发展和经验证明，我们建立经济特区的政策是正确的。邓小平一九八四年一月二十六日"

题词刚写完，墨迹还未干透，张荣已抑制不住内心的激动和喜悦，赶忙上前将题词折叠起来，匆匆走出一号院。他兴奋得完全忘记了和邓小平及其家人道别的礼节。

大年三十中午时分，电话铃声响起——广州长途！一直守候在电话旁的深圳市副市长邹尔康拿起听筒。

"题了！题了！"听筒中传出的是张荣激动的声音。

"题了些什么？喂，你说慢点！"邹尔康尽量控制着激动的心情急切地问。

张荣说："好，比我们想象的要好得多。他题的是：'深圳的发展和经验证明，我们建立经济特区的政策是正确的。邓小平 一九八四年一月二十六日'"

值得说明的是，细心的邓小平在落款时，没有落在广州下笔时的时间，而是把时间稍稍提前了一点，落的是他离开深圳的日子。也就是说，他对深圳的结论是在实地考察时就形成了的。也许，当他踏上深圳土地的第一分钟，就已经在考虑如何评价深圳了。但是，他并未说出来，而是在心中反复酝酿，最后才下结论。

深思熟虑，不露声色，而作出的决定往往出乎常人的预料。这，就是邓小平！

1984年春节，凌晨。当欢乐的爆竹呼啸着在深圳的夜空中炸响时，全城沉浸在一片喜庆和欢乐之中。杜鹃开得格外火红，金橘黄得格外耀眼。许多人见面的第一句话，竟不是"拜年""恭喜"，而是兴奋地说："题了，他题了！"

这个春节，有了邓小平这份厚重的礼物，深圳人过得何等快乐，何等踏实，心里又是何等喜悦啊！

中华人民共和国成立三十五周年庆典

1984年10月1日，在天安门广场举行的中华人民共和国成立三十五周年庆典，是改革开放后我国综合国力和全国人民精神面貌的一次大展示。

新中国成立后，根据中国人民政治协商会议的决定，阅兵是国庆大典的一项重要内容。从1949年到1959年，天安门广场上共举行过11次阅兵，开国大典、国庆五周年、十周年规模都较大。虽然那时新中国还并不富裕，但10月1日天安门广场上的阅兵仪式却鼓舞着人们建设社会主义的信心，记录着共和国奋进的足迹。此后，由于一连串的政治运动的冲击，令人激动和振奋的阅兵场面消失了。

1980年3月10日，身为中共中央军委副主席的邓小平，在听取了总参谋长杨得志的工作汇报后说：部队阅兵好久没有搞了。不能说阅兵、搞分列式就是形式主义，它对部队作风的培养有实际意义。搞阅兵，把军队摆出来，让人民看看，也可以密切军民关系。3月18日，总参谋部向全军发出通令：恢复军队内部的阅兵。同年12月，中共中央决定，1984年10月1日举行新中国成立三十五周年国庆大阅兵。

1983年12月，以中共中央书记处书记万里为组长的三十五周年阅兵领导小组和以北京军区司令员秦基伟为总指挥的首都阅兵指挥部相继成立，各项准备工作迅速全面铺开。

1984年3月2日，邓小平和中央军委常委的其他领导人一道，听取北京军区参谋长、阅兵副总指挥周衣冰关于阅兵方案的汇报，并批准了这个方案。

1984年10月1日，金秋的北京一派喜庆景象，粉饰一新的天安门城楼金碧辉煌。庆祝中华人民共和国成立三十五周年大会和阅兵式在这里隆重举行。

广场上，10万名青年用他们手中的花束轮番变换出各种巨大的图案。天安门城楼两侧的观礼台上，除了国内各行各业的代表外，还包括杨振宁、李政道、吴健雄等世界著名华裔科学家在内的华侨代表和台湾同胞及港澳同胞代表。各国驻华外交官、在京外国友人、来华专家等，也应邀登上了观礼台。

9时40分，邓小平同党和国家其他领导人、全国各界代表、柬埔寨西哈努克亲王夫妇以及越南老朋友黄文欢，登上天安门城楼。霎时，广场爆发出热烈的掌声和欢呼声，五彩缤纷的气球腾空升起。

上午10时整，北京市市长陈希同宣布："庆祝中华人民共和国成立三十五周年大会开始！"

伴随着雄壮的国歌和隆隆的礼炮声，一辆黑色的红旗牌敞篷车缓缓驶出天安门，越过金水桥，停在桥头。站在这辆敞篷车上的中央军委主席邓小平，接受阅兵总指挥秦基伟的报告。秦基伟向邓小平行了一个庄严的军礼后报告：

军委主席：

　　庆祝建国三十五周年阅兵式，受阅部队列队完毕，请你检阅。

阅兵总指挥：秦基伟

这时，军乐队奏起了阅兵曲，阅兵车缓缓向东驶去。新中国成立以来最大的一次阅兵开始了。邓小平频频挥动右手，向三军官兵致意。

"同志们好！""同志们辛苦了！"他那亲切的问候不时从阅兵车上的扩音器传出来。

"首长好！""为人民服务！"三军官兵以响亮、坚定的回答向统帅和人民表达敬意。

嘹亮的对应声此起彼伏，从一个方队传到另一个方队，在长安街上空久久回荡。这壮观的场面通过电视实况转播，传送到国内外亿万电视观众的面前。

整齐的方队、崭新的装备，依次经过天安门城楼，接受党和人民的检阅。望着这威武之师、正义之师的英姿，邓小平的脸上露出了满意的笑容。

1984年的国庆大阅兵，无疑振奋了海内外中国人的心。祖国的强盛和繁荣，使他们感到无比的兴奋和自豪。就连一位四十多年前的反共作家也不得不客观地作这样的评价：中外古今的阅兵礼，照例是受检阅的官兵高呼"万岁"的，从恺撒到拿破仑、从沙皇到凯瑟琳、从希特勒到墨索里尼、从华盛顿到罗斯福、从蒋介石到蒋经国，以及许多国家的阅兵礼，"万岁"之声，震耳欲聋，已经成了惯例，而唯一的例外，是邓小平。他将慰问官兵的感情，掺杂在阅兵典礼中，是人类军事史上的创举。

10 时 18 分，邓小平检阅完受阅部队。10 时 19 分，他回到天安门城楼发表重要讲话。

他宣告："三十五年来，我国不但完全结束了旧时代的黑暗历史，建立了社会主义社会，也改变了人类历史的进程。特别是中国共产党第十一届三中全会以来，由于彻底纠正了'四人帮'反革命集团的倒行逆施，恢复和发展了毛泽东同志的实事求是的思想路线，陆续实行了一系列适合新情况的重大政策，全国的面貌更是焕然一新。在全国实现安定团结、民主法制的基础上，我们把进行社会主义现代化建设放在一切工作的首位。我国的经济获得了空前的蓬勃发展，其他工作也都得到了公认的成就。今天，全国人民无不感到兴奋和自豪。"

他满怀信心地描绘了本世纪末我国社会主义现代化建设的宏伟目标，他说："党的十二大提出，到 2000 年，我国的工农业年总产值，要比 1980 年翻两番。最近几年的情况，表明这个宏伟目标是能够达到的。当前的主要任务，是要对妨碍我们前进的现行经济体制，进行有系统的改革。同时，要对全国现有的企业，进行有计划的技术改造。要大大加强科学技术研究工作，大大加强各级教育工作，以及全体职工和干部的教育工作。全党和全社会都要真正尊重知识，真正发挥知识分子的作用。这样，我们就一定会逐步实现现代化。"

对外政策是国庆典礼必讲的内容之一，邓小平说：中国的对外政策是维护世界和平、反对霸权主义，主张用和平方式解决争端。他要求人民解放军全体官兵，务必时刻保持警惕，不断提高军政素质，努力掌握应付现代战争的知识和能力。

关于祖国统一问题，邓小平明确指出："我们主张对我国神圣领土台湾实行和平统一，有关的政策，也是众所周知和不会改变的，并且正在深入全中华民族的心坎。大势所趋，祖国迟早总是要和平统一的。希望全国各族同胞，包括港澳同胞、台湾同胞和海外侨胞，共同促进这一天早日到来。"

1949 年 10 月 1 日，毛泽东在开国大典上宣布："中华人民共和国中央人民政府今天成立了！"这是对中国共产党几十年来领导中国人民为独立、自由而进行的艰苦卓绝的斗争的总结。邓小平的国庆讲话，则总结了中共十一届三中全会后，中国共产党领导中国人民进行改革开放，走建设有中国特色社会主义道路所取得的巨大成就，并向全国人民描绘了我国本世纪末的具体的奋斗目标和当前的主要任务，使全国人民对我国社会主义现代化建设的前景充满了信心。

10 时 23 分，邓小平讲话结束后，军乐队奏响了雄壮的《解放军进行曲》。分列式开始了。

陆、海、空三军仪仗队护卫着八一军旗，雄赳赳、气昂昂率先进入广场，全场爆发出热烈的掌声。

六个军事院校的方队紧接其后，这些未来的将军最先接受检阅，中国军队的革命化、正规化、现代化的寓意昭示于世。

10 时 58 分，分列式结束。《歌唱祖国》的乐曲奏响了，天安门广场顿时变成了欢乐的海洋。群众游行开始了。

走在最前面的是由 18 000 人组成的仪仗队，他们簇拥着国旗、国徽和毛泽东、周恩来、刘少奇、朱德的塑像，还有各种体现奋斗目标、时代精神的横幅、彩车。在通过广场时，"祖国万岁！""共产党万岁！""振兴中华！""实现四化！"的口号声此起彼伏。

之后，农民队伍走过来了，他们有的吹着唢呐，有的跑着旱船，一片喜气洋洋。农民队伍作为游行的前导方队，打着"联产承包好"的醒目横幅。看到这个情景，邓小平转头对身旁的西哈努克亲王高兴地介绍说："这是我们的农业队伍。"西哈努克由衷地夸赞说："中国的农业搞得好，是因为阁下领导和中国的政策好。"邓小平笑着说："标语上写得很清楚，是因为政策好。"

农民队伍之后，是由 6 万人、42 部彩车、13 幅标语组成的浩浩荡荡的工业、科教队伍。其中有条横幅十分引人注目："时间就是金钱，效率就是生命。"这是深圳经济特区和蛇口工业区特制的两辆大型彩车上的标语。

在深圳特区的彩车后面，是大学生的游行队伍。当北京大学的学生队伍行至天安门城楼前时，忽然，人群中亮出了"小平您好！"的横幅，神经高度警敏的中外记者纷纷按动快门，抢下了这个珍贵的镜头。

这一镜头在电视屏幕上仅仅闪动了几秒钟，但它却在中华大地乃至全世界引起了强烈反响。因为这四个字不仅表达了大学生们对邓小平重视知识分子政策的拥护，也最真实地表达了全国人民对邓小平的敬意。

事后，几位制作横幅的大学生说：我们不像人家赞誉得那么高，我们写这幅标语首先是出于真诚，一种对党和国家领导人，特别是邓小平同志的由衷的祝愿。我们知道，是他和党一起，率领 10 亿人民担起振兴中华的大业。我们都是中国的普通百姓，如果不是中国政治制度的这种变革，我们是不可能跨入学校大门的。另外，党的政策在农村及全国各地实践、开花、结果，的确激起了我们的各种感激之情。我们反对个人迷信，也反对过誉的吹捧，同时，我们又站在同志及晚辈的立场上，肯定我们领袖的功绩，赞美为民族的复兴建立奇勋的邓小平。

一位出席国庆大典的外国友人说：我荣幸地出席了贵国的国庆大典，北大学生打出的"小平您好！"给我留下了极深的印象，这一举动在几年前的中国是不可能的，它体现了群众与领袖之间坦率和朋友般的关系，是个人感情的自然流露，表现了人民对邓先生的信任和对开放政策的拥护，说明了中国正从"四人帮"时的非民主向民主的方向健康前进。

10 月 1 日的天安门游行队伍最后出场的是欢呼着、跳跃着奔向广场的 23 000 名少先队员，他们象征着我们的事业后继有人。望着这些天真活泼的孩子，邓小平意味深长地对西哈努克亲王说："他们是我们的未来，是我们的希望！"

十二届三中全会

1984 年 10 月召开的党的十二届三中全会是继十一届三中全会以后又一个重要的三中全会。它是在中国的经济体制改革由农村转向城市，由单项改革过渡到全面改革的重要时刻召开的，在中国的改革史上具有重要的意义。

到 1984 年，邓小平领导的经济体制改革进入了第六个年头，一方面，农村改革取得巨大成功，迅速改变了中国农村的面貌。农村经济空前发展，农民生活大幅度改善。与此同时，乡镇企业异军突起，传统农业开始向现代化农业迈进。这种形势既为全面改革提供了一定的物质基础和社会条件，也为城市全面改革提出了配套进行的要求。

另一方面，在邓小平的直接关怀下，扩大企业自主权开始试行，城市综合改革试点起步，财政、税收、物价、流通等领域的改革也开始进行探索。

农村改革的成功和城市经济体制改革的探索，使邓小平更加坚定了加快和深化改革的决心和信心，及时指导我们党将改革的重点从农村转向城市，开始了整个经济体制的全面改革。

1984年国庆节，中华人民在共和国成立三十五周年的庆典上，邓小平郑重地向全党和全国人民发出了号召："当前的主要任务，是要对妨碍我们前进的现行经济体制，进行有系统的改革。"

10月20日，中共中央举行十二届三中全会，会议的中心议题就是讨论全面实施经济体制改革的问题。

会前，邓小平多次向中外朋友介绍这次全会，说："党的十二届三中全会将在中国的历史发展中写上很重要的一笔。"

他还把中共十二届三中全会同十一届三中全会作了比较，说："1978年开的是十一届三中全会，过几天我们要开十二届三中全会，这将是一次很有特色的全会。前一次三中全会重点在农村改革，这一次三中全会则要转到城市改革，包括工业、商业和其他行业的改革，可以说是全面的改革。""十二届三中全会的决议公布后，人们就会看到我们的雄心壮志。"

中共十二届三中全会的确是一次具有重要意义的会议。它分析了中国现代化建设面临的新形势，总结了社会主义建设正反两方面的经验，特别是中共十一届三中全会以来城乡经济体制改革的经验，一致认为，必须按照把马克思主义基本原理同中国实际结合起来，建设有中国特色的社会主义的总要求，进一步贯彻执行对内搞活经济、对外实行开放的方针，加快以城市为重点的整个经济体制改革的步伐，以利于更好地开创社会主义现代化建设的新局面。为此，全会审议并一致通过了《中共中央关于经济体制改革的决定》。

这个决定是根据邓小平关于改革的一系列思想观点，经过会前充分的酝酿讨论，九易其稿而形成的。它本着解放思想、实事求是的原则，总结历史经验及改革开放的实践经验和理论成果，回答了社会主义实践中提出的一系列重大的理论问题和实践问题，规划了经济体制改革的蓝图，是指导中国经济体制全面改革的纲领性文件。其主要内容是：

一、提出改革的基本任务是从根本上改变束缚生产力发展的经济体制，建立起具有中国特色的、充满生机和活力的社会主义经济体制。

二、首次在理论上突破了把计划经济同商品经济对立起来的传统观念，明确作出了我国的社会主义经济是公有制基础上的有计划的商品经济的重要判断。指出，商品经济的充分发展，是社会主义经济发展的不可逾越的阶段，是实现我国经济现代化的必要条件。

三、指出增强企业的活力，特别是增强全民所有制的大中型企业的活力，是以城市为重点的整个经济体制改革的中心环节。要通过改革，使企业真正成为相对独立的经济实体，成为自主经营、自负盈亏的社会主义商品生产者，具有自我改造和自我发展的能力，成为具有一定权利和义务的法人。

四、提出建立自觉运用价值规律的计划体制，发展社会主义商品经济。要适当地缩小指令性计划的范围，适当地扩大指导性计划的范围，对关系全局的重大经济活动，实行指令性计划，对其他大量产品和经济活动，根据不同的情况，分别实行指导性计划或完全由市场调节。

五、提出建立合理的价格体系，充分重视经济杠杆的作用。价格体系的改革是整个经济体制改革成败的关键。一方面，应在保证人民实际收入逐步增加的前提下，对不合理的价格体系进行调整；另一方面，在调整价格的同时，要改革过分集中的价格管理体制，逐步缩小国家定价范围，适当扩大有一定幅度的浮动价格和自由价格的范围，使价格能够比较灵敏地反映社会劳动生产率和市场供求关系的变化，比较好地符合国民经济发展的需要。

六、提出实行政企职责分开，正确发挥政府机构管理经济的职能。要改变过去那种企业实际上作为行政机构附属物的状况，要按照政企职责分开、简政放权的原则进行改革，要有利于发展社会主义积极性，促进企业之间的合作、联合和竞争，有利于发展社会主义的统一市场，也有利于政府机构发挥管理经济的应有职能。

七、提出要建立多种形式的经济责任制，认真贯彻按劳分配原则。在消费资料分配问题上，既要反对平均主义，又要保证社会成员物质、文化生活水平的逐步提高，达到共同富裕。

八、提出积极发展多种经济形式，进一步扩大对外经济技术交流。

九、提出起用一代新人，加强党对改革事业的领导。

《决定》在理论上解决了马克思主义发展史上一直未能解决的问题，为全面改革现行的经济体制，大力发展社会主义商品经济提供了科学的理论依据。

邓小平在《决定》通过后，对其作了高度评价，他说："我的印象是写出了一个政治经济学的初稿，是马克思主义基本原理和中国社会主义实践相结合的政治经济学，我是这么个评价。"还说，"这次经济体制改革的文件好，就是解释了什么是社会主义，有些是我们老祖宗没有说过的话，有些新话。我看讲清楚了。"1985年3月7日，在全国科技工作会议上，在谈科技体制改革时，邓小平又一次提起这个经济体制改革的决定，他说："去年，中央作了经济体制改革的决定。全世界都在评论，认为这是中国共产党的勇敢的创举。"

党的十二届三中全会的召开和《中共中央关于经济体制改革的决定》的通过，标志着经济体制改革全面展开，中国经济从此开始进入持续高速发展的新阶段。

"863" 计划

"863"计划是中国在20世纪末的高科技发展战略。提起中国的高科技，人们就会想到"863"计划。有人称它是中国的"尤里卡计划"。

当今的世界，在新的科技革命的推动下，科学技术高速发展，日新月异，尖端技术被广泛应用，最新科技成果被迅速推广，科技与经济之间，乃至科技与整个社会发展之间的结合越来越密切，引起了国际经济和社会生活的深刻变化。高科技的发展水平，已成为国际间进行经济、军事乃至综合国力竞争的重大因素。许多国家纷纷制订并实施各自的高技术发展计划。1983年，美国率先推出战略防御计划，即"星球大战计划"，这个计划旨在借同苏联进行军备竞争而占据科学技术的制高点。紧随其后，法国及西欧的"尤里卡计划"，苏联、东欧的"科技进步综合纲要"，日本的"振兴科技政策大纲"等相继出台。这些计划都把科学技术领先权列为竞争重点，使这些国家的国防、政治、经济处于极为有利的位置。

我国还是处在社会主义初级阶段的发展中国家，人口多、底子薄、基础差，社会生产力的发展水平很不发达，经济、科技等与发达国家存在很大的差距。在这种国情下，面对世界新技术革命的浪潮，我们应当如何行动？

作为中国改革开放和现代化建设的总设计师，邓小平一直在密切观察着世界科技领域的发展动向，思考着中国的对策。他深刻地认识到，中国尽管比较落后，但"下个世纪是高科技发展的世纪"，从长远的战略出发，必须积极发展高科技，为下个世纪中国的全面发展抢占战略制高点，必须在世界高科技领域占有一席之地。他审时度势，把握机遇，亲自领导了高科技重大项目的制定与决策，"863"计划就是其中之一。

1986年3月3日，一份"关于追踪世界高技术发展的建议"呈送到中南海。这一建议是由王大珩、王淦昌、杨嘉墀、陈芳允等四位著名的老科学家提出的。他们针对世界高科技的迅速发展和世界主要国家已制订了高科技发展计划的紧迫现实，向中央提出了全面追踪世界高科技的发展和制订中国发展高科技计划的建议和设想。

很快，两天之后，即3月5日，邓小平就在这个建议上作了重要批示，"这个建议十分重要"，"找些专家和有关负责同志讨论，提出意见，以凭决策。此事宜速作决断，不可拖延"。

根据邓小平的意见，中央立即组织有关部门负责同志和专家对我国的高技术发展战略进行全面论证，制订高科技研究发展计划。

在研究论证高科技的发展项目的过程中，出现了不同意见，一种意见认为，高科技发展项目应以发展国民经济为主，还有一种意见认为应以增强军事实力为主。为此，又报告中央。

4月6日，邓小平作出明确指示："我赞成'军民结合，以民为主'的方针。"

邓小平确定的这样一个方针及时而科学，从而促进了计划的迅速制订。9月，有关方面比较全面地提出了关于高技术研究发展的计划报告。

10月6日，邓小平又在计划报告上批示："我建议，可以这样定下来，并立即组织实施。如有缺点或不足，在实施中可以修改和补充。"

邓小平对此问题的批复如此迅速和果断，充分反映出了他对于发展中国高科技的紧迫感和坚决态度。

10月18日，邓小平在会见美籍华人学者李政道和意大利学者齐吉基时透露了他的心情和想法，他说："对于科学我是外行，但我是热心科学的。中国要发展，离开科学不行。在这方面，我们还是比较落后。""发展高科技，我们还是要花点钱，该花的就要花。""在高科技方面，我们要开步走，不然就赶不上，越到后来越赶不上，而且要花更多的钱，所以从现在起就要开始搞。"

在邓小平的支持和推动下，11月，中共中央、国务院批转了《高技术研究发展计划纲要》，因为提出跟踪世界高技术发展的建议和邓小平作出指示的时间是1986年3月，所以中国高科技发展计划就简称"863"计划。中央在《通知》中指出：当代世界的新技术革命，将对人类社会的经济生活产生重大影响。在几个重要的高科技领域追踪世界水平，对我国本世纪末、下世纪初经济和科学技术的持续发展，对国防实力的增强，都具有极为重要的意义。要从国家长远发展需要出发，制定中长期科学发展规划，统观全局，突出重点，有所为，有所不为，加强基础性研究和高技术研究，加快实现高技术产业化。

这样重大的一个计划，从提出建议到最后决定，只用了8个多月的时间，既认真又迅速。这同邓小平的支持和推动是分不开的。

"863"计划是一项带有全局性的中长期战略发展计划，目的是集中部分精干力量，在几个主要的高技术领域积极跟踪世界先进水平，努力创新，力争在我国有优势的领域有所突破，以选定的重点项目为目标，带动相关方面的科技进步，并将成果推广应用，为改造传统产业和建立新兴高技术产业服务。通过计划实施，培养和造就一批新一代高水平的科技人才，为本世纪末和下世纪初我国形成具有相当优势的高技术产业创造条件。按照"有限目标，突出重点"的指导方针，"863"计划选择了对中国未来经济和社会发展有重大影响的生物技术、航天技术、信息技术、先进防御技术、自动化技术、能源技术和新材料技术等7个领域作为突破重点，在重要的高技术领域及时地、积极地跟踪世界先进水平，缩小同国外的差距。计划共确定了15个主题，90多个专题，560个课题。从"七五"期间先投资10亿元人民币开始，到2000年总投资约100亿元人民币。

"863"计划实施后，上万名科学家协同攻关，很快就取得了丰硕成果，我国的高技术研究开发取得了重要进展。"863"计划的制订和实施成为继"两弹一星"之后我国高技术发展的又一个重要里程碑。

1988年8月，与"863"计划相衔接的"火炬"计划，即《高技术产业发展计划》开始实施，其目的是促进高新技术研究成果的商品化，推动我国高新技术产业的形成和发展。就是将"863"计划的成果或阶段性成果，国家重点攻关计划中的部分成果、基础成果、科技发明、专利成果等进一步开发，使之成为在国内外市场具有竞争能力的高技术产品，为国家经济发展提供良好的技术服务。

1991 年 4 月，时刻关心着我国高科技发展的邓小平为"863"计划工作会议题词："发展高科技　实现产业化"。再次为我国高科技发展明确了方向。

在邓小平的支持和倡导下，我国的高技术产业化取得了可喜的进展。在一些高科技领域的研究上，取得了一大批有重大突破和达到国际先进水平的成果。经国务院批准，相继建立了一批国家级高技术产业开发区。"八五"期间国家级高新技术产业开发区累计实现技工贸总收入 3 353 亿元，工业总产值 2 961 亿元，利税 402 亿元，出口创汇 53 亿美元，成为我国高技术产业发展的重要基础。经过多年的发展，在我国高技术产业中涌现出一大批著名的高技术企业集团，它们在国家高技术产业发展和国民经济发展中发挥了越来越大的作用。这些企业中有联想集团、北大方正集团、清华同方集团等科研院所、高等学校创办的高技术企业，有四通集团、京海集团等民营企业，也有长城计算机集团、赛格集团、熊猫集团等国有大中型企业，还有一大批中外合资企业和乡镇企业。高技术成果商品化，高技术商品产业化，高技术产业国际化的体系正在逐步形成。

十二届六中全会

社会主义精神文明是社会主义社会的基本特征之一，是社会主义题中应有之义。邓小平说：物质文明和精神文明都搞好，才是有中国特色的社会主义。

中共十一届三中全会以后，以邓小平为核心的第二代中央领导集体，把思想道德和教育科学文化建设方面的任务，集中概括到"社会主义精神文明"这一概念之内，鲜明地提出建设社会主义精神文明是我们社会主义现代化的重要目标，也是实现四个现代化的必要条件。1980 年，邓小平就明确指出："我们要建设的社会主义国家，不但要有高度的物质文明，而且要有高度的精神文明。"

在邓小平思想的指导下，我们党对精神文明建设的认识也在不断深化。从党的十一届三中全会到党的十二大，我们党对社会主义精神文明问题从理论上作了初步的系统论述，精神文明建设在许多方面取得了重大进展。

随着我国经济体制改革的全面展开，束缚生产力发展的旧体制逐渐被打破。经济建设的迅猛发展和全面改革的铺开，对社会主义精神文明建设提出了新的更高的要求。然而在实际工作中，精神文明建设的指导方针还没有完全解决好。思想文化、意识形态和人们精神世界方面的一些关系还没有完全理顺，精神文明建设有许多方面同改革、开放的形势，同社会主义现代化建设不相适应。社会上也出现了一些消极的东西，党内也出现了严重腐败的现象。例如，资产阶级腐朽的人生观、价值观、生活方式的侵入，封建主义的残渣余孽死灰复燃，不正之风泛滥，以权谋私等。

然而，在一些党员领导干部和一些党的组织中，却存在着思想政治工作薄弱，忽视精神文明建设的现象，这为资产阶级自由化思潮的传播提供了便利。邓小平不断提醒全党，必须改变思想战线上的软弱涣散状况，大力加强精神文明建设。1985 年 9 月，在中国共产党全国代表会议上，邓小平突出地指出了精神文明建设存在问题的严重性，从全面发挥社会主义的优越性和保证社会主义事业发展的正确方向的高度，强调了精神文明的战略地位。他告诫全党："不加强精神文明的建设，物质文明的建设也要受破坏，走弯路。"

为了解决精神文明建设存在的问题，适应形势发展的需要，统一全党和全国人民的思想，1986 年 9 月 28 日，中共中央在北京召开了十二届六中全会。

全会按照全面改革的要求，回顾和讨论了近几年来精神文明建设的成就和面临的问题，审议通过了《中共中央关于社会主义精神文明建设指导方针的决议》（以下简称《决议》）。

这个决议坚持马克思列宁主义基本原理和我国具体实际相结合的原则，继承和发展了党在十一届三中全会以来，特别是党的十二大以来关于社会主义精神文明建设的基本理论观点，并从实际情况出发，作出了许多新的概括，是我们党在新的历史条件下进行社会主义精神文明建设的一个纲领性文件。

《决议》首先从社会主义现代化建设的总体布局的高度，阐明了精神文明的战略地位。指出，我国社会主义现代化建设的总体布局是以经济建设为中心，坚定不移地进行经济体制改革，坚定不移地进行政治体制改革，坚定不移地加强精神文明建设，并且使这几个方面互相配合，互相促进。要求全党从这个总体布局的高度，正确认识社会主义精神文明建设的战略地位。

关于社会主义精神文明建设的指导方针，《决议》指出，社会主义精神文明建设必须是推动社会主义现代化建设的精神文明建设，必须是坚持四项基本原则的精神文明建设。

《决议》明确规定了社会主义精神文明建设的根本任务，是适应社会主义现代化建设的需要，培养有理想、有道德、有文化、有纪律的社会主义公民，提高整个中华民族的思想道德素质和科学文化素质。

《决议》还强调了马克思列宁主义在精神文明建设中的指导作用和党组织与党员在精神文明建设中的责任。指出，坚持以马列主义、毛泽东思想为指导，是我国社会主义现代化建设事业的根本。我们必须在实践中坚持、丰富和发展马克思列宁主义。在社会主义精神文明建设中，各级党的组织和广大党员一定要首先加强自身的精神文明建设，特别是搞好党风建设，树立全心全意为人民服务的思想，以模范行动和艰苦工作，组织和带动全社会的精神文明建设。

《决议》把社会主义精神文明建设的基本内容概括为六大建设：理想建设，道德建设，民主法制观念建设，文化建设，理论建设，共产党自身的精神文明建设。第一次把民主、法制、纪律的观念纳入精神文明建设的范畴。

在起草和讨论《中共中央关于社会主义精神文明建设指导方针的决议》草案的过程中，理论界、思想界和文艺界的一些同志反对在文件中采用"反对资产阶级自由化"的提法，理由是把自由同资产阶级连在一起，等于把自由的旗帜送给资产阶级。也有人在报刊上和座谈会上发表看法，认为自由、民主、平等、博爱、人权等口号是劳动人民同资产阶级一起创造的，不是资产阶级的专利品，把"自由"这种光辉的字眼送给资产阶级，于理不通。字眼上的争论反映了对资产阶级自由化思潮的不同态度。

在党的十二届六中全会期间，有人再次提出，删去《决议》中"反对资产阶级自由化"的提法。

为此，9月28日，邓小平在全会讨论《决议》草案时发表了重要讲话，重新强调了反对资产阶级自由化问题。他说，自由化实际上是要把我们中国现行的政策引导到走资本主义道路上去，这股思潮的代表人物是要把我们引导到资本主义方向上去。搞自由化，就会破坏我们安定团结的政治局面。没有一个安定团结的政治局面，就不可能搞建设。

邓小平非常坚决地指出："自由化本身就是资产阶级的，没有无产阶级的、社会主义的自由化，自由化本身就是对我们现行政策、现行制度的对抗，或者叫反对，或者叫修改。实际情况是，搞自由化就是要把我们引导到资本主义道路上去，所以我们用反对资产阶级自由化这个提法。管什么这里用过、那里用过，无关重要，现实政治要求我们在《决议》中写这个。我主张用。"他强调，"反对自由化，不仅这次要讲，还要讲十年二十年。这个思潮不顶住，加上开放必然进来许多乌七八糟的东西，一结合起来，是一种不可忽视的、对我们社会主义四个现代化的冲击。"

根据邓小平的讲话精神，"反对资产阶级自由化"的提法最后还是写进了《决议》之中。《决议》鲜明地表现出我们党反对资产阶级自由化的原则、立场和态度，指出：搞资产阶级自由化，即否定社会主义制度，主张资本主义制度，是根本违背人民利益和历史潮流，为广大人民所坚决反对的。

党的十二届六中全会《决议》总结了几年来精神文明建设的初步实践，提出了社会主义精神文明建设的根本任务和核心内容，为改革开放条件下的社会主义精神文明建设指明了方向，在我国精神文明建设的进程中具有里程碑的伟大意义。

对外政策的"两个转变"

对国际形势作出恰如其分的判断和分析，从而制定正确的对外政策，是我们党在各个不同时期的一项十分重要的战略任务。

1985年6月4日，邓小平在军委扩大会议上的讲话中说："粉碎'四人帮'以后，特别是党的十一届三中全会以后，我们对国际形势的判断有变化，对外政策也有变化，这是两个重要的转变。"这两个重要的转变，是邓小平经过长期的观察和科学的分析，透过世界政治、经济、社会制度、意识形态等的差异，依据新时期国内任务的需要和国际形势的新发展作出的。

争取比较长期的和平环境是可能的，战争是可以避免的，这是20世纪80年代以来邓小平通过冷静、客观地观察国际形势得出的基本结论。

过去我们的观点一直是战争不可避免，而且迫在眉睫。这种思想认识，有深刻的历史根源。

第二次世界大战结束以来，会不会发生第三次世界大战的问题，一直为世人所关注。我们党对新的世界战争的预测历来十分重视，但也经历了一个曲折的认识过程。我们党一度曾对新的世界大战的危险估计过分严重，认为新的世界大战不可避免，而且迫在眉睫。因此，在一段时期里，全国备战，全民皆兵，一切为了准备早打、大打、打核战争，以致盲目搞"山、散、河"，"一、二、三线"，消耗了国家大量的财力、物力，严重影响了国家经济建设。

20世纪80年代前后，邓小平根据对世界形势和我国周边环境的分析，改变了原来认为战争的危险很迫近的看法。在1975年和1980年他曾先后多次指出，大仗五年打不起来，以后又说，大仗十年打不起来。他认为，虽然战争的危险还存在，但是制约战争的因素也在增长，世界和平力量的增长超过战争力量的增长。并由此得出结论，在较长时间内不发生大规模的世界战争是有可能的，维护世界和平是有希望的。基于邓小平的这一判断，1978年，我们党的十一届三中全会制定了一心一意搞经济建设的方针，提出了军队建设战略重点的转移，从而适时地把全党、全军的认识引导到正确的轨道上来。

1980年1月16日，邓小平在《目前的形势和任务》一文中指出：80年代我们要做的第一件事，就是在国际事务中反对霸权主义，维护世界和平。这个任务，每天都摆在我们的议事日程上。他说：80年代无论对于国际国内，都是十分重要的年代。国际上很难预料会发生什么问题，可以说是非常动荡、充满危机的年代。当然，我们有信心，如果反对霸权主义斗争搞得好，可以延缓战争的爆发，争取更长一点时间的和平，这是可能的，我们也正是这样努力的。不仅世界人民，我们自己也确确实实需要一个和平的环境。

1984年9月27日和10月10日，联邦德国前总理施密特和时任总理科尔相继访华，邓小平分别会见了他们。在会见中，邓小平在谈到国际形势时，提到了科尔1974年访华和施密特1975年访华时双方在对战争问题的看法上的分歧。

科尔和施密特20世纪70年代访华时，邓小平作为副总理曾经会见过他们。在会谈中，当时中国曾坚持战争不可避免而且迫在眉睫的观点，但德国客人则表示了不同意见。毛泽东在会见施密特时曾说，他知道苏联要干什么，将要发动一场战争。而施密特则认为大的战争不可能发生。当时陪同会见的邓小平一言未发。

十年后，邓小平在会见这两位德国客人时旧话重提，但观点却发生了变化。邓小平说：那时你们来访问，我们曾经谈到战争危险。现在我们对这个问题的看法有一点变化。我们感到战争危险仍然存在，仍要提高警惕，但防止新的世界战争爆发的因素在增长。他强调：中国最不希望发生战争。中国太穷，要发展自己，只有在和平的环境里才有可能。要争取和平的环境，就必须同世界上一切和平力量合作。

1985年6月4日，邓小平在军委扩大会上的讲话中说得更为明确，他说：

> 这几年我们仔细地观察了形势，认为就打世界大战来说，只有两个超级大国有资格，一个苏联，一个美国，而这两家都还不敢打。首先，苏美两家原子弹多，常规武器也多，都有毁灭对手的力量，毁灭人类恐怕还办不到，但有本事把世界打得乱七八糟就是了，因此谁也不敢先动手。其次，苏美两家都在努力进行全球战略部署，但都受到了挫折，都没有完成，因此都不敢动。同时，苏美两家还在进行军备竞赛，世界战争的危险还是存在的，但是世界和平力量的增长超过战争力量的增长。这个和平力量，首先是第三世界，我们中国也属于第三世界。第三世界的人口占世界人口的四分之三，是不希望战争的。这个和平力量还应该包括美、苏以外的发达国家，真要打仗，它们是不干的呀！美国人民、苏联人民也是不支持战争的。世界很大，复杂得很，但一分析，真正支持战争的没有多少，人民是要求和平、反对战争的。还要看到，世界新科技革命蓬勃发展，经济、科技在世界竞争中的地位日益突出，这种形势，无论美国、苏联、其他发达国家和发展中国家都不能不认真对待。由此得出结论，在较长时间内不发生大规模的世界战争是有可能的，维护世界和平是有希望的。根据对世界大势的这些分析，以及对我们周围环境的分析，我们改变了原来认为战争的危险很迫近的看法。

邓小平基于对当代国际形势和时代主题的清醒的、符合实际的认识，引导我们党对战争与和平问题作出了新的判断，从而实现了由"战争与革命"到"和平与发展"的重大转变。

我国长期以来一直奉行完全独立自主的外交政策，在反对霸权主义、维护世界和平的斗争中和其他重大国际事务中，发挥了重要作用，受到世界人民的普遍尊重和称赞。

从20世纪50年代后半期起，为了遏制苏联的扩张势头，维护世界和平，毛泽东和周恩来同志及时提出了从日本经欧洲到美国的"一条线"的战略思想，号召全世界人民联合起来，共同对付苏联的霸权主义。

"一条线"战略在当时对缓和中国在国家安全问题上所面临的极度紧张

形势，使中国摆脱长期腹背受敌、孤立无援的状态，遏制苏联的扩张霸权，起了重要的作用。对此，邓小平在1985年9月会见来访的奥地利总统基希施莱格时说：毛主席当时提出的国际战略有当时的历史条件。那时苏联在各方面都占优势，美国加上西欧都处于劣势，是很大的劣势。我们当时面临的形势是，从美苏力量对比来看，苏占优势，而且张牙舞爪，威胁中国。我们的判断是，苏联处于进攻性态势，而且是全球性进攻，战争的危险主要来自苏联。为了避免战争，毛主席提出了建立从日本经欧洲到美国的"一条线"战略，以对付苏联的挑战。这有个好处，促进了美国和欧洲的联合。美国同中国的关系改善了，日本和欧洲同中国的关系也改善了。

20世纪80年代以来，国际形势发生了重大变化。美苏之间的争夺转入均衡、僵持阶段。在这种情况下，继续实行"一条线"战略，不仅已无必要，而且对中国不利。因为占世界人口四分之一的中国，在反对霸权主义、维护世界和平的斗争中，已经发展成为独立于美苏之外的一支重要力量，中国如果同美苏任何一国结盟或建立战略关系，都会影响世界战略力量的平衡，不利于国际形势的稳定。现实表明，"一条线"战略已不能适应一心一意搞现代化建设的中国的国际地位和建立正常的对外关系的需要。从国际形势的变化和国内建设的实际出发，邓小平及时地指导我们党改变了"一条线"的战略，代之以更为实际、更为灵活、更具原则性的战略方针，即独立自主的和平外交政策方针，并在新的历史条件下，更加突出独立自主。

1983年11月29日，邓小平在会见加拿大总理特鲁多时说："我们这样的一些国家采取独立自主的外交政策是十分重要的。从60年代我们就一直赞赏法国的戴高乐总统在国际事务中采取的独立自主的政策。在70年代，我们认为战争的危险主要来自苏联，当时我们同西方，包括美国、欧洲采取了更接近的政策，这是按照当时的实际情况决定的。近几年有点变化，苏联还是咄咄逼人，但美国最近的几手表明，对美国也不能忽略。对美国我们还要继续观察。这几年它搞的几手应该引起我们的注意。我们认为，有资格打第三次世界大战的只有美苏两家，没有别人。这是近几年我们对事物观察后的看法。这种独立自主的外交政策更有利于争取和平。"

1985年6月4日，邓小平在中央军委扩大会议上的讲话中更为明确地指出了我国对外政策的这一重要转变，他说：

现在我们改变了这个战略，这是一个重大的转变。世界上都在说苏、美、中"大三角"。我们不讲这个话，我们对自己力量的估计是清醒的，但是我们也相信中国在国际事务里面是有足够分量的。我们奉行独立自主的正确的外交路线和对外政策，高举反对霸权主义、维护世界和平的旗帜，坚定地站在和平力量一边，谁搞霸权主义就反对谁，谁搞战争就反对谁。所以，中国的发展是和平力量的发展，是制约战争力量的发展。现在树立我们是一个和平力量、制约战争力量的形象十分重要，我们实际上也要担当这个角色。

新时期独立自主的和平外交方针酝酿于党的十一届三中全会，确立于党的十二大。1982年9月，邓小平在中国共产党第十二次全国代表大会上的开幕词中明确提出：

中国的事情要按照中国的情况来办，要依靠中国人自己的力量来办。独立自主，自力更生，无论过去、现在和将来，都是我们的立足点。中国人民珍惜同其他国家和人民的友谊和合作，更加珍惜自己经过长期奋斗而得来的独立自主权利。任何外国不要指望中国做它们的附庸，不要指望中国会吞下损害我国利益的苦果。

中国的对外政策是独立自主的，是真正的不结盟。中国在任何时候、任何情况下都坚持独立自主，同任何国家没有结盟关系，完全采取独立自主的政策，坚决反对一切形式的霸权主义和强权政治。1984年11月1日，邓小平在中央军委座谈会上的讲话中重申：我们现在是独立自主的外交政策，谁搞霸权主义就反对谁。不允许任何人打"中国牌"。这是维护和平的最好的政策。因为中国这个力量，加到任何一方，都会发生质的变化。我们说十年打不起来，包括我们这个对外政策的作用。最好的是我们现行的政策，这个最有分量，最有利于世界和平和国际形势的稳定。他明确指出，中国"不搞政治游戏"，"中国在政治上不爱好打牌"，中国不打别人的牌，也不允许别人打中国牌。中国不依附任何大国或国家集团，不屈从任何大国和国家集团的压力，不同任何大国或国家集团结盟。在国际事务中，一切从中国人民和世界人民的根本利益出发，根据事情本身的是非曲直，说公道话，办公道事；以是否有利于维护世界和平、发展各国友好关系、促进世界经济繁荣为标准，独立自主地作出判断，决定自己的立场和政策。

邓小平关于"两个转变"的思想，对于后来我国制定正确的对外政策和社会经济发展战略，具有重要的指导意义。正如他 1985 年 6 月 4 日在中央军委扩大会议上的讲话中所说的：

> 总之，一个是对国际形势的判断，一个是根据这个判断相应地调整对外政策，这是我们的两个大变化。现在看来，这两个变化是正确的，对我们是有益的，我们要坚持下去。只要坚持这样的判断和这样的政策，我们就能放胆地一心一意地好好地搞我们的四个现代化建设。我们的立足点还是自力更生，但是我们搞开放政策，利用国际和平环境更多地吸收对我们有用的东西，这对加速我们的发展比较有利。

百万大裁军

1985 年 6 月 4 日，中央军委主席邓小平出席了在京西宾馆召开的军委扩大会议，这位八十一岁的老人在会上发表讲话，他伸出一个指头，发出了一个令世界震惊的声音：人民解放军裁减员额 100 万！这一重大决策，以实际行动表明了中国共产党和中国人民对世界和平的诚意，受到世界各国爱好和平的人们的欢迎和普遍赞扬。

1984 年 10 月 1 日，天安门广场举行的新中国成立三十五周年的庆典活动，引起了世界各国的官员、军事观察员和武官的极大兴趣。因为这是新中国自 1959 年国庆节以来的二十五年间，第一次公开展示自己的武装力量。

看到这规模宏大、场面壮观的盛大阅兵式，举国振奋，世界震惊，邓小平也笑了。这笑容中有欣喜，也有沉思。也许，日后那个举世震惊的战略决策此时已在他的心中酝酿成熟了。

1 个多月后，中央军委在京西宾馆召开座谈会，包括海军、空军、二炮和 11 个大军区的最高军政首长出席了这次座谈会。

11 月 1 日，邓小平在会上发表了将近 90 分钟的讲话。在这个讲话中，他提出了那个经过深思熟虑的战略决策。

"从哪里讲起呢？"邓小平微笑地望着在座的高级将领，"从这次国庆阅兵讲起吧。我不是讲这次阅兵如何，这次阅兵是不错，国际国内反映都很好。最近有位国际友人讲，非常好。""我说有个缺陷，就是八十岁的人来检阅部队，本身就是个缺陷……"

在触及了军队高层老化的问题之后，邓小平根据近年来对国际形势和战争与和平问题的新认识，作出了世界大战十几年内打不起来的论断，从根本上改变了若干年来我军"立足于早打、大打、打核战争"的指导思想。接着，他从军队干部的年轻化和体制改革，讲到了军队的进一步"消肿"，讲了这次裁军百万的重要意义。

他说，我们既然看准了这一点，就犯不着花更多的钱用于国防开支，要腾出更多的钱来搞建设，可以下这个决心。据此，他提出：

现在需要的是全国党政军民一心一意地服从国家建设这个大局，照顾这个大局。这个问题，我们军队有自己的责任，不能妨碍这个大局，要紧密地配合这个大局，而且要在这个大局下面行动。军队各个方面都和国家建设有关系，都要考虑如何支援和积极参加国家建设。无论空军也好，海军也好，国防科工委也好，都应该考虑腾出力量来支援国民经济的发展。如空军，可腾出一些机场，一是搞军民合用，二是搞民用，支援国家发展民航事业。海军的港口，有的可以合用，有的可以腾出来搞民用，以增大国家港口的吞吐能力。国防工业设备好，技术力量雄厚，要充分利用起来，加入到整个国家建设中去，大力发展民用生产。这样做，有百利而无一害。总之，大家都要从大局出发，照顾大局，千方百计使我们国家经济发展起来。发展起来就好办了。大局好起来了，国力大大增强了，再搞一点原子弹、导弹，更新一些装备，空中的也好，海上的也好，陆上的也好，到那个时候就容易了。

他进而指出：培养军队和地方两用人才，也是个顾全大局的问题。军队培养两用人才，地方是欢迎的。我们军队培养了不少的专业技术上的人才，把其中一些人转到地方各行各业，对地方也是个支援。

邓小平的这番话，使在座的高级将领陷入了深思。他们每一个人都清楚地记得，从党的十一届三中全会确定党和国家工作重点转移到以经济建设为中心以后，邓小平曾多次谈到军队要服从整个国家建设大局的思想。在1977年12月的军委全体会议上，邓小平说："国防的现代化，只有建立在国家整个工业以及农业发展的基础上才有可能。"在1980年3月12日的军委常委扩大会上，他讲得更为明确，"我们国家现在支付的军费相当大，这不利于国家建设"，"如果能够节省出一点用到经济建设上就更好了"，在国际形势允许的条件下，"我们应当尽可能地减少军费开支来加强国家建设"。

所以，在听了邓小平这次全面系统的讲话之后，这些高级将领都意识到，这是一次对中国人民解放军的建设具有转折性意义的会议。

这次会议之后，全军的精简整编方案开始紧锣密鼓地制定。

多年来，由于种种因素的影响，中国军队高层干部老化和机构庞大臃肿的现象日益突出，严重阻碍了自身的现代化建设。

早在1975年，邓小平主持军委工作时，就把"消肿"作为整顿军队的首要任务。这年的6月24日至7月15日，中央军委在北京召开扩大会议，邓小平、叶剑英先后在会上发表讲话。会议分析了国内外形势和军队的状况，提出了整顿军队的任务，即要抓编制，克服"肿"的问题，压缩军队定额，调整编制，主要是精简机关，裁并重叠机构，减少保障部队和普通兵员，有重点地加强特种兵部队，三年内将军队总定额减少160万人，并配好各级领导班子。这次会议之后，在邓小平、叶剑英的直接领导下，从1975年第四季度开始，各军区、各军（兵）种按新编制进行整编，裁减部队，调整机构。到1976年，全军总人数在上一年基础上减少了13.6%。但后来，由于邓小平受到所谓"反击右倾翻案风"运动的错误批判，军队的"消肿"工作被迫停了下来。

1977年，邓小平复职伊始，便在当年12月28日召开的中央军委全体会议上提出，"肿"的问题还没有很好解决，臃肿的情况还很严重，这次会议按确定的编制精简，以后还要精简。

1980年3月12日，邓小平在中央军委常委扩大会议上第一个问题就是讲"消肿"："我们存在的一个最大问题，就是军队很臃肿。真正打起仗来，不要说指挥作战，就是疏散也不容易。"他说，"现在提出'消肿'，主要是要解决军队机构重叠、臃肿，以及由此带来的各级指挥不灵等问题。这件事在1975年我们就提出过，做了一些工作，也见效，后来由于遇到曲折，停了下来。经过这几年，军队的各级机构又加大了，随之官僚主义现象也发展了起来。现在解决问题很难，好多问题一拖就是好长时间。因此，军队要提高战斗力，提高工作效率，不'消肿'不行。"

按照邓小平军队要"消肿"的思想，1982年9月15日，中央军委向全军下达了军队体制改革精简整编方案，分别将军委炮兵、装甲兵、工程兵机关改为总参谋部炮兵部、装甲兵部、工程兵部，铁道兵与铁道部合并，基建工程兵撤销。

可以说，这次精简整编与前几次相比，迈出的步子是比较大的。但是，邓小平并不满意。他在整编方案上批示：这是一个不能令人满意的方案，现在可以作为第一步实行，以后还得研究。

我国军队的落后现状使这位长期以来主持军委工作的老人忧心忡忡。

当时，有资料表明，世界上几个军事大国的军队中官兵比例分别是：苏联1:4.56，美国1:6.15，联邦德国1:10，法国1:17；中国则是1:2.45，平均一个军官只领导两个半兵。而中国军队的员额却相当于美国的2倍，略高于苏军的人数。

从1949年以来，中国军队的人数一直是世界上人数最多的。而由于机关庞大、机构重叠而造成的官兵比例极不合理的状况，又使有限的军费大部分被"人头费"占去了，根本未能有效地用于军备更新和提高部队战斗力。

于是，经过几年的准备和酝酿，邓小平提出了裁军100万的宏大计划。

1985年6月4日，邓小平在中央军委扩大会议上宣布：人民解放军裁减员额100万！

邓小平说：

> 我们下这样大的决心，把中国人民解放军的员额减少100万，这是中国共产党、中国政府和中国人民有力量、有信心的表现。它表明，拥有10亿人口的中华人民共和国，愿意并且用自己的实际行动对维护世界和平作出贡献。减少100万，实际上并没有削弱军队的战斗力，而是增强了军队的战斗力。即使国际形势恶化，这个裁减也是必要的，而且更加必要。

他进而指出：

> 过去我们讲过，这么臃肿的机构如果不"消肿"，不要说指挥作战，

就是疏散也不容易。

这次军委会议开得很好，大家想到一块儿了。在这方面，我看没有不同意见。这说明我们军队的同志是从全局着眼，从国际大局和国内大局着眼看问题的。

接着，邓小平讲到了国际形势、中国的国际地位和对外政策。他从三个方面分析了美苏两个大国的全球战略和第三世界人民力量的增长。他说，全世界维护和平的力量进一步发展，在较长时间内不发生大规模的世界大战是有可能的，维护世界和平是有希望的。邓小平说：

> 大家很关心军队的建设，关心军队装备的现代化，这个问题也涉及大局。四个现代化，其中就有一个国防现代化。如果不国防现代化，那岂不是只有三个现代化了？但是，四化总得有先有后。军队装备真正现代化，只有国民经济建立了比较好的基础才有可能，所以，我们要忍耐几年。我看到本世纪末我们肯定会超过翻两番的目标，到那时候，我们的经济力量强了，就可以拿出比较多的钱来更新装备。可以从外国买，更要立足于自己搞科学研究，自己设计出好的飞机、好的海军装备和陆军装备。先把经济搞上去，一切都好办。现在就是要硬着头皮把经济搞上去，就这么一个大局，一切都要服从这个大局。

1985年6月10日，全世界的电波都在传递着新华通讯社的一条消息："中国政府决定，中国人民解放军减少员额100万。这是中央军委主席邓小平6月4日在军委扩大会议上宣布的。"

对于中国军队来说，要完成这一宏大的计划，并不是一件轻而易举的事情。正如邓小平在1984年11月1日那次军委座谈会上所说的，这是个得罪人的事情哪！我来得罪吧，不把这个矛盾交给新的军委主席。

于是，1985年便成为中国的裁军年。

这一年，中央军委所属的总参谋部、总政治部、总后勤部的机关人员精简了近一半；原有的11个大军区精简合并成7个；减少军级以上单位31个；撤销师、团级单位4 054个；县、市人民武装部不再归军分区管辖，改为地方建制，干部、战士退出现役；军队内部管理的76种干部职务改由战士担任，官兵比例达到 1∶3.3。从这一年起，三年内将有 60 万名干部退出现役，转业到地方工作。

当 1986 年"国际和平年"到来的时候，中国已经从总体上完成了裁军百万的战略性行动。到 1987 年，这一世界上少有的百万大裁军顺利完成。

经过这次裁军，中国人民解放军整编了若干个集团军，新组建了陆军航空兵、电子对抗兵等部队，加强了特种兵建设，把军事学院、政治学院和后勤学院合并成了国防大学，从而在精兵、装备、合成和效能上达到了一个新水平。

百万大裁军这一重大决策，不仅有利于促进我国的"四化"建设和军队的现代化建设，而且对于维护世界和平也具有十分重大的意义，它以实际行动表明了中国共产党和中国政府对和平的诚意，受到了世界舆论的普遍赞扬。

几年后，世界各国政治家在谈到中国共产党和中国政府的这一举措时，仍赞不绝口。

中共十三大

1987 年 10 月召开的十三大是中国共产党历史上一次非常重要的会议。会议系统地阐述了社会主义初级阶段的理论，确立了党在社会主义初级阶段的基本路线，提出了"三步走"的经济发展战略，概括了邓小平有中国特色的社会主义理论的轮廓。大会正式宣布中国共产党在实现马克思主义与中国实际相结合的第二次历史性的飞跃中，开始找到了一条建设有中国特色的社会主义道路。

中共十三大实质上主要有两项重要准备。一个准备是人事问题。这在 1 月召开的中央政治局扩大会议上已经明确。老一辈革命家从党的事业着想，从国家的长治久安着想，在这次全国代表大会上继续带头推进废除领导职务终身制，徐向前、邓颖超、彭真、聂荣臻"四老"从领导岗位上退下来，邓小平、李先念、陈云实行半退。即大家所说的"四老"全退，"三老"半退。还在 1985 年中国共产党全国代表大会实行年轻化的基础上，进一步加快实行年轻化的步伐，尤其是中央政治局常委班子，基本上由年富力强的同志组成。

另一个准备是起草中央委员会的政治报告。邓小平对这项重要的准备工作给予了极大的重视和关注。在报告的起草过程中，他作了重要指导。

1987年2月6日，邓小平同几位中央负责同志谈话时说："十三大报告要在理论上阐述什么是社会主义，讲清楚我们的改革是不是社会主义。要申明四个坚持的必要，反对资产阶级自由化的必要，改革开放的必要，在理论上讲得更加明白。十三大报告应该是一篇好的著作。"实际上邓小平指出了报告要把中共十一届三中全会以来进行的改革的性质讲清楚，阐明我们的改革是巩固和完善社会主义，而不是搞资本主义，这样就可以把全党和全国人民的认识统一起来，更加勇敢、更加大胆地投入改革。他还多次指出，加快和深化改革，尤其是把政治体制改革提上日程，应该是党的十三大的主题和基调。

从1987年2月底开始到3月中旬，中央反复讨论了报告的思路、结构和主要内容。

3月21日，中央向邓小平报送了《关于草拟十三大报告大纲的设想》。其中说："大家都认为，这个文件，关系重大，一定要写好，要把三中全会以来我们建设有中国特色的社会主义的路线写清楚，写出分量来。"还说报告准备写七个部分。全篇拟以社会主义初级阶段作为立论的根据。报告的起草工作准备循着这个思路加以展开，说明由此而来的经济建设的发展战略，由此而来的发展社会主义商品经济的任务和我国经济体制改革的方向，由此而来的建设社会主义民主政治的任务和我国政治体制改革的原则，由此而来的加强和改善党的领导的任务，由此而来的在理论和思想指导上避免"左"右两种倾向的必要性。

报告的设想得到了邓小平的首肯。四天之后，即25日，他对这个设想作了批示："这个设计好。"

随后，中共十三大报告以邓小平批准的设计方案为基础，几易其稿，最后形成。报告包括七个部分：1.历史性成就和这次大会的任务；2.社会主义初级阶段和党的基本路线；3.关于经济发展战略；4.关于经济体制改革；5.关于政治体制改革；6.在改革开放中加强党的建设；7.争取马克思主义在中国的新胜利。

党的十三大开过后，邓小平说："我们党的十三大报告是集体创作，集中了几千人的智慧，有许多内容并不是我提出来的。当然，其中也有我的看法和意见，但大部分是集体的意见。"

党的十三大于1987年10月25日至11月1日在北京举行。十三大的中心议题是进一步加快和深化改革。大会的主要议程是：听取和审议十二届中央委员会的报告；听取和审议中央顾问委员会、中央纪律检查委员会的报告；审议并通过《中国共产党章程部分条文修正案》；选举第十三届中央委员会；选举新一届中央顾问委员会、中央纪律检查委员会。

10月25日上午，人民大会堂，举世瞩目的中共十三大即将在这里隆重开幕。

邓小平红光满面，健步走进人民大会堂。

邓颖超高兴地握着邓小平的手说："小平同志，向你祝贺十三大的召开。"

"大家一起祝贺，向大家祝贺。今天是党的盛会，人民的节日，值得祝贺。"邓小平一边热情地同邓颖超握手，一边笑着说。

当得知来采访这次大会的国内外记者很多，有400多人时，邓小平高兴地说："好嘛，好嘛！这说明我们的这次大会受到全世界的关注。"

邓小平主持了大会。

题为《沿着建设有中国特色的社会主义道路前进》的报告，对当前我国社会作了深刻的分析，系统地阐明了关于社会主义初级阶段的理论和党在初级阶段的基本路线，这是党的十三大的突出贡献。

党的十三大召开之前，邓小平就在各种场合多次对初级阶段的理论进行过论述。如：1987年4月26日的《社会主义必须摆脱贫穷》，4月30日的《吸取历史经验，防止错误倾向》，7月4日的《我国方针政策的两个基本点》，10月13日的《我们干的事业是全新的事业》等。特别是8月29日的《一切从社会主义初级阶段的实际出发》精辟地概括了社会主义初级阶段的含义。他说："我们党的十三大要阐述中国社会主义是处在一个什么阶段，就是处在初级阶段，是初级阶段的社会主义。"他给初级阶段下的定义是"不发达阶段"的社会主义。他强调，"一切都要从这个实际出发"，"根据这个实际来制定规划"。

党的十三大报告提出，我国社会已经是社会主义社会，但还处在社会主义的初级阶段。正确认识这一国情，是建设有中国特色的社会主义的首要问题，也是我们制定和执行正确的基本路线及其政策的基本依据。同时明确规定了党在初级阶段的基本路线，就是：领导和团结全国各族人民，以经济建设为中心，坚持四项基本原则，坚持改革开放，自力更生，艰苦创业，为把我国建设成为富强、民主、文明的社会主义现代化国家而奋斗。这条基本路线被称为"一个中心，两个基本点"，即以经济建设为中心，坚持四项基本原则，坚持改革开放。

报告规定了"三步走"的经济发展战略部署，即，第一步，实现国民生产总值比 1980 年翻一番，解决人民的温饱问题；第二步，到本世纪末，使国民生产总值再增长一倍，人民生活达到小康水平；第三步，到下个世纪中叶，人均国民生产总值达到中等发达国家水平，人民生活比较富裕，基本实现现代化。这个战略部署是邓小平经过反复思考后提出来的。

党的十三大的中心任务是加快和深化改革。关于经济体制改革，报告提出要围绕转变企业经营机制这个中心环节进行配套改革，逐步建立起有计划的商品经济新体制的基本框架。同时报告根据邓小平的设想，提出了政治体制改革的任务和目标。

在中央委员候选人预选名单上，没有邓小平的名字。虽然大家知道他同陈云、李先念等老一辈革命家为了实现中央领导层的年轻化，带头退了下来，但有些代表还是投了邓小平的票，可见他在党内，在人民心中威信之高。

在中共十三大新闻发布会上，香港记者提问道："邓小平没有进入中央委员会，今后怎样发挥作用？"

中共十三大新闻发言人说，邓小平对党和国家的功勋是人所共知的。他在我们党和国家中起重要的领导作用，并不是因为他担任了什么职务，而是由于他思想正确而决定的。粉碎"四人帮"以后，他没有当总书记，但是仍然是党的政策的总设计师。现在，他离开了中央委员会，由于他的威望和智慧，仍然能够在党和国家工作中发挥重要的作用。

11 月 2 日举行的中共十三届一中全会决定，邓小平任中央军委主席。

中共十三大宣布，中国共产党在实现马克思主义与中国实际相结合的第二次历史性的飞跃中，开始找到了一条建设有中国特色的社会主义道路，即在改革开放中实现中国社会主义现代化的道路。这是以邓小平为核心的党中央领导全国人民，坚持解放思想、实事求是的思想路线，不断开拓创新的伟大成果。

以党的十一届三中全会为起点，中国进入了社会主义新的历史时期，以邓小平为核心的第二代中央领导集体开始了对社会主义建设实践新的探索，同时也开始了新理论的开创。在完成拨乱反正，实现伟大历史转折的基础上，邓小平在党的十二大上提出了"建设有中国特色的社会主义"这一主题，标志着建设有中国特色的社会主义理论的正式提出。

中共十二大以后，邓小平及党中央继续围绕着"什么是社会主义，怎样建设社会主义"这个最基本的问题进行探索，提出并阐述了与传统的社会主义观所不同的一系列崭新的科学理论观点，并初步形成了一整套相互关联的方针政策。

中共十三大比较全面地将这些新的理论观点概括为 12 条，构成了建设有中国特色的社会主义理论的轮廓。即：

1. 关于解放思想，实事求是，以实践作为检验真理的唯一标准的观点；2. 关于建设社会主义必须根据本国国情，走自己的路的观点；3. 关于在经济文化落后的条件下，建设社会主义必须有一个很长的初级阶段的观点；4. 关于社会主义社会的根本任务是发展生产力，集中力量实现现代化的观点；5. 关于社会主义经济是有计划的商品经济的观点；6. 关于改革是社会主义社会发展生产力的重要动力，对外开放是实现社会主义现代化必要条件的观点；7. 关于社会主义民主政治和社会主义精神文明是社会主义重要特征的观点；8. 关于坚持四项基本原则同坚持改革开放的总方针这两个基本点互相结合、缺一不可的观点；9. 关于用"一个国家，两种制度"来实现国家统一的观点；10. 关于执政党的党风关系到党的生死存亡的观点；11. 关于按照独立自主、完全平等、互相尊重、互不干涉内部事务的原则，发展同外国共产党和其他政党的关系的观点；12. 关于和平和发展是当代世界的主题的观点；等等。

这 12 个观点初步回答了我国社会主义建设的阶段、任务、动力、条件、布局以及国际环境等基本问题，为我国社会主义现代化建设指出了明确的方向。

中共十三大开过不久，邓小平对十三大的特点作了概括："党的十三大的特点，一个是阐述了中国社会主义初级阶段的理论，在这个理论指导下，坚定地贯彻党的十一届三中全会以来的路线、方针和政策；另一个是更新了中央领导班子，保证我们的改革开放政策能够连续贯彻下去，并且加快步伐。"他还说，"在十三大以前，国际舆论和国内的人民还有些担心我们的改革开放政策是不是会连续下去，十三大回答了这个问题，我国人民和国际朋友都放心了。"这实际上是对十三大的高度评价。

中苏关系正常化

1989 年 5 月 16 日，邓小平在北京人民大会堂会见苏共中央总书记戈尔巴乔夫，这是三十年来中苏两国最高领导人之间的第一次晤面，引起了全世界的极大关注。

邓小平握住戈尔巴乔夫的手说："中国人民真诚地希望中苏关系能够得到改善。我建议利用这个机会宣布中苏关系从此实现正常化。"戈尔巴乔夫笑容满面地点头同意。随即，邓小平又指着正在忙碌的记者说，"趁他们还没有离开，我们也宣布两党的关系实现正常化。"两位领导人再次握手。这是一次被推迟了的中苏高级会晤。邓小平为了这一天的到来，进行了许多年的努力。

1978年12月，中国共产党召开了十一届三中全会，调整了对内对外政策。两个月前，邓小平出访日本，出席《中日和平友好条约》互换批准书仪式。《中日和平友好条约》正式生效，为中日邦交正常化奠定了基础。1979年1月1日，中美正式建立外交关系。随后，邓小平作为第一位中华人民共和国国家领导人访问美国。中日、中美关系的正常化，对世界产生的冲击波是强烈的。苏联是在措手不及的情况下接受了这一现实。随着中国国门的敞开和对外关系的不断发展，苏联也不得不重新考虑与中国的关系。

1982年3月，苏联最高苏维埃主席团主席、苏共中央总书记勃列日涅夫在塔什干的一次讲话中，放出一个试探气球：他一方面依旧攻击中国的政策，另一方面又谈到苏联愿意改善同中国的关系。这一信息，立即引起邓小平的注意。邓小平在主持党中央的工作后，为了创造较长时期的国际和平环境，在处理中国对外关系上，一是发展中日关系，二是实现中美关系正常化，三是解决香港回归问题，四是实现中苏关系正常化。在这四大心愿中，就其复杂性而言，恐怕要首推中苏关系了。

中国和苏联原是具有传统友谊和同盟关系的国家。20世纪50年代初，苏联曾给予新中国很多经济和科技方面的援助，在156项大中型工业项目中，凝结着两国人民的真诚友谊。然而，就是在社会主义阵营最具规模和实力的时候，苏共领导的老子党作风也愈演愈烈，导致了潜在的裂痕。

从20世纪50年代中期到60年代初，邓小平曾多次受命赴莫斯科处理中苏关系问题。他是中苏两国由同盟关系走向对抗关系的亲身经历者，是中共高层领导中处理这方面事宜的专家。他深深了解，这段历史在自己国家的人民心中，至今仍留有浓重的阴影。然而，中苏间最根本的障碍还不是20世纪50年代末、60年代初的那笔账。1964年，赫鲁晓夫下台后，新当政的勃列日涅夫不仅丝毫未改善中苏关系，反而加强了对中国的威胁。从 20 世纪 60 年代中期起，苏联在蒙古人民共和国大量驻军，并在中苏边境地区驻扎重兵，总数达 100 万人，在北面构成对中国安全的严重威胁。1978 年 12 月，苏联支持越南先后出动 20 余万兵力武装入侵柬埔寨。时隔一年，1979 年 12 月，苏联又出兵 10 万对阿富汗实行全面军事占领，这就从北面、南面、西面对中国形成军事包围之势，严重威胁着中国的安全，构成了中苏关系正常化的三个重大障碍。毛泽东在世时，为了摆脱同时与美、苏为敌的不利局面，决定采取"一条线"战略，即从日本到欧洲，一直到美国结为"一条线"，侧重反对苏联的威胁和霸权主义。20 世纪 70 年代这一战略的实行，对当时国际关系的变化产生了重要影响。

历史的一页虽然已经翻了过去，但是中苏两国之间的旧账、新账，恩恩怨怨并未了结，改善两国关系谈何容易。自从勃列日涅夫在塔什干"吹风"后，调整中苏关系一时间成为国际舆论关注的热点。但是邓小平的头脑是十分清醒的，这位阅历丰富的政治家，对改善两国关系的症结是什么，有着比旁人更深刻的认识。

1982 年 4 月，罗马尼亚总统齐奥塞斯库来到中国进行友好访问。他此行的目的，除了来了解一下改革开放后的中国外，也想就勃列日涅夫的演讲，看一看中国政府的态度。4 月 16 日，邓小平在人民大会堂福建厅亲切会见了他。邓小平与齐奥塞斯库早在二十年前就相识了，因此，宾主谈话十分坦率。很快，话题就转到了中苏关系上。邓小平告诉齐奥塞斯库，中苏关系没有多大变化，勃列日涅夫在塔什干的讲话，我们除了对他骂我们的话表示拒绝外，对其他的我们表示注意到了。他说："我们重视实际行动，实际行动就包括阿富汗、柬埔寨问题，包括在我们的边界屯兵在内。"说到这里，邓小平显得有些激动，他加重语气对齐奥塞斯库说："屯兵 100 万啊！不谈这些具体行动，有什么基础？但是我们不排除在他有某种表示的时候恢复谈判。"齐奥塞斯库表示理解中国的立场，但他试图劝说邓小平像国际舆论所设想的那样去"响应"勃列日涅夫的"建议"。邓小平不以为然地说：

> 他总要把他的霸权主义改一改吧，勃列日涅夫的话讲得不坏，但是我们要看行动。你见到勃列日涅夫的时候，可以告诉他，叫他先做一两件事看看，从柬埔寨、阿富汗的事情上做起也可以，从中苏边界或蒙古

撤军也可以。没有行动，我们不赞成，世界上的人都不会赞成。

邓小平这番话，点明了中苏关系正常化道路上的三大障碍。这年8月，他向苏方表明：中国领导人关心中苏关系的改善，现在是应该也有可能在这一方面认真开始做一些实际事情的时候了。双方有必要坐下来平心静气地讨论，通过共同努力，设法排除妨害两国关系的障碍，从有助于改善两大邻国关系的一个实质问题做起，例如苏联劝说越南从柬埔寨撤军。中苏双方经过协商，从1982年10月开始，举行副外长级特使磋商，讨论和解决消除妨害两国关系的障碍问题。中国政府坚持以首先解决三个障碍，尤其是越南从柬埔寨撤军为先决条件，但苏联以不损害"第三国利益"为借口，不同意商谈越南撤军问题。这样，谈谈停停，磋来商去，两年过去了，没有获得实质性进展。

1985年10月，罗马尼亚总统齐奥塞斯库再一次来到北京。10月9日，仍旧是在人民大会堂福建厅，邓小平会见了他。宾主阔别三年再度相见，话题自然很多，然而一个重要话题仍是中苏关系。

从1982年到1985年，国际局势和中国、苏联的国内形势都出现了许多新的变化。中国的改革开放已成席卷全国之势。邓小平通过长期观察，认为世界上和平因素超过了战争因素的增长，世界战争可以避免，世界的主题是和平与发展。中国完全可以在争取和平的前提下，一心一意搞现代化建设。基于这种判断，党中央制定了抓紧时机、发展经济的战略目标。发展经济需要创造较长时期的和平环境，从这点出发，改善中苏关系的重要性和迫切性是显而易见的。自1982年10月以来，中苏两国虽然在经济、科技、贸易等领域的互利合作和人员往来得到不同程度的恢复和发展，但由于三大障碍没有清除，两国关系还没有正常化。为了打破政治关系上的僵局，邓小平在努力寻找解决问题的新办法。

这期间，苏联由于援越侵柬和入侵阿富汗的拖累，国力逐步削弱，美苏争霸态势由苏攻美守变为美攻苏守。改善中苏关系对苏共领导来说，已是势在必行的了，然而此时的苏共中央不得不忙于应付一种新的危机，一种因班子老化而带来的困扰。1982年11月，勃列日涅夫在执掌权力18个年头后离开人世。也许勃列日涅夫在接班人的考虑上太欠缺居安思危的意识，因而他死后，苏共高层立即出现难以为继的局面。接替勃列日涅夫职务的安德罗波夫，上台时已六十八岁，他主宰克里姆林宫仅仅一年半即告别人世。随后而起的契尔年科状况更为不佳，这位七十三岁的老人执政只有 13 个月，一场突发的心肌梗死夺去了他的生命。接二连三的人事更迭和死亡威胁，迫使苏共中央不得不尽快起用新生力量。

1985 年 3 月 10 日，就在契尔年科去世的第二天，五十四岁的戈尔巴乔夫入主克里姆林宫。这位毕业于莫斯科大学法律系的政治活动家是作为苏共中央更新换代的代表被推上总书记位置的。他一上台，就对改善中苏关系表现出极大的关注。3 月 13 日，苏共中央在莫斯科红场举行契尔年科的隆重葬礼。在参加葬礼的队伍中，有中华人民共和国国务院副总理李鹏率领的中国政府代表团。第二天戈尔巴乔夫会见李鹏，感谢中国政府派代表团来参加契尔年科的葬礼。他说，希望中苏关系能取得重大改善，苏中之间应该继续进行对话，提高对话级别，缩小分歧，在更广泛的领域里取得进展。戈尔巴乔夫的话，被许多人视作一种解冻的机遇。邓小平是一位思维敏捷，善于寻找解决问题切入点的政治家，此时此刻，一种新的构想在他的脑海中形成了。

1985 年 10 月 9 日，在人民大会堂福建厅中，邓小平与齐奥塞斯库的谈锋正健。话题转到改善中苏关系，邓小平鞭辟入里地分析了越南从柬埔寨撤军是解决中苏关系正常化的首要问题，他很率直又很幽默地说：“戈尔巴乔夫上台以后，作了很多积极的表示，但是消除三大障碍问题始终没有松口。如果我给戈尔巴乔夫当参谋，我就建议他接受这一点。”话说到这里，邓小平突然问齐奥塞斯库：“你可以见到戈尔巴乔夫吧？”齐奥塞斯库点点头说：“这个月 22 日将在保加利亚的索菲亚召开《华沙条约》政治协商会议，我们会见面的。”邓小平略一思索，说道：

> 你给我带个口信好不好？如果苏联同我们达成谅解，让越南从柬埔寨撤军，而且能办到的话，我或胡耀邦同志愿意同戈尔巴乔夫同志会见。我出国访问的历史使命虽已完成，但为这个问题，我可以破例。三大障碍这一条应首先解决，我们等待答复。

这是邓小平首次提出中苏高级会晤的设想，这位八十一岁高龄的老人，为推动中苏关系正常化置个人身体于不顾的诚意显然感动了齐奥塞斯库，他忙说：“我欢迎这样做，也一定代为转达。”信息递过去了……不久，苏方做出了反应。11 月 6 日，在苏联举办的庆祝十月革命节的招待会上，有关方面对中国驻苏联大使说："你们领导通过齐奥塞斯库同志转达的口信收到了。"11 月下旬，李鹏副总理率团访问保加利亚和捷克路过莫斯科，戈尔巴乔夫主动会见了他，表示苏中举行高级会晤的时机已成熟，建议在苏联的远东地区或中国境内举行高级会晤，讨论苏中关系正常化问题。但是戈尔巴乔夫避而不谈促使越南从柬埔寨撤军问题，也不同意先定议程和先决条件。这等于没有真正响应邓小平提出的这一重大建设性步骤。于是，中苏高级会晤拖延了下来。

中苏关系仍处在微妙状态……

1986 年 7 月 28 日，戈尔巴乔夫在苏联的远东大城市符拉迪沃斯托克（海参崴）发表了一篇耐人寻味的演说。他在谈到苏联对亚太地区政策时说，苏联愿意与亚洲国家尤其是中国和日本改善关系。对于中国，他说，苏联准备在任何时候、任何级别上同中国最认真地讨论关于创造睦邻气氛的补充措施问题；苏联愿以黑龙江主航道为界划分中苏边界的正式走向；苏联正同蒙古领导人一起研究关于相当大一部分苏军撤出蒙古的问题；他还许诺在 1989 年年底以前从阿富汗撤回 6 个团；等等。很显然，戈尔巴乔夫在考虑中方的谈判条件上向前迈了一步。

细心的西方观察家还注意到，戈尔巴乔夫的"贤内助"赖莎此时也对中国表现出极有兴致。她引人注目地光顾了大型中国经济贸易展览会。赖莎身着浅灰色套裙，肩挎苹果绿小提包。和谐、淡雅的装束衬托出这位"苏联第一夫人"的风韵。在长达一个半小时的参观过程中，她兴致盎然地观看了每一个展台。在参观过程中，她热情称颂中国在各方面取得的成就，并向中国人民表示了美好祝愿。不久，赖莎又应邀来到中国大使馆观看时装表演。她称赞中国时装模特身材苗条，富于艺术感，服装、动作和表情十分和谐。当然，萦绕在赖莎心头的还有更重要的东西，在离开中国大使馆时，她留下了这样的赠言："我很高兴看到，苏中关系在各方面有所改善。"

西方媒体将他们能够搜集到的所有细节都披露于众，使国际舆论认为，戈尔巴乔夫这一举动争得了几分主动，他们纷纷猜测中国将如何反应。

1986 年 9 月 2 日，新华社发了一则消息：

中共中央顾问委员会主任邓小平今天上午在中南海接受了美国哥伦

比亚广播公司《六十分钟》节目记者迈克·华莱士的电视采访。邓小平回答了华莱士提出的有关中国经济政策、中国的统一、中美关系、中苏关系等方面的问题。

邓小平在谈话中明确地说："如果戈尔巴乔夫在消除中苏间三大障碍，特别是在促使越南停止侵略柬埔寨和从柬埔寨撤军问题上走出扎扎实实的一步，我本人愿意跟他见面。"

这是邓小平第一次在公开场合表明态度。这在双方关系破裂二十多年来还是第一次。9月7日，美国哥伦比亚广播公司将这一重大新闻传遍全球。邓小平在作这种表示时，既表达了愿意举行中苏首脑会晤的迫切心情，又没有放弃中国一贯坚持的立场，于不露声色之中将了戈尔巴乔夫一军。正如美国《基督教科学箴言报》评论的："邓小平巧妙地在没有做出任何让步的情况下，从戈尔巴乔夫手里夺走了舞台中心位置。"

事情的发展并非如人所愿，邓小平的两次倡议，充分体现出中国方面对实现中苏关系正常化的真诚愿望。然而戈尔巴乔夫虽然在排除三大障碍上做出了让步的姿态，但丝毫未提及柬埔寨问题，这表明苏联的亚洲战略并未改变。事实上，苏联也决不会轻易放弃几经辛苦才在越南建立的海空军基地。他们以不损害"第三国利益"为借口，不肯在改善两国关系上迈出关键的一步，致使中苏关系仍未获得实质性的突破。

1988年4月14日，苏方在关于政治解决阿富汗问题的《日内瓦协议》上签字，承诺从5月15日起从阿富汗撤军，9个月内全部撤完。

9月16日，戈尔巴乔夫在克拉斯诺尔斯克的演讲中宣称，苏联准备促进柬埔寨问题尽快解决，并表示愿意立即开始筹备中苏高级会晤。

12月7日，戈尔巴乔夫在联大第43届会议上宣布，苏联单方面裁军50万，并在两年内撤回驻扎在蒙古的大部分军队。

到此时，苏联在消除影响中苏关系正常化的三大障碍上有了实质性的进展，中苏关系出现了新的转机。这一年的12月，钱其琛作为1957年以后第一位正式访苏的中国外长抵达莫斯科，就三大障碍中的重要障碍——柬埔寨问题的早日公正合理地解决进行磋商。戈尔巴乔夫在克里姆林宫会见了钱其琛，他高兴地对记者说："我想一切都进行得很好，很正常，我相信这符合我们两国人民的利益。"中国外长的出访，正式开始了中苏关系正常化的进程。

1989 年 1 月 6 日，越南撤军问题终于有了眉目，越南外交部新闻司代理司长胡彩兰在河内宣布，越南政府和柬埔寨金边政权已决定，如果柬埔寨问题达成政治解决的话，越南将在 9 月前从柬埔寨撤出其全部军队。这条消息对中苏来说是至关重要的。柬埔寨问题是改善中苏关系的关键，是主要障碍，这个问题有了解决的方案，改善中苏关系便有了保证。1989 年 2 月，在中国人民喜迎新春佳节之际，苏联外长谢瓦尔德纳泽回访中国。双方经磋商确定，5 月在北京举行中苏最高级会晤，也就是说，邓小平三年前提出的与戈尔巴乔夫会面的设想，5 月将在北京实现。

消息不胫而走，世界为之瞩目。邓小平为这次会谈确定了明确的方针："不回避分歧，不纠缠旧账，寻求共同点，着眼于未来，探讨在和平共处五项原则的基础上建立新型睦邻友好关系。"

1989 年 5 月 16 日，邓小平与戈尔巴乔夫终于见面了。会谈是友好的、坦诚的，邓小平开门见山地点出了 20 世纪 60 年代的中苏论战问题，他以务实、直率的谈话风格说：

> 从 1957 年第一次莫斯科会谈，到 20 世纪 60 年代前半期，中苏两党展开了激烈的争论。我算是那场争论的当事人之一，扮演了不是无足轻重的角色。经过二十多年的实践，回过头来看，双方都讲了许多空话。马克思去世以后一百多年，究竟发生了什么变化，在变化的条件下，如何认识和发展马克思主义，没有搞清楚。

他谈到世界日新月异的变化，认为各国必须根据自己的条件建设社会主义，固定的模式是没有的。也不可能有，墨守成规的观点只能导致落后，甚至失败。邓小平以中苏最敏感的问题为开场白，引发了一段对马克思主义及各国建设模式的议论，十分巧妙而冷静地批评了过去论战中的教条主义和形而上学的观点，为会谈定下了实事求是的基调。戈尔巴乔夫神情专注地听着，对于那场中苏大论战，他在访问中国前已经作过详细的了解，他十分清楚坐在他身边的、比他年长二十七岁的邓小平是当时苏斯洛夫最头疼的对手，是中国代表团的团长。他对邓小平说："我的年龄比你小，那场争论我们不想对此作出评价，而是指望你来作出评价，我同意你的基本想法。"

接着，邓小平郑重地阐述了两个问题，第一个是历史上中国在列强压迫下遭受损害的情况，他毫不客气地历数沙俄时代及斯大林时期侵害中国权益的历史事实。第二个是近三十年中国人感到对中国的威胁从何而来。他说："从建国一开始，我们就面临着这个问题。那时威胁来自美国，最突出的就是朝鲜战争，后来还有越南战争。……20世纪60年代，在整个中苏、中蒙边界上苏联加强军事设施，导弹不断增加，包括派军队到蒙古，总数达到100万人。对中国的威胁从何而来？很自然地，中国得出了结论。1963年我率代表团去莫斯科，会谈破裂。应该说，从20世纪60年代中期起，我们的关系恶化了，基本上隔断了。这不是指意识形态争论的那些问题，这方面现在我们也不认为自己当时说的都是对的。真正的实质问题是不平等，中国人感到受屈辱。"

邓小平说到这些话时，戈尔巴乔夫很敏感，也有点紧张，他不清楚中国领导人又翻出历史旧账来做什么。他赶紧表白说："对于不太遥远的往事，我们感到有一定过错和责任，至于两国间比较遥远的事情，是历史形成的。重提领土的变迁，边界的改划，就会使世界不稳定，就有可能引起冲突……"邓小平摆摆手，对他说："我讲这么长，叫'结束过去'，目的是使苏联同志理解我们是怎样认识这个'过去'的，脑子里装的是什么东西。历史账讲了，这些问题一风吹，这也是这次会晤取得了一个成果。"谈话间，邓小平特意问戈尔巴乔夫还记不记得三年前请齐奥塞斯库捎口信的事。戈尔巴乔夫连连点头表示记得，并说："三年多的时间，清除三个障碍，平均每年一个。我要感谢你创造了条件，使我们能够走到一起来庆贺两国关系正常化。"邓小平高兴地说："我们这次会见的目的是八个字，'结束过去，开辟未来'。"他特别强调，"现在两国交往多起来了，关系正常化以后，无论深度和广度都会有很大发展。在发展交往方面，我有一个重要建议：多做实事，少说空话。"戈尔巴乔夫马上赞成："对，少声张，多做事。"

中午，邓小平设宴招待了戈尔巴乔夫一行。午宴后，戈尔巴乔夫从人民大会堂返回他下榻的钓鱼台国宾馆时，把车窗摇下来，不时地探出头去，向沿途欢迎群众招手致意。

邓小平说过，改善中苏关系，对维护世界和平是大功大德的事。

邓小平与戈尔巴乔夫的历史性会晤，是中苏关系的转折点，为中苏关系史揭开了新的一页。

人间重晚晴——与谭启龙

在谭启龙的家里，挂着邓小平给他的题字，上书："人间重晚晴，书赠谭启龙同志，邓小平一九八六年五月十三日。"在这幅字的旁边，还悬挂着他和邓小平的一张合影。谈到这幅字和这张照片的来历，谭启龙同志仍激动不已。他说：

1982年，我参加党的第十二次全国代表大会，看到党的中央领导机构在新老交替上迈出了相当大的一步，邓小平担任中央顾问委员会主任，从第一线退下来，在废除领导职务终身制方面起了表率作用。当时我对鲁大东同志说，我们都到年龄了，也应该作退下来的准备，大东同志很赞同。回四川后，我们两人分别给中央写了报告，恳请中央批准我们从书记、省长岗位上退下来，由比较年轻的同志担任。中央专门发文件把我们的报告通报全国，并加了批语，给我们以莫大的鼓励。

1986年春节邓小平来四川时，我向他请示，要求离开四川到山东落户。邓小平答应了我的请求，并说此事要向中组部和中办专门报告。后来中办专门发文件给四川和山东省委安排了我的定居问题。当时，邓小平还关切地问我还有什么要求、什么困难。我说："没有。能否请您给我留几个字？"邓小平很爽快地答应说："好，拿笔来。"秘书说："这里不方便，回到家里写吧。"邓小平回北京后，过了一段时间，给我寄来了题字。邓小平用宣纸写了个斗方，上书："人间重晚晴，书赠谭启龙同志，邓小平一九八六年五月十三日。"我得到邓小平写给我的字后，十分珍惜，拿去裱好挂在家里，时时鞭策自己。不久，邓小平又通过卓琳同志给我写信，要我退下来后留在四川多当几年顾问。我深深感谢邓小平对我无微不至的关怀和爱护。

党的第十四次全国代表大会宣布中央顾问委员会完成历史使命，中顾委举行最后一次全体会议后，邓小平、江泽民同志等中央领导同志与大家合影留念。照相结束后，大家目送邓小平步出会场，邓小平走到我面前停下来，与我握手，指着我说："你还这样年轻。""你还在山东吗？"我说："还在山东。"这时，新华社的同志抢镜头，给我留下了同邓小平照的最后一张照片。后来，我将这张照片放大，与邓小平给我的题字挂在一起，表达我对邓小平的崇敬爱戴之情。

谭启龙曾经担任过浙江省委第一书记、青海省委第一书记、四川省委第一书记等职，同邓小平有过多次接触，邓小平曾多次同他谈话，对他的工作给予具体的指示，这些都使他没齿不忘。最使他难忘的是在他"工作最困难、思想最苦恼、心情最不舒畅"的岁月中，邓小平对他的支持。

1975年1月，邓小平开始主持中央、国务院日常工作。经过十年"文化大革命"，我国陷入政治经济全面危机。谭启龙这时虽然在浙江任省委第一书记，但已不堪重负。因为浙江是"四人帮"重点插手的地区，派性斗争十分复杂，"批林批孔"以来全省政治和社会局面日趋动乱，省委已无法进行正常工作。邓小平复出工作后，谭启龙由衷地感到高兴，全国人民都感到欣慰，浙江也有了希望。

从党的十大到"批林批孔"运动，是谭启龙重新主持浙江省委工作最困难、思想最苦恼、心情最不舒畅的一段日子。聚集在心头的郁结难遣。情绪冲动之下，谭启龙要秘书起草向党中央、毛主席请求辞职的电报。当时，主持中央日常工作的邓小平已着手开始全面整顿，他得知此事即通过中办来电话传达他的指示：谭启龙同志不能倒！忧郁中的谭启龙受到莫大的精神安慰和鼓舞。20世纪80年代初，谭启龙到四川工作以后，一次邓小平谈起谭启龙第三次在浙江工作时，邓小平说："那个时候你心情能舒畅吗？两派都是错误的。"听了邓小平的话，谭启龙的心情豁然开朗了。

1975年6月以后，邓小平非常关心浙江的形势和整顿工作，他不但多次听取汇报，还派人调查研究和协助处理浙江问题。在邓小平支持下，省委在批派性的同时对派性头目进行了组织处理，抓生产也取得实质性进展。全省呈现出安定团结，把国民经济搞上去的新形势。

支持"荣老板"——与荣毅仁

提起荣毅仁，邓小平挂在嘴边的"口头禅"是："荣老板嘛！"言语虽不多，却饱含了赞许、欣赏之情。

早在 20 世纪 50 年代，身为中共中央总书记的邓小平就非常了解荣毅仁的赤诚爱国心，很看重他的才干和影响。有一次，毛泽东提出选择几位党外人士当部长，并把这个任务交给了邓小平。邓小平推荐了两个人，其中一个就是民族资产阶级的代表人物荣毅仁，这可以说是邓小平对荣毅仁最早的一次点将。

在以后二十多年政治生活的风风雨雨中，邓小平与荣毅仁的直接交往不多，但他们的心是相通的。在"文化大革命"中，他们都受到了冲击，邓小平被定为"党内第二号走资派"，两次被打倒，荣毅仁也被当作"天生"的"走资派"，成了"专政"的对象，但他们对党和国家的忠诚从来都没有动摇过。

党中央粉碎"四人帮"如同强劲的春风将寒冬驱散，明媚的春天重新回到中华大地。全国上下，人心振奋。满怀爱国之情和报国之志的荣毅仁，渴望在有生之年大干一番事业，报效祖国。尽管他个人在 20 世纪 50 年代所受委屈还没有得到平反，但他不计较个人的荣辱得失，尽全心去做对国家有益的事情。荣毅仁在海外有 400 多位亲属，不少在国外工商界、科技界有一定的知名度。粉碎"四人帮"不久，他就遵照有关领导的嘱托，通过亲属为国家引进了当时颇为难得的高科技产品，受到主管部门的表彰。

邓小平非常赞赏荣毅仁的作为，对他充满了信任。1978 年，还在党的十一届三中全会召开之前，邓小平就和中央其他领导同志商量，请荣毅仁出任全国政协副主席。

1978 年 12 月，具有划时代意义的党的十一届三中全会召开，会议确定把全党工作着重点转移到社会主义现代化建设上来。会议开过不久，邓小平即与叶剑英、王震等党和国家领导人商讨如何调动各方人士的积极性，为经济建设服务，提出：要重新使用原工商业者。工商业者在社会主义改造中起了有益的配合作用，他们中有劳动能力的绝大多数人已经改造成为自食其力的劳动者，并愿意为现代化建设事业贡献力量，应该请像荣毅仁等有企业经营管理经验的原工商界人士出来工作。

1979年1月16日，荣毅仁、胡厥文、胡子昂、古耕虞、周叔弢五位知名的原工商业者接到通知，说第二天邓小平要见见他们，和他们谈谈。五位被邀请者兴奋不已。

1月17日，在人民大会堂，邓小平与久违了的五位原工商业者见面了。

落座后，邓小平亲切地对大家说："听说你们对如何搞好经济建设有很好的意见和建议，我们很高兴。今天就谈谈这个问题。"接着，他坦诚地说，"党的十一届三中全会决定把工作重点转移到社会主义现代化建设上来。过去耽误的时间太久了，不搞快点不行。但是怎样做到既要搞得快点，又要不重犯1958年的错误，这是个必须解决的问题。现在搞建设，门路要多一点，可以利用外国的资金和技术，华侨和华裔也可以回来办工厂。吸收外资可以采取补偿贸易的方法，也可以搞合营，先选择资金周转快的行业做起。"

邓小平的这一席话使大家精神为之一振，思路大开。他们兴奋地敞开心扉，坦诚直言。你一言，我一语，气氛十分融洽而热烈。

有人建议，发挥原工商业者的作用，大力起用有真才实学的人、能干的人就当干部。

邓小平听后很赞同，说："对这方面的情况，你们比较熟悉，可以多做工作。比如旅游业，你们可以推荐有本领的人当公司经理，有的可以先当顾问。"并且说，"还要请你们推荐有技术专长、有管理经验的人管理企业，特别是新行业的企业。不仅是国内的人，还有在国外的人，都可以用，条件起码是爱国的，事业心强的，有能力的。"

当时拨乱反正刚刚开始，原工商业者政策有待于落实，大家思想上的一个疙瘩是摘掉资本家帽子问题。当大家谈起这个话题时，邓小平态度鲜明地说："要落实对原工商业者的政策，这也包括他们的子孙后辈。他们早已不拿定息了，只要没有继续剥削，资本家的帽子为什么不摘掉？落实政策以后，工商界还有钱，有的人可以搞一两个工厂，也可以投资旅游业赚取外汇，手里的钱闲起来不好。你们可以有选择地搞。总之，钱要用起来，人要用起来。"

然后邓小平就直接点了荣毅仁的将。他以亲切的语调对荣毅仁表示了这样的希望：摆脱一些其他工作，集中力量从事祖国经济建设，围绕开放、创汇、或主持某一方面的工作，或搞点什么别的，闯出一条新路来。并说："给你的任务，你认为合理的就接受，不合理的就拒绝，由你全权负责处理。处理错了也不怪你。要用经济方法管理经济，从商业角度考虑签订合同，有利润、能创汇的就签，否则就不签。应该排除行政干扰。所谓全权负责，包括用人权。只要是把社会主义建设事业搞好，就不要犹豫。"最后，他还特别关照荣毅仁，如果工作上有什么需要，可以找国务院副总理谷牧同志。

从邓小平一番诚恳、果断的话语中，荣毅仁感觉到了信任、期望和力量。回去后他立即行动起来。经过反复思索，并与工商界的知己共同探讨，他决定创办带有风险性的、当时人们还很陌生的国际信托投资事业。通过它引进外资，融通资金，引进先进技术。

想法一俟成熟，荣毅仁马上连夜起草给中共中央的报告。报告送到中南海后，邓小平、陈云、李先念等领导同志都在荣毅仁的报告上批示同意。

之后，邓小平一直关注着荣毅仁筹办公司的进展。1979年纪念中国共产党成立五十八周年大会，邓小平和荣毅仁都出席了。开会前，在休息室里，邓小平见到荣毅仁就问："公司筹办得如何？"荣毅仁一一作了汇报。邓小平对他说："人由你管，事由你管，由你负全责。""要排除干扰，不用担心其他部门来管你，你们自己也不要搞官僚主义。"以后又有几次碰面，邓小平都关切地询问有关情况，这使荣毅仁更增强了信心和勇气。1979年10月4日，中国国际信托投资公司（以下简称"中信公司"）正式挂牌，直属国务院领导。从此，我国的社会主义建设中崛起了一个新兴行业——国际信托投资事业。

正因为它是新兴的行业，前无古人，所以创业之艰难，是可以想见的。不仅没有现成的经验可资借鉴，而且由于它原本是市场经济的产物，要按市场法规办事，而当时我国还没有从计划经济体制中摆脱出来，种种矛盾和撞击难以避免。每当荣毅仁遇到比较大的麻烦，无论是认识分歧造成的，还是行政干预造成的，或者是经营困难造成的，他总是向邓小平求助。而每次邓小平都不遗余力地给予支持，批示有关部门为其开绿灯。

1984年金秋10月，正是收获的季节，中信公司迎来了它创建五周年的纪念日。邓小平亲笔题词鼓励："勇于创新，多作贡献。"为纪念公司成立五周年，中信公司在北京举办了中外经济合作问题讨论会。荣毅仁向邓小平报告说，参加会议的中外代表热切盼望得到邓小平的接见，邓小平欣然应允。

10月6日，邓小平接见了到会的全体中外代表，并作了重要讲话。他向代表们介绍中国的宏伟目标和根本任务时指出："对内经济搞活，对外经济开放，这不是短期的政策，是个长期的政策。"他说，"我们希望国际工商界人士，从世界角度来考虑同中国的合作。""为了便于广泛接触，中国国际信托投资公司可以作为中国在实行对外开放中的一个窗口。"这是对中信公司在我国对外开放事业中的作用的充分肯定，是在向全世界推荐中信公司。荣毅仁及公司全体员工因此受到莫大的鞭策。

1989年中信成立十周年时，邓小平又一次题词"中国国际信托投资公司成立十周年"，表示祝贺。

中信公司的创建和发展壮大，与邓小平的关心支持是分不开的。1990年，中信拟用100亿港元收购香港电讯公司20%的股权。香港电讯是由大东电报局控股的一家大型上市公司，大东电报局出于1997年香港回归的长远考虑，想同中信合作，出让一部分股权给他们。荣毅仁抓住良机，大胆果断地作出决策。他们凭着自己的良好信誉，不用国家一分钱，也不用国家银行担保，大部分在当地融资解决。这一惊人之举被英国《世界金融》杂志誉为当年最佳融资项目。但这件对国家、对香港、对公司各方面都有利的好事，却遭到一些人的反对，有人向中央反映，给中信施加了很大的压力。关键时刻，邓小平明确表态支持，他说：中信在香港筹资，只要国家不提供担保，由他们搞去好了。

荣毅仁没有辜负历史的重托，没有辜负邓小平的厚望。经过十几年的艰苦探索和不懈努力，中信业务迅速发展。中信与海外建立起了广泛的业务联系，在许多国家和地区设立了分支机构。在全国各地也进行了多种形式的经济合作，发展为拥有数百亿资产，融生产、技术、金融、贸易、服务于一体的综合性企业，成为享誉海内外的大集团公司，为我国树立了一个对外开放的良好形象。荣毅仁也跻身世界知名企业家行列，被亲切地称为"CITIC先生"（CITIC是中信公司的英文缩写名称）。

邓小平不仅支持荣毅仁干大事业，而且非常关怀荣毅仁的生活，关怀整个荣氏家族。

荣氏家族400多位身居海外的亲属中，不少人从事核能、电子、机械、纺织、面粉、医学、文教等事业。他们像自己的祖辈一样，有极强的爱国心、事业心，都尽力为祖国多作贡献。1986年6月，200多位荣氏亲属分别从美国、加拿大、澳大利亚、巴西、联邦德国、瑞士等国家和港澳地区回到祖国大团圆。

6月18日这天，邓小平在人民大会堂亲切接见了荣氏亲属回国观光团的部分成员。他面带微笑地同大家一一握手问好，然后像家人一般交谈起来。荣毅仁的二兄荣尔仁是荣氏亲属观光团中的年长者，居住在巴西。邓小平亲切地对他说："你今年七十九岁，比我小三岁。"荣尔仁说："可你的精神好得很。"邓小平又说："你的精神也不错嘛。"

会见中，邓小平发表了热情洋溢的谈话，他说："从历史上讲，你们荣家在发展我国民族工业上是有功的，对中华民族作出了贡献。民族工业的发展是推动历史前进的，至于资本主义的消极因素那是另外一回事。这次你们亲属团聚是一件喜事，是我们民族大团结的一个体现，一个演习。我们要争取整个中华民族的大团结。""你们有本领，有知识，是能够为我们国家作出重要贡献的。"他还希望大家多向朋友们介绍国家的事情，让更多的人回来看看，了解我们的国家。这番真诚的话语似一股暖流，涌进了在场的每个荣氏亲属的心田。他们中间不少人在海外有较高的声誉和地位，见的世面也不少，但这次回来能够受到如此高的礼遇，令他们激动不已，难以忘怀。时隔七八年后，这些荣氏亲属仍然清楚地记得邓小平当年会见他们时的情景和邓小平所讲的话，他们引以为荣，并以此作为鞭策，不断地为祖国的繁荣昌盛效力。

对于荣毅仁来说，邓小平不仅仅是自己十分敬重的中央领导人，同时也是自己的良师益友。荣毅仁担任中信公司董事长期间，在他那间硕大的办公室里，除了宽大的办公桌、精致的书柜等办公用品，在一面很显眼的墙壁上，有一部大屏幕的电子显示器，"荣老板"可以从屏幕上了解各种数据、信息。而在屏幕上方还挂着一幅巨大的彩色照片，那是荣毅仁与邓小平亲切握手的照片，看得出，主人是多么喜欢这张照片。

在荣府典雅的客厅里，墙上最醒目的正上方还高悬着邓小平亲笔书写的"戒欺室"匾额。"戒欺室"本是荣毅仁的父亲荣德生生前在无锡故居书房里挂的匾额，"戒欺"是老人一生恪守的信条，意思是生意人应该诚实，以戒欺为本。后来这块匾额被毁坏了，1988年的时候，荣毅仁特意请邓小平题写了这三个字，重做了一块。虽然只有三个字，但它却能反映出荣毅仁对邓小平的敬重，以及邓小平对荣家的嘉许。

邓家和荣家的儿女们彼此交往也很多。邓榕经常去荣家串门，邓小平总不忘嘱咐一句："你代我望望他们。"邓小平对荣毅仁的儿子荣智健的成长也很关心，当他听说荣智健在香港作为中信香港集团总经理，把事业办得很兴旺，成为引人注目的中资公司时，非常高兴。

荣毅仁以他非凡的胆识和才干，为中国的社会主义现代化建设和改革开放事业作出了重要贡献。1993年，他作为党外人士当选为国家副主席。从一个民族资本家成为共产党领导下的国家副主席，这无疑也体现了中共中央、邓小平对荣毅仁的充分信任。

为了国家和民族的事业——与霍英东

1964年中秋节前夕，香港同胞国庆观礼团一行乘坐专机来到北京参加国庆招待会。

到北京的第二天，在国务院举行的国庆招待会上，霍英东第一次见到了邓小平。那一天，邓小平在门口高兴地迎接前来的同胞，与每一个人握手。他对霍英东说："欢迎你来北京！""和他握手感觉很有力量"，霍英东至今不能忘却当年的情景，从邓小平的眼神中，霍英东看到了一种独有的坚毅与自信。

霍英东，1923年5月生。广东番禺人，无党派。1953年创办霍兴业堂置业有限公司及有荣有限公司，任董事长，先后担任香港地产建设商会会长，香港中华总商会会长、永远名誉会长，香港足球总会会长、永远名誉会长，国际足联执委，世界羽毛球联合会名誉主席，《香港特别行政区基本法》起草委员会委员，香港特别行政区筹委会预备工作委员会副主任，香港特别行政区筹备工作委员会副主任，香港特别行政区第一届政府推选委员会副主任等职。

1977年7月26日，霍英东带领香港足球队参加在北京举行的亚非拉国际足球邀请赛，香港队打入了决赛。比赛前，邓小平来到了休息室，热情地和霍英东及全体队员握手，并和大家一起进入球场看台。此时，在场的近10万观众一起鼓掌欢呼，邓小平受到广大人民群众如此爱戴的情形给霍英东留下了深刻的印象。

两个月之后，也就是1977年9月29日的晚上，国务院侨务办公室在人民大会堂举行盛大宴会，招待前来参加中华人民共和国成立二十八周年庆祝活动和旅行探亲的 27 个代表团，共 800 多名港澳台同胞及海外侨胞。邓小平以中共中央副主席、国务院副总理的身份出席招待会，并在招待会前会见代表团正、副团长和知名人士。走进大厅，邓小平一眼就认出了霍英东，他笑着迎了上去，连声说："欢迎！欢迎！"

邓小平在热烈的掌声中致祝酒词，他在号召全国人民遵循和贯彻落实党的十一大路线后强调指出，一定要加强全国各族人民的大团结，进一步发展工人阶级领导的，以工农联盟为基础的，包括爱国民主党派、爱国人士和台湾同胞、港澳同胞、海外侨胞的统一战线，调动一切积极因素，为社会主义革命和社会主义建设事业服务。

党的十一届三中全会以后，霍英东响应改革开放号召，最早来到内地投资。1980 年，他在广东中山投资建设了中山温泉宾馆。1983 年，在广州建成的白天鹅宾馆正式全面开业，这是改革开放后，在广东乃至全国最早建成的现代化宾馆。霍英东认为，实行对外开放，首先就要办旅游，建宾馆。在当时物质条件相当困难的情况下，建设现代化的宾馆谈何容易。当时中山县最高级的招待所洗脸池子没有塞子，而用暖水瓶塞来代替，许多用品都需要从国外整套运来。但是，霍英东及其同仁坚持自己设计，自己施工，自己管理，创造了世界上建设酒店的奇迹。可是当时，有的人不仅对"白天鹅"的一些做法有不同意见，而且对整个广东的改革开放有不同的看法，甚至说这是在搞资本主义。霍英东对改革开放能否继续发展也很担心。

1984 年，邓小平第一次视察南方时来到了中山市。从 1984 年 1 月 26 日至 29 日，邓小平住在中山温泉宾馆。一天早上，八十岁高龄的邓小平一口气登上了宾馆后面的小山，在山顶上亭子里一边休息，一边观看中山市全景。一会儿，工作人员请邓小平按原路返回宾馆，但邓小平却意味深长地说："不走回头路。"他选择另一条没有石阶，比较难行的山路缓步下山。

1 月 31 日，邓小平第一次来到广州白天鹅宾馆。他在 28 层楼远眺浩荡的珠江时，称赞说："白天鹅好！"邓小平的话给了霍英东和白天鹅宾馆的职工以巨大的鼓舞。霍英东说，从白天鹅宾馆的建设到开业碰到许许多多的问题，如宾馆带头改革物价，改革管理制度，社会上议论纷纷。"不走回头路"，"白天鹅好"这些简短、明确、有力的话语告诉人们：走改革开放之路是坚定不移的，以经济建设为中心是坚定不移的，中华民族要走向现代化是坚定不移的。

霍英东深受邓小平话的鼓舞，更加坚定了信心。

1984 年 10 月 1 日，霍英东应邀登上天安门城楼，参加国庆三十五周年观礼活动。当霍英东看到从第 23 届奥运会归来的健儿们佩戴着金牌从天安门前经过接受检阅时，泪水从这位刚强男儿的眼里涌了出来。霍英东仔细地观看每个方队，当他看到可爱的大学生们手举着"小平您好！"的标语时，他感动地笑了："他是属于人民的！"

霍英东的秘书，曾在霍英东的公司供职了三十年的凌汉伟在谈到霍英东时说道："改革开放以后，霍先生把精力放在国内，对挣钱反而没有什么兴趣。霍先生把钱拿出来，不是希望再拿回去。"

1985 年 2 月 23 日，这天是大年初四，作为全国人大常委、白天鹅宾馆副董事长的霍英东，携长子霍震霆夫妇，受到邓小平的亲切会见，并有幸与邓小平在白天鹅宾馆"丝绸之路"西餐厅共进晚餐。霍英东向邓小平致以新春的祝福，邓小平也祝霍先生新春好，并向港澳同胞致以节日的问候，希望广大港澳同胞为香港、澳门的繁荣作出贡献。席间，邓小平还多次提到珠江三角洲、闽南三角洲、长江三角洲的发展问题。此后不久，中共中央宣布了继续开放沿海 14 个城市的决定。这次邓小平单独会见霍英东及其家人，受到海外传媒的重视，被认为："中国最高决策人物邓小平对霍英东的接见，实际上是对霍英东在香港地位的确认。是有安排的、有选择的、精心设计的。"

1986 年 4 月 19 日，邓小平在北京人民大会堂的福建厅亲切接见霍英东等香港知名人士，对于香港爱国人士热情捐助内地现代化建设、兴办教育事业的义举表示赞赏。邓小平说："我们国家要在教育科学方面走得快一点，但财力有限，你们出力是为国家民族干了好事。"他强调指出，教育是一个民族最根本的事业。"四化"实现要靠知识、靠人才。

1991 年的一天，霍英东接到通知，邓小平将在人民大会堂接见霍英东。走进大会堂，霍英东见到了邓小平，他的第一感觉是：邓小平瘦了。这次谈话进行了一个多小时，这是霍英东与邓小平接触之中少有的。不知为什么，在这次谈话当中，邓小平回忆起了许多的往事，诸如辽沈战役、平津战役、淮海战役以及故去的一些老战友。然而，霍英东所不曾想到的是，这次会见，竟是他们最后的一次见面。

1992 年，邓小平再次视察南方，当时霍英东正好住在温泉宾馆，他把 1977 年他和邓小平握手时的那张尚未公开过的照片送给了邓小平的女儿邓榕。

邓榕说："我让爸爸在照片上签上名字。"过了两天，签有"邓小平"的照片转到了霍英东的手上。

关心"宁波帮"——与包玉刚

邓小平在谋划改革开放和现代化建设的重大问题时，把发挥几千万海外、港澳同胞的作用，作为一个不可忽视的重要条件和因素。

在邓小平的感召下，海外、港澳的华侨华人怀着赤子报国情，以爱国爱乡的实际行动，纷纷回国探亲、访问、投资、捐助公益事业。

被誉为"世界船王"的包玉刚先生就是在这种大背景下开始了他的爱国行动，开始了与邓小平的交往。

包玉刚，1918年生，浙江宁波人。青年时即投身金融界，曾在中央信托局、重庆矿业银行工作。抗战胜利后出任上海市银行副经理。1949年移居香港。1955年创立环球有限公司，1980年他旗下的环球航运公司，拥有船只200多艘，包玉刚荣登"世界船王"宝座。

1978年11月，包玉刚携夫人应邀访问北京和上海，第一次踏上了阔别近三十年的故土。是这块土地哺育了他，他决心为祖国的现代化建设多出些力、多做点事。

此后，一直到他去世前，包玉刚经常回内地，他多次访问北京、上海、大连、广州、深圳等地，当然还有他的家乡宁波，多次受到邓小平等国家领导人的接见。这使他对国家情况和需要以及政策的了解不断加深。

包玉刚了解到中国船舶工业力图打开国际市场，他开始考虑率先购买国内船舶。在一次同邓小平的会谈中，邓小平向他谈起了振兴民族造船与航运事业的问题，这更坚定了包玉刚在国内订船的决心。他与中国船舶工业总公司签订了1亿美元出口船协议。同时包玉刚还向世界宣称："中国造船厂有能力建造世界第一流的船舶。"

在举行交船、下水和命名典礼时，包玉刚邀请了英国首相撒切尔夫人、菲律宾总统夫人、巴西总统夫人、日本前首相大平正芳夫人主持，还邀请了日本、英国、联邦德国、瑞典、挪威、澳大利亚、新几内亚等国家以及香港地区的航运界、造船界、金融界著名人士出席。

包玉刚的举动在世界航运界引起极大反响，中国船舶在国际市场上声名鹊起。

包玉刚对内地的资助也颇为可观。他曾赠款1 000万美元，在北京建造新型旅游饭店——兆龙饭店；赠款1 000万美元，为上海交通大学兴建规模巨大、设备先进的兆龙图书馆；还曾捐出100万美元设立包兆龙、包玉刚中国留学生奖学基金，为中国培养人才等。特别值得称道的还有他对家乡所作的贡献。

包玉刚的家乡宁波地处历史上商品经济相对发达的东南沿海地区，是鸦片战争时帝国主义迫使中国政府最早开放的五个通商口岸之一。近百年来，在海外谋生的宁波人以相同的地域文化为基础，以相近的血缘关系为纽带，逐渐形成了一个有较高社会名望和雄厚经济实力的商帮——"宁波帮"。当时，在世界60多个国家和地区，分布着7 000多名宁波籍商人，加上他们的后裔更有数十万之众，其中不乏工商巨头、科技名人和社团领袖。包玉刚就是其中的一位，此外还有香港邵氏有限公司总裁邵逸夫（已故），香港中华总商会名誉会长王宽诚（已故），香港南丰纺织有限公司董事长陈廷骅（已故），全美华侨工商业总会会长、美国大中国际公司董事长应行久（已故），香港甬港联谊会会长王剑伟，新加坡宁波同乡会会长水铭漳，香港荣华纺织有限公司董事赵安中（已故）等等，都是他们的杰出代表。

邓小平以政治家的远见和敏锐预见到了"宁波帮"对宁波经济和社会发展所蕴含的巨大潜力。

1984年8月1日，邓小平在北戴河会见包玉刚时，提出了饱含历史感和同胞情的殷切期望："把全世界的'宁波帮'都动员起来，建设宁波。"

包玉刚的同乡——海外宁波籍人士，纷纷响应邓小平的号召，回乡捐助公益事业，创办实业，为宁波经济、教育、文化建设作出了重大贡献，他们以自己爱国爱乡的实际行动回报了邓小平的厚望。据统计，从1984年到1995年，海外"宁波帮"共捐资4.68亿元人民币，创办公益事业1 639项。由海外"宁波帮"人士投资创办的企业已达3 600余家，利用外资60多亿美元。海外"宁波帮"对宁波的投资促进了宁波的对外开放和经济建设事业的发展，"宁波帮"对宁波文化、教育、卫生等公益福利事业的无偿捐助，促进了宁波教育文化事业的发展和医疗条件的改善。

1984年10月，包玉刚先生第一次回到阔别了四十年的故乡。到去世前为止，他先后六次回到宁波。他常说："我是宁波的大使，宁波的事也是我的事，我愿帮助宁波跑腿。"当他第一次回宁波，了解到宁波还没有一所综合性大学，地方上培养建设人才比较困难时，立即提出捐赠折合 2 000 万美元的人民币，在宁波兴建一所综合性大学——宁波大学。为了推动筹建宁波北仑钢铁厂，包玉刚多次往返欧洲、美洲、亚洲一些国家进行联系、宣传，扩大了宁波在世界上的影响。

邓小平对"宁波帮"的爱国爱乡行动给予了极大的关心和支持。他经常亲自接见宁波籍的海外人士，包玉刚就多次受到邓小平的接见，得到他的鼎力支持。

1984 年 10 月 20 日，邓小平在人民大会堂接见包玉刚，当包先生谈到打算在宁波办一所大学时，邓小平深表赞许。邓小平还高兴地接受了包先生提出的请他为宁波大学题写校名的请求。此后，邓小平始终关注着宁波大学的创建工作。1985 年 1 月 4 日，谷牧向邓小平汇报工作，其间谈到了宁波大学。邓小平说："办宁波大学的问题，包玉刚先生出钱，这是件好事，我答应给宁波大学题写校名。你们应该督促有关方面把这件事办好。"在邓小平的直接关怀和支持下，宁波大学的筹建工作顺利展开。1985 年 9 月 26 日，邓小平题写的"宁波大学"四个字送到了宁波。一个月后，宁波大学举行了奠基仪式。

在宁波大学奠基仪式上，包玉刚先生以他那未改的乡音，激动地倾吐了自己的肺腑之言：六十七年前，我在这里出生。今天，我与家人一起回家乡，参加宁波大学奠基礼，非常高兴，这是我终身难忘的事。这次回来，我们办了四件喜事……我们包家要为祖国、为家乡多作贡献，还要办第五件、第六件、第七件。

邓小平非常赞赏包玉刚等宁波籍人士热情捐资兴学，帮助内地发展教育事业等爱国举动。1986 年 4 月 19 日，他亲切会见了以香港基本法起草委员会副主任委员身份来京参加委员会第二次会议的包玉刚，以及王宽诚、霍英东、李兆基等香港知名人士，邓小平向他们详细介绍了国内的改革等情况。在谈到发展科技教育事业的重要性时，特别对在座的客人在这方面所作的贡献赞扬备至，邓小平说，我们国家要在教育科学方面走得快一点，但财力有限，你们出力是为国家和民族干了好事。

包玉刚说，能为国家的教育事业，为子孙后代出点力，是很愉快的事。

这是包玉刚的真情实感。是的，海内外宁波籍人士一直都表示，他们帮助家乡建设是"不求名垂青史，只愿无愧我心"。

1991 年 9 月，包玉刚先生因病去世后，邓小平特地向其亲属发了唁电，对包玉刚的逝世表示哀悼。

"我愿意当大家的后勤部长"——与陈景润

陈景润是新中国知识分子的一个优秀代表。从 20 世纪 50 年代开始，他作为中国科学院数学研究所的一名研究人员，一心扑在科学事业上，专心致志地进行数学研究。遨游在充满数字、公式和符号的数学王国里，他兴趣盎然，如醉如痴，仿佛置身于另一个世界。为了解析数论领域的"哥德巴赫猜想"，他常常通过不同途径反复演算，稿纸塞满了一麻袋又一麻袋。有一次，他边走路边思考问题，入了神，忘记了周围的一切，一头撞到了一棵大树上，头上碰了一个大包，自己却全然没有察觉，一面用手摸着额头，一面还埋怨别人撞了他。

功夫不负有心人，1966 年，陈景润在"哥德巴赫猜想"研究上取得了重大突破。正当他对这一成果并不满意，决定向尖端奋进的时候，"文化大革命"开始了。在中国科学院党组织陷于瘫痪，久经考验的老干部被撵下台，老一辈科学家受到冲击时，中青年科研工作者也未能幸免。陈景润也成为"专政"的对象，被关了起来。他被迫整天跪在毛主席像前请罪，脖子上挂了一个大木牌，上书"现行反革命、臭老九——陈景润"。即使在这种情况下，陈景润仍抓紧时间，想方设法地学习。他读英文版的毛泽东著作，一来为了学习毛泽东著作，二来为了学习英语，然而"专政"队员说他学外语是想投敌卖国，不让他学习。

半年后，陈景润被释放出来，但被剥夺了搞科研的权利，不能进办公室。陈景润坚信搞科研没有错，攀登科学高峰没有罪。艰苦的生活和工作环境没有动摇他的意志。他躲在仅有 6 平方米大小的宿舍里，抱病偷偷地搞研究。简陋的床板就是他的写字台，借着昏暗的光线，他贪婪地阅读、思考，不停歇地演算，大大简化和改进了原来的证明，使"哥德巴赫猜想"的研究取得了世界领先的成果，在国际上引起了强烈反响。他的研究结果在国外被誉为"陈氏定理"，但在国内，他却被诬蔑为走白专道路的典型，受到歧视和不公正的待遇。

1975 年邓小平复出。面对科技界是非颠倒，科技人员受压制、迫害的状况，他很激愤，决心加以纠正和扭转。1975年8月3日，他在国防工业重点企业会议上的讲话中指出："要发挥科技人员的积极性，要搞三结合，科技人员不要灰溜溜的。不是把科技人员叫'老九'吗？毛主席说，'老九不能走'。这就是说，科技人员应当受到重视。他们有缺点，要帮助他们，鼓励他们。要给他们创造比较好的条件，使他们能够专心致志地研究一些东西。这对于我们事业的发展将会是很有意义的。"

9月26日，他在听取中国科学院"汇报提纲"时，对许多知识分子在极端困难的情况下，坚持从事科学研究的爱国敬业精神给予了肯定，感慨地说："广大的科研人员实在是想搞研究啊！"他特别提到了陈景润秘密从事数学尖端课题研究而被诬蔑为"白专"典型一事，言语中明显流露出惋惜、气愤。他说："搞科研要靠老人，也要靠年轻人，年轻人脑子灵活，记忆力强。大学毕业二十多岁，经过十年三十多岁，应该是出成果的年龄。这一段时间一些科研人员打派仗，不务正业，少务正业，搞科研的很少。少数人秘密搞，像犯罪一样。陈景润就是秘密搞的。这些人还有点成绩，这究竟算是'红专'还是'白专'？像这样一些世界上公认有水平的人，中国有一千个就了不得。说什么'白专'，只要对中华人民共和国有好处，比闹派性、拉后腿的人好得多。现在连'红专'也不敢讲，实际上是不敢讲'专'字。中央表扬了这样的人，对他们应该爱护和赞扬。"

邓小平的谈话传出后，广大知识分子备感亲切，深受鼓舞。之后，陈景润成了邓小平的重点保护对象，邓小平亲自过问陈景润的问题。为了使陈景润摆脱困境，能够有一个较好的研究环境，他多次指示有关部门要帮助陈景润解决实际问题。

1977年，邓小平再次复出，他自告奋勇地向中央表示，愿意分管科技和教育工作。他一出来工作，立即紧迫地着手科技、教育战线的拨乱反正。他推倒了"四人帮"压在广大知识分子头上的"两个估计"，为知识分子恢复名誉。他指出，一定要在党内造成一种空气：尊重知识，尊重人才。要反对不尊重知识分子的错误思想。不论脑力劳动，体力劳动，都是劳动。从事脑力劳动的人也是劳动者。将来，脑力劳动和体力劳动更分不开来。发达的资本主义国家有许多工人的工作就是按电钮，一站好几个小时，这既是紧张的、聚精会神的脑力劳动，也是辛苦的体力劳动。要重视知识，重视从事脑力劳动的人，要承认这些人是劳动者。

1978 年 3 月 18 日召开的全国科学大会，是中国科学史上一个规模空前的盛会，同时也是号召全社会尊重知识，尊重人才的誓师大会和动员大会。邓小平在大会开幕式上讲话指出，四个现代化，关键是科学技术的现代化。科学技术正在成为越来越重要的生产力，那么，从事科学技术工作的人是不是劳动者呢？在讲话中，他从理论与实践上充分论证了我国的知识分子是工人阶级的一部分，是我们工人阶级自己的"又红又专"的科学技术队伍。要真正尊重知识，尊重人才，就必须努力建设宏大的掌握现代科学技术的知识分子队伍，要把这个问题提到国家战略的位置去认识。

　　邓小平的讲话赢得了一阵阵雷鸣般的掌声。

　　邓小平在讲话中对像陈景润这样在"文革"中坚持搞科研的科技人员给予了充分肯定和高度赞扬，他说："绝大多数科学技术人员热爱党、热爱社会主义，努力同工农兵相结合，满腔热情地对待自己从事的科学技术工作，做出了成绩。甚至在林彪、'四人帮'那样迫害和摧残知识分子的时候，广大科学技术人员也没有动摇对党对社会主义的信任，在极端困难的条件下，仍然坚持科学技术工作。"同时，他对林彪、"四人帮"打击迫害科技人员，给努力钻研业务的科技人员乱扣"白专"帽子的行径，再次进行了有力的抨击，他说，"我们不能要求科学技术工作者，至少是绝大多数科学技术工作者，读很多政治理论书籍，参加很多社会活动，开很多与业务无关的会议。林彪、'四人帮'动不动就用'脱离政治'的罪名来打击科学技术人员，谁要是努力钻研业务，就会被扣上'白专'帽子。'白'是一个政治概念。只有政治上反动，反党反社会主义的，才能说是'白'。怎么能把努力钻研业务和'白'扯到一起呢？即使是思想上、作风上有这样那样毛病的科学技术人员，只要不是反党反社会主义的，就不能称为'白'。我们的科学技术人员，为社会主义的科学事业辛勤劳动，怎么是脱离政治呢？"他那坚定的话语久久地在人民大会堂上空回荡，"'四人帮'肆意摧残科学事业、迫害知识分子的那种情景，一去不复返了。"

　　当时邓小平讲这些话的时候，陈景润就坐在台下。亲耳聆听到邓小平的讲话，陈景润怎能不感到如释重负，怎能不心潮澎湃，精神振奋？

　　为了支持科技人员更好地专心搞科研，邓小平表示愿意当大家的后勤部长。他多次强调要做好科技人员的后勤工作，并提出了许多具体意见和细致安排。他指出："后勤工作的任务，就是要为科研工作、教育工作服务，要为科研工作者和教育工作者创造条件，使他们能够专心致志地从事科研、教育工作。后勤工作包括提供资料，搞好图书馆，购置和供应器材、实验设备，建设中间工厂，也包括办好食堂、托儿所，等等。""有些问题的解决本来是轻而易举的，但是'四人帮'横行时一直无人去解决。一些科研人员到处去跑器材，耽误事情，浪费时间，是一种很大的损失。现在一定要有一批人搞后勤工作，这些人要甘当无名英雄，勤勤恳恳，热心为大家服务。""要调动科学和教育工作者的积极性，光空讲不行，还要给他们创造条件，切切实实地帮助他们解决一些具体问题。当然，一谈到这方面，就会遇到许多困难。对于这些困难，要分别轻重缓急，逐步加以解决。比如说，在科研队伍中，可以先解决一些比较有成就、有培养前途的人的困难。这些人不限于是老同志，还有中年、青年同志。""对于那些与爱人分居两地的业务骨干，要优先把他们的家搬来。"

在邓小平的促动下，科技人员的政治待遇、生活待遇、后勤保障很快得到改善。陈景润更是千千万万个科技人员中的幸运者，他有幸感受到了邓小平这位"后勤部长"的直接的、细致入微的关怀。

邓小平多次指示，陈景润应该破格提拔为一级研究员，并亲自接见陈景润，与他亲切交谈，成为陈景润最为敬仰和信任的朋友。陈景润后来有什么困难，都毫不顾忌地向邓小平写信反映，邓小平每次都是有求必应。陈景润的科研任务很重，却又没有助手，邓小平指示，给陈景润破例配备一名秘书。

20世纪80年代初，陈景润结婚后，妻子由昆仍在武汉工作，两地分居。由昆来京生孩子时，一家三口与保姆挤住在一套很小的两居室里，居住环境很差。1983年，邓小平得知这一情况后，立即作了批示。一周之内，陈景润一家搬进了新的住所；又过了一周，由昆的工作从武汉调进北京。

邓小平点点滴滴的亲切关怀，令陈景润感激不已，他从内心感谢邓小平，感谢共产党。

1984年，陈景润患帕金森综合征，由昆曾想放弃工作照顾他。陈景润坚决不同意："我已经不能为党做什么了，你一定要工作下去。"由昆拗不过，只好从老家找来一个亲戚照顾陈景润。

1984年国庆时，陈景润的病情还相当严重，双脚疼得厉害，小脚趾不能沾鞋。为了能在举国同庆的时刻看上邓小平一眼，陈景润硬是把左右脚的鞋换过来穿，在无人照护的观礼台上站了整整一个上午。既是医生又是妻子的由昆一直担心陈景润的身体吃不消，没想到他异常兴奋，完全忘却了病痛。妻子心里明白，如果没有邓小平的关怀和对邓小平的感情，陈景润是支持不住的。

邓小平对病中的陈景润仍然十分关心。1987年，当听说照顾陈景润的是一个外地亲戚的女孩时，为了让这个女孩安心工作，照顾好陈景润，他特批把女孩的户口调进了北京。

邓小平对陈景润的关怀，是邓小平尊重知识、尊重人才的真实体现。

不忘老朋友的生日——与爱泼斯坦

1985年4月20日，时任《中国建设》总编辑的爱泼斯坦迎来了他的七十岁寿辰。

爱泼斯坦，中文名艾培，是中国籍波兰人。两岁时随父母来到中国天津定居。他十五岁便开始了新闻工作生涯，在中国整整工作了半个世纪，为中国的新闻事业勤奋耕耘，作出了很大的贡献。

为祝贺他七十岁寿辰和在华工作半个世纪，宋庆龄基金会、外国专家局、文化部外文局、《中国建设》杂志社这一天在人民大会堂为他举行热烈的招待会。

这天下午，人民大会堂福建厅里洋溢着喜庆气氛，爱泼斯坦老人容光焕发、精神矍铄。令他无比激动的是，邓小平、邓颖超、康克清等领导同志要在招待会开始之前会见他及他的家人。

康克清大姐满面春风地带着一束鲜花首先进来了，她笑着对爱泼斯坦说："热烈祝贺你七十大寿！这是我家里自己种的紫丁香，特意采来送你的，愿你像百花盛开，祝你健康长寿！"

爱泼斯坦高兴地接过这散发着芬芳香气的美丽花束。

过了一会儿，邓小平、邓颖超及其他中央领导同志也陆续来到这里，他们微笑着同爱泼斯坦握手，热烈地向他表示祝贺。然后，大家互相礼貌地谦让着，坐了下来。

爱泼斯坦紧挨在邓小平旁边，另一边是邓颖超及其他领导同志。他们亲切地交谈起来。

邓小平对爱泼斯坦说："你都70啦！"

爱泼斯坦风趣地说："我还小呢！"接着他问候邓小平，"您近来身体都好吗？"

邓小平说："还好！没什么大毛病。"

此前不久，爱泼斯坦随同一批 20 世纪 40 年代来过中国的美国老朋友、老记者重游了延安、重庆等地，刚刚返回北京，所以他对邓小平说："这次我和美国老朋友跑了许多地方参观访问。我们看到不少变化，感到欣慰。"

邓小平说："你在中国工作都有五十二年了？"

爱泼斯坦答："是啊！我两岁就随父母来到中国，十五岁开始到报社工作。"

邓小平说："你在中国工作了这么长时间，真不容易呀！"他停了一下又问，"你出生在波兰？"

爱泼斯坦说："我是出生在波兰，但很小就离开了。1916 年去日本，1917 年才到中国。"

邓小平说："我也去过华沙，那是 1925 年从法国回来时经过华沙的。"

两位老人无拘无束地聊着，像久违的老朋友。显然，邓小平早就对爱泼斯坦有很多的了解。

爱泼斯坦深情地环视一下高朋满座的大厅，不禁动情地对邓小平说："今天大家都来祝贺我，我非常感谢中国同志们！"

邓小平接过话说："祝贺是应该的，五十二年来你一直为中国人民的革命工作，确实不容易。"这是对爱泼斯坦的赞扬。

爱泼斯坦说："我工作得很不够。"

邓小平说："说不够，就难讲了。"

这时，邓颖超转过脸对爱泼斯坦说："都五十年了，可你还没怎么变，只是头发白了。"

邓颖超关切地询问爱泼斯坦的家庭情况："你们有孩子吗？"

爱泼斯坦指着后排说："有，今天他们也来了。"

邓颖超说："快叫他们过来见见面！"

于是爱泼斯坦的女儿、儿子走了过来。

爱泼斯坦向小孙子宁宁招手说："宁宁，快过来向邓爷爷、邓奶奶问好！"

天真活泼的小宁宁跑到邓小平跟前，甜甜地喊了声："邓爷爷好！"他搂着邓爷爷的脖子，让邓爷爷亲了亲他的小脸蛋。然后，小宁宁跑到邓颖超跟前说，"邓奶奶好！"他也和邓奶奶亲了亲。在座的老爷爷、老奶奶为孩子纯洁的举止所感染，大家都发出开怀的欢笑。

此时，孙子又成了共同的话题。爱泼斯坦长期在宋庆龄的直接领导下，从事的事业之一就是为了孩子们的健康成长，所以他深有感触地说："我们的工作都是为了孩子。"

邓小平作为中央领导核心，改革开放和现代化建设的总设计师，更是高瞻远瞩，很早就认识到，孩子是国家的未来和希望。他曾提出了一系列从娃娃抓起的思想，如法制教育要从娃娃抓起，计算机要从娃娃抓起，等等。当然，主要的是他着眼于"三步走"的现代化发展战略目标的最终实现，认为实现第三步战略目标，即下个世纪中叶基本实现现代化的宏伟目标，就靠现在的娃娃们。他鲜明地提出了培养开创21世纪大业生力军的任务，要求以极大的努力抓教育，并且要从中小学抓起，从娃娃抓起。1980年他曾为娃娃们题词："希望全国的小朋友，立志做有理想、有道德、有知识、有体力的人，立志为人民作贡献，为祖国作贡献，为人类作贡献。"邓小平对青少年一代寄予了厚望。

所以，当邓小平听说爱泼斯坦的小孙子宁宁6岁了时，便扳着手指说："6岁了，啊，到本世纪末才20多岁，正是时候。到那时，情况会比现在好多了。"

爱泼斯坦说："孩子们可以进入21世纪，他们可以生活七十多年。"

邓小平说："孩子们可以看到我们国家的第二个奋斗目标。"

爱泼斯坦说："他们还可以为第三个目标服务！"

邓小平听了点点头，爽朗地大笑起来。显然这里老一辈的交谈，不仅充满信心地展望了未来，也表达了对孩子们的无限希望。

爱泼斯坦以十分崇敬的心情对邓小平说："我非常敬佩您这样高龄了，还从事大量的工作。"

邓小平说："我现在工作很少了。"

爱泼斯坦笑着说："但是，您做的是卓有成效的工作！"

会见结束时，邓小平、邓颖超等中央领导同志还与爱泼斯坦一家合影留念，然后一同参加招待会。

这是令爱泼斯坦一生最难忘的一个生日。

谢谢你们——与吴健雄等

被毛泽东誉为"人才难得"的邓小平一贯强调要尊重知识，尊重人才。

他在重视国内大批科技人才的同时，也注意到身在海外，心系祖国的那些华人、华裔科学家。他说，华裔专家是活的宝贝，是一支不可忽视的力量，是我国引进智力的重点。

在邓小平的倡导下，尊重知识、尊重人才的良好社会风气在我国逐渐形成，吸引了一大批海外华人学者。杨振宁、李政道、丁肇中、李远哲、吴健雄、袁家骝等专家和教授纷纷回国讲学。他们要把智慧的种子移植在祖国大地上开花结果。看到这么多的海外学者回国，邓小平非常高兴。他深情地说，中华人民共和国改造了旧中国的形象，凡是炎黄子孙，不管穿什么服装，都关心中国的强盛，都为中华民族自豪。每当有海外学者回国，百忙当中的邓小平都要尽量抽出时间亲自会见，感谢这些专家和教授对我国科教事业的关心和帮助，听取他们对我国经济和科技事业的意见和建议。

在这些往返于海外与祖国，为祖国的强盛不辞劳苦、出力献策的华人学者中，活跃着一位女性的身影，她就是当代著名的美籍华人女物理学家吴健雄，当然还有她的丈夫袁家骝教授，同样是一位著名的物理学家。

吴健雄出生于上海市附近的太仓县浏河镇。1930 年赴美深造，在科学上的攀登，因她是一位女性又是东方人而备尝艰辛。毕业后，尽管她在核物理方面成绩卓然，却没有一所美国的大学聘用她。

1956 年，美籍华人物理学家杨振宁和李政道通过观察和分析，对物理的基础"宇称守恒定律"大胆地提出异议，这个新理论迫切需要有优秀的实验物理学家来加以验证。吴健雄面对这场物理学上最激动人心的挑战，毅然决定进行这个高难度的、复杂的实验。她全力以赴，整日在实验室工作，经常一夜只睡四个小时，饿了就啃面包，以特有的耐心和细致，一次又一次地在超低温中进行反复实验。

1957 年 1 月，吴健雄终于以无数次的实验数据证明："宇称守恒只是部分的物理现象，在更多的弱的相互作用下，宇称是不守恒的。"于是，爱因斯坦权威的"宇称守恒定律"被打破了，杨振宁和李政道因此获得 1957 年诺贝尔奖。吴健雄获得了同诺贝尔奖相当的以色列沃尔夫基金会奖。两年后，她升任哥伦比亚大学教授，当选为美国科学院院士，还获得美国国家科学勋章、年度杰出妇女奖、地位崇高的普平纪念奖章，等等。她同时是美国 12 所著名大学和 10 多所世界名牌大学的名誉博士。1975 年，她被选为美国物理学会会长。在美国，她是获此殊荣的第一位女性。

吴健雄与所有的海外游子一样，时刻关注着祖国的变化。她二十四岁赴美留学时，曾在故乡的《太仓明报》上发表了一篇告别辞，字里行间充满了学成后回来报效祖国的激情。但是由于历史的原因，美国和中国之间长时间隔着一道铁幕，使她的愿望不能实现。但是，无论什么都割不断吴健雄的中国情结。在美国生活了大半辈子的吴健雄始终吃中国菜，穿中国旗袍，保留中国名字，她期待着有一天能踏上归国路。中美建交后，1973 年，吴健雄和丈夫袁家骝博士终于踏上了访华的旅途。

从此，吴健雄暗下决心，一定要为祖国尽一分力量。

中美建交后，越来越多的中国学者到美国参观学习，每当见到来自故国的亲人，吴健雄心里都格外高兴。她对来自中国的访问学者，从业务上到生活上都给予无微不至的照顾。在异国他乡，吴健雄究竟接待过多少来自故国的派出人员，已难以统计。

1977 年，吴健雄第二次回国探亲讲学，当时全国科学大会还在筹备之中，但邓小平关于一定要发展科技的一些讲话已经强烈地震动了她的心，她感到祖国科学的春天已经到来，开始思考自己能为祖国直接做些什么。

1982 年，她和袁博士第三次回国探亲讲学的日程被安排得满满的，这对于年届古稀之年的人来说的确是一个过重的负担，但吴健雄并不以此为苦，反而以此为荣。在短短一个半月里，她不辞辛苦，脚穿一双中式白底布鞋，身着一件中国江南一带妇女喜欢穿的旗袍式连衣裙，从华东、华中来到华北，又从华北来到西南，访问了南京大学、中国科技大学、北京大学及中国科学院的许多研究所。吴健雄不停地看，不停地想，不停地讲。她和袁博士这次回国一共作了近 20 场（次）学术报告，他们要将自己身上的所有能量都释放出来，献给祖国的现代化事业。

1984 年 9 月，当他们第四次回国时，邓小平在人民大会堂亲切会见了他们。

吴健雄、袁家骝此次回国是应中国科学院的邀请，前来访问并参加新中国成立三十五周年盛大庆祝活动的，他们以掩饰不住的兴奋对邓小平倾谈了回国后的见闻和感受："我们在国外听说中国近年来发展很快，这次回来看看，果然变化很大。"

邓小平点点头，也高兴地说："现在的情况比我们预料的要好，到本世纪末工农业总产值翻两番看来是有把握的。"他停了一下，又补充道，"农村形势很好，现在决定在城市进行改革，如果改革成功，国家的情况会更好。"

邓小平对两位著名的物理学家说："你们为中国做了很多事情，应该感谢你们。"吴健雄听后淡淡一笑："这是我们应当做的。"

她说："我能为中国的'四化'做些什么工作，通过参观科学机构，我找到了答案。我认为，我是可以尽我微薄之力，为中美的科学文化交流做些力所能及的工作的。"吴健雄这样说着，又开始思考下一步具体做些什么了。

邓小平会见过许多海外著名华人科学家，每次会见，他都要与他们就科学技术发展问题进行交谈。这次会见吴健雄也不例外，他仔细地倾听着两位科学家的意见，还不时提出一些问题。邓小平之所以对世界科技发展趋势了如指掌，作出关于科技伟大作用的深刻论述，恐怕与他虚心听取海外科学家的见解不无关系。

1984 年 10 月 1 日是中华人民共和国成立三十五周年的喜庆日子，首都北京举行了盛大的庆典。邓小平在天安门城楼上发表了重要讲话。由身着节日盛装的工人、农民、学生和各民族同胞组成的游行队伍兴高采烈地走过检阅台。游行队伍中，青年学生打出了引人注目的横标："小平您好！"表达了知识分子与亿万人民对邓小平所领导的改革开放事业的由衷拥护和对邓小平的钦佩爱戴之情。

观礼台上，吴健雄站在从世界各地特意赶来的华人科学家中间。他们之中还有诺贝尔物理学奖获得者杨振宁、李政道、丁肇中教授，著名学者吴家玮、任之恭教授等。他们虽然已经多次回国参观访问，但能够站在观礼台上亲眼目睹站起来的中国人民所焕发出的蓬勃朝气，都感到无比自豪和高兴。

10 月 2 日，邓小平在人民大会堂会见了参加中华人民共和国成立三十五周年庆典的 60 多名华人科学家。望着这些卓有成就和影响的中华英才，邓小平以感激的口吻对大家说，我们在党的十一届三中全会以来的五年里做了不少事情，付出了中华民族的知识和劳动，今天已取得了第一步的成果。这里包含着海外的亲人和朋友提供的知识和劳动，有在座的和不在座的，不在座的更多了。今天同你们见面，是对你们的帮助表示感谢，同时也希望你们今后提供更多的知识和劳动。

话音刚落，全场立即报以热烈的掌声，大家显得兴奋而激动，纷纷发表感想，诉说心里话。

李政道说，中国人民的生活水平提高了，炎黄子孙都能抬起头来了，我们表示感谢。杨振宁说，10 月 1 日的游行从邓小平主任检阅开始，以几万名青少年游行结束，这是意味深长的，中国今后会取得更大的成就。

吴健雄按捺住激动的心情，专心地等待邓小平的进一步介绍。

邓小平继续说，概括起来讲，我们的任务是把中国的经济搞上去，争取实现祖国统一，反对霸权主义、维护世界和平。现在我们的改革从农村转到城市，全面改革。改革是很迫切的，如果城市不进行改革，城市工作不能满足占我国总人口80%的农村的发展需要，就会阻碍农村继续前进。从农村改革来看，城市改革不但必要，而且相信会成功。这就可以保证我国到本世纪末实现工农业总产值翻两番的目标。

"我知道你比较了解中国"——与布什

布什这个名字，中国人并不陌生。1975年，他担任美国驻中国联络处主任，住在位于北京东郊的使馆区内，是他打破了北京使馆区内的外交惯例，经常骑自行车逛北京城，因而为北京人称道。后来他又是里根总统两届任内的副总统，几次来过中国。1988年他当选为美国总统，并于1989年2月访问中国。

他和邓小平的接触始于1975年。

自从1972年尼克松访华后，中美两国就建交问题开始了马拉松式的谈判。1973年年初，尼克松连任总统后，打算在第二个任期内实现中美关系正常化，这是他在1972年访华时作出的承诺。他还设想在第二任的头两年削减美国在台湾的军事力量，中美双方互设联络机构，而后两年则"准备走向类似日本的方式实现中美关系完全正常化"，即美国同中国建交，但同台湾保持某些民间往来。1973年2月，基辛格访华，双方商定各自在对方的首都设立联络处，以便在两国间建立直接联系。同年5月，双方联络处都开始工作。8月，尼克松总统因"水门事件"被迫辞职，由副总统福特继任，福特表示对华政策不变，将在自己任内同中国实现关系正常化。1974年9月，福特总统任命共和党主席布什为美国驻中国联络处主任。

担任美国驻中国联络处主任，是布什自己的选择。他在竞争美国副总统的职位落空后，谢拒了出任驻英国大使和驻法国大使的安排，选择了接替即将离任的戴维·布鲁斯，出任驻中国联络处主任。在他看来，"北京更具有挑战性，是鲜为人知的地方，一个新中国已经诞生，在未来的岁月中美国与中华人民共和国的关系不仅对亚洲，而且对美国的全球政策都是至关重要的"。

就在他担任美国驻中国联络处主任一个多月后，福特派国务卿基辛格访华，由于周恩来总理生病住院，邓小平负责同基辛格会谈。布什参加了会谈。布什回忆说：参加这些会谈使人获得了难得的机会来了解最近中美关系的发展情况。同时在会谈中他认识了邓小平，印象是："那时他是一位正在上升的人物，当时人们猜测，在毛泽东和周恩来百年之后，他很可能接管最高权力。他抽烟很厉害，一根接着一根，而且也很能喝茶。他说自己是农民出身，早先是中国西南地区四川省的一名粗鲁的士兵。"

如果说当时布什对邓小平的印象还仅仅限于此的话，那么，参加1975年10月基辛格和邓小平的会谈，则使他对邓小平的印象更为深刻：

"邓小平在同外国领导人会谈中表现出一种独特的才能，他能恰到好处地掌握强硬与亲善相结合的分寸。不过他在同基辛格会谈中情绪明显地咄咄逼人。他令人难以置信地抱怨美国说，面对苏联对世界和平的威胁，美国表现得太软弱和无所作为。要不是因为使用的语言不同，我真好像是在倾听巴里·戈德华特1964年的讲话。

"邓小平副总理同毛泽东主席及其他中国领导人一样，对美国同苏联搞缓和的政策表示关切，他批评美国对苏联人的政策同1938年英国、法国在慕尼黑制定的对希特勒的政策一样，是一种'绥靖政策'，基辛格尽管有些不高兴，但仍表现得泰然自若。'一个国家把1 100亿美元用于国防开支，不能说是在贯彻慕尼黑精神。'他回答邓小平的话说，'我也想提醒你，当你们和苏联还是朋友的时候，我们就开始抵制苏联的扩张主义了。'

"会谈是针锋相对的，互不相让的，这恰恰说明总统级会晤事先需要通过预备性接触和讨论。最后，基辛格说：'我认为总统的访问不应给人一种印象，似乎我们两国在吵架。'邓小平表示同意，并说：'还有时间，我们还可以进一步讨论些具体问题嘛。'"

1982年5月，布什访问中国，这次他是以美国副总统的身份来访的。

这时，中美关于售台武器问题的谈判正陷于僵局。

早在1980年，里根竞选总统时，就发表过很多对中国不友好的言论。作为里根的竞选伙伴布什，曾于1980年8月访问中国，邓小平会见了他，那次的会见气氛很紧张。邓小平后来对布什说：1980年我们进行坦率的交谈，所以我们可能得罪了朋友，但我们只是希望能很清楚地表达我们真实的观点。

坦率地说，那时我们对美国政府对中美关系以后究竟执行一个什么样的政策是担心的。

1981年里根执政后表示要"充分实施"卡特任期内通过的《与台湾关系法》，包括其中向台湾出售武器的条款，还扬言中国无权过问美国对台湾的政策，主张向台湾出售性能有所提高的武器。在这种情况下，解决中美建交谈判中遗留下来的美国向台湾出售武器的问题，就更加必要和紧迫。1981年6月，美国国务卿黑格访华。10月，中国国务院总理赵紫阳和外长黄华同美国总统里根和国务卿黑格在出席坎昆南北首脑会议时又进行了会晤，中心问题还是讨论美国向台湾出售武器问题。从1981年12月起，中美开始就美国向台湾出售武器问题进行谈判。中方要求美方承诺：美国售台武器在性能和数量上将不超过中美建交以来的水平，并要采取措施，逐步减少，直至在一定时期内完全停止向台湾出售武器。美方同意以后售台武器在性能和数量上将不超过中美建交以来的水平，但他们不肯承诺在一定期限内完全停止出售武器给台湾，只表示将逐步减少，最终解决这一困难问题，并坚持把美国逐渐减少售台武器和最终解决这一问题同中国和平解决台湾问题直接联系起来。

当时美方参加谈判的主要代表是美国驻中国大使恒安石；中方参加谈判的代表先后是外交部副部长章文晋和韩叙。

谈判地点设在北京。

但是，由于双方在根本问题上存在分歧，致使谈判陷于僵局。

1982年5月8日上午10时，邓小平在人民大会堂福建厅会见了美国副总统布什。

邓小平说："我们认识有好几年了，我知道你比较了解中国，作为中国的朋友，我们衷心欢迎你。我希望这次在北京能把我们之间存在的一些阴影和云雾一扫而光。"

"我们感到两国关系是非常重要的，里根总统也有这种表示，我希望在我离开贵国的时候双方能深入地理解这种关系的根本性质。"布什说。

话锋一转，布什突然问道："你的牛仔帽还在吗？你那次在美国得克萨斯州访问时戴牛仔帽照相，登在报上，比任何照片都有助于增进我们两国的关系。"

布什的这句话，引起了全场哈哈大笑，气氛似乎缓和了许多。

那是1979年邓小平访美期间的事了。

1979 年 2 月 2 日早晨，邓小平和夫人离开卡特的家乡亚特兰大，飞抵埃林顿空军基地，开始对得克萨斯州首府休斯敦进行为期两天的访问。得克萨斯州的州长克莱门茨对邓小平一行说："在得克萨斯州你们是最受欢迎的。我们得克萨斯人对中国抱着很大的好奇心，你们来到这里我们感到很高兴。"

　　邓小平夫妇参观了约翰逊航天中心，晚上应邀出席了在距休斯敦西北 50 英里的西蒙顿举行的带有西部风情的烤肉宴会和马技表演。

　　在表演开始前，两名骑白马的妇女，把邓小平和方毅请到观众面前，向他们各赠了一顶崭新的、边沿翘起的白色牛仔帽。他们当即高兴地戴上了。

　　然后，邓小平应邀坐进一辆 19 世纪的马车绕竞技场两圈，向热烈鼓掌的观众们挥手致意。

　　这一晚，竞技场外的生意格外兴隆。邓小平等中国贵宾戴上了牛仔帽，使一个货摊上的数百顶牛仔帽，很快就以 30 美元一顶的高价抢购一空。

　　头戴牛仔帽，充满微笑的邓小平的照片第二天就见诸美国各报。

　　会谈进入正题后，布什首先代表美国总统里根带口信给邓小平：里根总统和美国政府都希望中美关系能继续下去。我们将尽一切努力来避免做任何会使中国政府尴尬的事，但同时我们还要遵守我们的国内法，尽管这个国内法中国是不接受的，认为它干涉了中国内政，我们必须努力解决这一难题。

　　邓小平说："《与台湾关系法》深深地触动了我们，我们确实认为它本身就是侵犯中国的主权，如果按照《与台湾关系法》来处理中美关系，只要这个东西存在一天，两国关系就不仅有阴影，而且有遭受破坏的危险。现在要寻求一个出路，不要因为这个法而影响中美关系，我想，办法是有的。"

　　"卡特政府时期，我们曾经多次就《与台湾关系法》提出交涉和抗议。但实际上，你们不仅执行了这个法律，而且还超出了这个法律的范围，其中主要是台湾问题和售台武器问题。"邓小平继续说道。

　　接着邓小平回顾了 1980 年 8 月和布什会谈的情况：

　　上次我和副总统谈到美国对中国的一些错误看法和错误观点。美国有些人认为，中国无足轻重，认为中国有求于美国，美国无求于中国；认为只要美国摆一个对苏联强硬的架势，把对苏联强硬作为自己的战略，那么美国无论怎样处理台湾问题，中国都会吞下去。

　　说到这里，布什马上插话："我可以告诉你，这不是美国本届总统的观点，确实不是。"

邓小平说："我坦率地告诉你，以后我们很注意美国政府的言论和行动。我们确实希望与美国交朋友，但必须是真正的朋友。里根总统在竞选中讲了那么多话，所以，1980年8月我们的谈话是并不愉快的。"

"确实不愉快，但是，我们能够理解。"布什点头。

"当然那时那些话并不是对着你说的。"邓小平马上补充道。

听到这里，布什脸上的表情似乎自然了许多。

布什说：里根总统过去发表过很多对中国不那么友好的言论，但必须看到现在他对中美关系的重要性有了更好的了解，已经看得更清楚了，他现在执行的是一个中国的政策。他向台湾出售的武器比历届总统少，连卡特、蒙代尔等民主党人也向中方表示，没有哪一个美国总统能提出一个停止售台武器的日期。本届政府希望解决售台武器问题，希望中美关系继续下去，尽力找出解决办法。

"我们重视行动。美领导人要承诺：在一定时期内逐步减少，直至完全终止向台湾出售武器，至于承诺的方式可以商量，公报的措辞可以研究，我们一定要达成谅解或协议。"邓小平语气中略带几分强硬。

邓小平和布什的这次会谈，促使了中美谈判取得进展。中美双方于1982年8月15日达成协议，8月17日发表了《中华人民共和国和美利坚合众国联合公报》（以下简称"8·17"公报）。在这一公报中，双方重申了中美建交公报中确认的各项原则，美国再次声明它无意侵犯中国主权和领土完整，无意干涉中国内政，也无意执行"两个中国"或"一中一台"的政策。

在"8·17"公报中，美国承诺：它向台湾出售的武器，在性能和数量上将不超过中美建交后近几年供应的水平，它还准备逐步减少对台湾的武器销售，经过一段时间导致这一问题的最后解决，美国还表示承认中国关于彻底解决这一问题的立场。

"8·17"公报使中美双方在解决建交时遗留下来的美国售台武器问题方面，迈出了重要的一步。

1985年10月15日，邓小平在人民大会堂会见了来访的美国副总统布什。这是布什自1975年离开北京后的第四次访华。

"印象如何？"邓小平问起了布什再次来京的印象。

布什说："北京在交通、新建筑等方面有了不少的变化。"

接着邓小平饶有兴致地向布什介绍说，主要的变化还要再过三年，城市经济体制改革进行了一年多，再过三四年可以见效。城市改革比农村改革复杂得多，在某种意义上讲是一场革命。改革的成功将为中国不仅在本世纪而且在下一世纪实现长期、稳定、持续、均衡的发展创造条件。

"假如改革成功，三年后看到的明显变化是什么？"布什问道。

邓小平说：改革是一种试验，因为太复杂，也缺乏经验，只能走一步摸索一步，总结一步的经验。对这样的新事物，人们有某种担心或怀疑是可以理解的，改革成功的事实可以消除这种担心和怀疑。

布什又问道："你对农村改革是否满意？"

邓小平说：农村改革是成功的。中共十一届三中全会决定改革首先从农村开始，因为中国的特点是农村人口占全国人口的80%。中国是否稳定，首先要看农村是否稳定。那时人们议论纷纷，对于搞责任制来调动农民的积极性，有的人非常担心，改革的第一年差不多有半数的省市没有行动，等到第二年就跟上了。邓小平欢迎布什过一段时间再来中国走一走，访问、旅游都可以，希望他成为中国发展过程的见证人。

谈到对中美关系的看法，邓小平认为，总的来说是正常的。真正影响中美关系的还是台湾问题，这个问题如得不到解决，我们两家不知在一种什么情况下又会发生冲突。邓小平还谈到要增加中美贸易。布什表示美愿在华投资，但呼吁中方在投资保护协定的谈判中能表现出灵活性，以使双方早日签订协定，促进美商来中国做生意、投资，使外资得到更多的保障和更开放的市场。

1989年2月26日，布什又一次对中国进行访问。

这时距他当选美国总统后的时间并不长。

他是对中国进行为期三天的工作访问的。

邓小平会见了他。

一见面，两人就谈到了各自的养身之法。

"我每天都骑自行车锻炼。"布什说。

"我的运动是打桥牌。"邓小平说。

"你桥牌打得很好，比我好多了。"布什说道。

邓小平回答说："我们还没有当过对手，不过即使我们在桥牌桌上是对手，也是友好的。"

"我很久以前放弃了打桥牌。桥牌太难，太复杂，你是专家。"布什说。

邓小平说："现在你当了总统，要打牌更困难了，我知道美国总统不好当，恐怕是全世界最忙的'冠军'了。"

邓小平高度评价了布什总统对中美关系所作的贡献，说："你在北京任联络处主任期间就为推动中美关系的发展起了作用，后来你又四次访华，其中包括任副总统期间的两次访华，每次都为中美关系的发展带来了好消息。这次你在繁忙工作中抽出时间来到北京，本身就体现了中美关系的新发展。"

布什说："中美双边关系的发展有很大潜力，美国国内对美中关系的支持比以往任何时候都强烈。正因为美中关系已具有其自身的价值，我们才能再来讨论世界各国所面临的挑战，我们有分歧，都是些小问题，可以进行讨论。但分歧点远远少于共同点。我向你保证，在我四年任期结束时，美中关系一定比现在更牢固、更好。"

接着，邓小平详细地谈及中苏关系的历史，他说："我讲这段历史，主要是让你了解中国政策的决策背景。"

在谈到中国面临的问题时，邓小平说："中国压倒一切的需要是稳定。没有稳定的环境，什么都吹了，已经取得的成果也会失掉。"

这时已到了吃午饭的时间，邓小平建议一边吃饭一边交谈。布什欣然同意。

邓小平继续谈道："中国人民是支持改革政策的，绝大多数学生是支持稳定的。""中国正处在特别需要集中注意力发展经济的进程中。如果追求形式上的民主，结果是既实现不了民主，经济也得不到发展，只会出现国家混乱、人心涣散的局面。""中国人多，如果今天这个示威，明天那个示威，365 天，天天会有示威游行，那么就根本谈不上搞经济建设了。我们是要发展社会主义民主，但匆匆忙忙地搞不行，搞西方那一套更不行……民主是我们的目标，但国家必须保持稳定。"

1989 年春夏之交，中国发生了一场政治风波，以美国为首的西方国家，对中国横加指责，并制裁中国，中美关系陷入困境。邓小平请来访的美国朋友告诉布什总统，结束中美关系的严峻局面，美国应该采取主动。中华人民共和国绝不会容许任何国家来干涉自己的内政。中国人民永远不会在压力下屈服。

1989 年 12 月 10 日，美国总统布什派特使、总统国家安全事务助理斯考克罗夫特来中国访问。

邓小平在会见他时说，我已经退休了，本来这样的事情不是我分内的事，但是我的朋友布什总统的特使来，我不见也不太合情理了。

邓小平强调指出：中国威胁不了美国，我们没有做一件伤害美国的事。两国相处要彼此尊重对方。恢复中美关系要双方努力，不要拖久了，拖久了对双方都不利。

最后，邓小平请特使转告布什总统：在东方的中国有一位退休老人，关心着中美关系的改善和发展。

"我只是一个普普通通的人"——与华莱士

9月的北京，秋高气爽。

1986年9月2日更是一个晴天。

邓小平在中南海紫光阁接受美国哥伦比亚广播公司《六十分钟》节目记者迈克·华莱士的电视采访。

这是邓小平第一次接受一对一的电视采访。

这也是继1980年他通过意大利著名女记者法拉奇的"考试"后又一次对自己智慧和精力的严格的考试。

这时邓小平已满八十二岁了。

和法拉奇一样，华莱士也不失为世界一流的新闻记者。他出生于波士顿一个俄国犹太移民家庭，从大学二年级就开始从事新闻事业，曾先后在美国密歇根大学广播中心和底特律广播电台就职。1968年，他担任哥伦比亚广播公司《六十分钟》节目记者，在美国家喻户晓。

他的名气不仅仅因为他主持节目，还因为他有辉煌的采访业绩。他曾采访过"水门事件"、越南战争和中东战争。单独采访过的国际风云人物就有10多个：约翰逊、尼克松、里根、霍梅尼、萨达特、贝京、巴列维国王……

现在，他把镜头又对准了中国的邓小平。

这不仅因为邓小平有着传奇般的政治生涯，而且因为他是推进中国现阶段改革的主要人物，由他倡导、推行的改革开放政策在短短的几年中取得了巨大的成就，引起了世界的瞩目。1986年美国《时代》周刊第一次选举邓小平为1985年风云人物，这是继1979年后，邓小平再度成为《时代》周刊的封面人物。

邓小平是许多中外记者渴望采访的对象。

这一次，邓小平之所以接受美国记者华莱士的采访要求，用他自己的话说，是想借这个机会同美国人民见见面，使美国人民更好地了解他、了解中国。

为了这次采访，华莱士在事前做了大量的准备。他仔细阅读了几乎所有能够找到的有关邓小平的文字材料，其中邓小平的女儿邓榕写的《在江西的日子里》，描写了邓小平一家在"文化大革命"中的遭遇，给他留下了深刻的印象。他请中央新闻纪录电影制片厂和中央电视台提供了一些有关邓小平的革命经历和工作、生活方面的影视资料。他还根据电视特点，要求中国方面把采访地点定在中南海，而不是邓小平通常会见外宾的人民大会堂。因为中南海无论在国外还是中国国内都具有一种神秘的色彩，可以增加收视率。观众一方面可以欣赏到富于中国传统的古典建筑，另一方面可以借此机会一睹红墙内中国领导人日常办公的所在地。

这天上午 10 时许，邓小平身着一套新制的黑色中山服，脚穿一双锃亮的黑皮鞋，迈着非常稳健的步伐来到了位于中南海岸边的紫光阁。

邓小平的精神特别好。

早早在此等候的华莱士迎上前去，邓小平同他握了握手。

华莱士高兴地说："我把今天同你的交谈看成是一次非常难得的机会。因为像你这样的人物，我们记者不太容易得到专访的机会。"

要求邓小平接见的新闻记者确实很多，能够得到专访机会的则是凤毛麟角。

邓小平笑着说："我只是一个普普通通的人。"

他总是把自己归入普通人的行列，这恰恰是他的伟大之处。

宾主坐下后，邓小平习惯地从一包熊猫牌香烟中抽出一支，面对华莱士说："我抽烟可以吧？"

"可以，能给我一支吗？"华莱士伸出了手。

邓小平随手递给他一支，微笑着说："我这个是他们为了对付我，特殊制造的，过滤嘴这么长。"

华莱士接过烟看了看，惊奇地说："啊，过滤嘴比香烟还长。"

这不太像是采访，倒像是聊天。

华莱士说："我希望我们在一起的一个小时对您是有趣的。"

"我这个人讲话比较随便。因为我讲的都是我愿意说的，也都是真实的。我在我们国内提倡少讲空话。"邓小平回答道。

"你有没有接受过一对一的电视采访？"华莱士又问。

邓小平说："电视记者还没有，与外国记者谈得比较长的是意大利的法拉奇。"

华莱士马上说："我读了那篇谈话，感到非常有趣。法拉奇问了你不少很难答的问题。"

邓小平略微停了一下说："她考了我。我不知道她给我打了多少分。她是一个很不容易对付的人。基辛格告诉我，他被她毁了一顿。"

华莱士表示："是的。我采访过法拉奇，但我也问了一些她很难答的问题。"这话颇有同行相轻的味道。

采访正式开始，华莱士首先问道：戈尔巴乔夫最近在海参崴对您、对中国发表了讲话。您对戈尔巴乔夫最近在海参崴的讲话有何看法？

这是指1986年7月28日戈尔巴乔夫在苏联远东大城市符拉迪沃斯托克（海参崴），就苏联的亚洲政策和中苏关系发表的讲话。关于中苏关系，戈尔巴乔夫表示，苏联准备在任何时候、任何级别上同中国最认真地讨论关于创造睦邻气氛的补充措施问题，希望在不久的将来苏中边界能成为和平与友好的地区；苏联愿以黑龙江主航道为界划分中苏边界的正式走向；苏联正同蒙古领导人一起研究关于相当大一部分苏军撤出蒙古的问题；1989年年底以前苏联将从阿富汗撤回6个团；理解和尊重中国的现代化目标。

华莱士提出这一问题，是希望邓小平代表中国作出正式答复。

邓小平说："戈尔巴乔夫在海参崴的讲话有点新东西，所以我们对他的新的带积极性的东西表示了谨慎的欢迎。但戈尔巴乔夫讲话也表明，他的步子迈得并不大。在戈尔巴乔夫发表讲话后不久，苏联外交部官员也讲了一篇话，调子同戈尔巴乔夫的不一样。这就说明，苏联对中国的政策究竟怎么样，我们还要观察。"

华莱士："您以前有没有见过戈尔巴乔夫？"

"没有。"

"您是否想见见他？因为他说过，他愿意同你们在任何时候、任何级别上谈任何问题。您愿意同他进行最高级会晤吗？"

"如果戈尔巴乔夫在消除中苏间三大障碍，特别是在促使越南停止侵略柬埔寨和从柬埔寨撤军问题上走出扎扎实实的一步，我本人愿意跟他见面。"

这时，华莱士突然转开话题，问道："越南人今天发表讲话，表示愿意和中国谈判,以便结束中越之间的困难局面。"

这可急坏了在电视监视器前"督战"的节目制作人。他认为华莱士应该接过邓小平的话追问对方准备怎么与戈尔巴乔夫见面、在什么地方见面。但事已至此,只好任其继续。

邓小平说:"越南这种表示至少有一百次了。我们也明确告诉他们,前提是越南从柬埔寨撤出全部军队。柬埔寨问题由柬埔寨四方商量解决。"

华莱士说:"所以,就邓小平和戈尔巴乔夫举行最高级会晤来说,球在戈尔巴乔夫一边。"

邓小平说:"要越南从柬埔寨全部撤军。对这个问题,苏联是能够有所作为的。因为如果苏联不帮助越南,越南一天仗都打不了。戈尔巴乔夫在海参崴讲话一直回避这个问题。所以我说,苏联在消除中苏关系三大障碍上迈的步子并不大。"

华莱士又问道:"看来,中国同资本主义的美国的关系比同苏联共产党人的关系更好一些,这是为什么?"

邓小平回答得很直率:"中国观察国家关系问题不是看社会制度。中美关系是看中国和美国关系的具体情况来决定。中苏关系是看中国和苏联关系的具体情况来决定。"

这时正好摄像机内的第一盘录像带用完了,在停机换带的间歇,节目制作人迫不及待地对华莱士说了他的主意。

换好录像带,采访继续。华莱士立即补充问道:"邓主任,刚才我的节目制作人要我再问一下,邓主任是否愿意会见戈尔巴乔夫?"

这就引出了邓小平在这次采访中最精彩,后来被新闻界评述最多的一段谈话:

> 我刚才说了,如果苏联能够帮助越南从柬埔寨撤军,这就消除了中苏关系的主要障碍。越南在柬埔寨驻军也是中苏关系实际上处于热点的问题。只要这个问题消除了,我愿意跟戈尔巴乔夫见面。我可以告诉你,我现在年龄不小了,过了82了。我早已经完成了出国访问的历史任务,我是决心不出国的了。但如果消除了这个障碍,我愿意破例地到苏联任何地方同戈尔巴乔夫见面。我相信这样的见面对改善中苏关系,实现中苏国家关系正常化很有意义。

邓小平的这番话,真诚而又抓住了要害。

法新社是这样评说的:"戈尔巴乔夫通过在符拉迪沃斯托克(海参崴)发表讲话取得了重要的几分,但是,八十多岁的邓小平的这次讲话却已把球挡了回去。"

这时,华莱士又把话题转到中美关系上。

"里根总统和夫人对我的节目很有兴趣,差不多每个星期天都看这个节目,在我的采访节目播出时,他们一定会观看。不知你有什么话对里根总统说。"

邓小平说:"在里根总统和夫人访问中国时,我们认识了。我们相互间的谈话是融洽的和坦率的。我愿意通过你们的电视台,转达我对里根总统和夫人的良好祝愿。我希望在里根总统执政期间,中美关系能有进一步的发展。"

华莱士接过邓小平最后一句话追问道:"目前中美双方是否存在大的分歧问题?"

"有。如果说中苏关系有三大障碍,中美关系也有过障碍,就是台湾问题,就是中国的海峡两岸统一的问题。美国有一种议论说,对中国的统一问题,即台湾问题,美国采取'不介入'的态度。这个话不真实。因为美国历来是介入的。"

邓小平列举了在 20 世纪 50 年代,麦克阿瑟、杜勒斯等人就把台湾看作美国在亚洲和太平洋的"永不沉没的航空母舰",所以台湾问题一直是中美建交谈判中最重要的问题。邓小平认为,美国在处理美台关系这个问题上应该采取明智的态度。

"什么态度?"

"很遗憾地说,在卡特执政的后期,美国国会通过了《与台湾关系法》,这就变成了中美关系的一个很大的障碍。刚才我说,希望里根总统执政期间,能够使中美关系得到进一步发展,其中就包括美国在中国统一问题上能有所作为。我相信,美国特别是里根总统,在这个问题上是能有所作为的。"

"他们在这个问题上能有哪些作为呢?"华莱士继续问道。

邓小平答道:"可以鼓励、劝说台湾首先跟我们搞'三通'——通商、通航、通邮。通过这种接触,能增进海峡两岸的相互了解,为双方进一步商谈统一问题创造条件。"

谈到统一问题,华莱士问道:"台湾有什么必要同大陆统一?"

邓小平深深地吸了一口烟，然后回答道："这首先是个民族问题，民族的感情问题。凡是中华民族子孙，都希望中国能统一，分裂状况是违背民族意志的。其次，只要台湾不同大陆统一，台湾作为中国领土的地位是没有保障的，不知道哪一天又被别人拿去了。第三点理由是，我们采取'一国两制'的方式解决统一问题。大陆搞社会主义，台湾搞它的资本主义。这对台湾的社会制度和生活方式不会改变，台湾人民没有损失。"

邓小平还对大陆和台湾的发展程度作了客观的比较，分析了各自的优势和劣势，提出："就整体力量来说，现在大陆比台湾强得多。""所以单就台湾国民平均收入比大陆现在高一些这一点来比较，是不全面的。"

接着，华莱士又问到中国的国内政策，搞现代化需要外国投资问题。他谈到西方资本主义国家很多人对现在中国领导提出的"致富光荣"的口号感到很意外，问："这个口号同共产主义有什么关系？"

邓小平详细地回答了对这个问题的看法："我们经历了'文化大革命'。关于共产主义，'文化大革命'中有一种观点，宁要穷的共产主义，不要富的资本主义。我在 1974 年、1975 年重新回到中央工作时就批驳了这种观点。正因为这样，当然还有其他原因，我又被打下去了。当时我告诉他们没有穷的共产主义，按照马克思主义观点，共产主义社会是物质极大丰富的社会。因为物质极大丰富，才能实现各尽所能、按需分配的共产主义原则。社会主义是共产主义第一阶段，当然这是一个很长很长的历史阶段。社会主义时期的主要任务是发展生产力，使社会物质财富不断增长，人民生活一天天好起来，为进入共产主义创造物质条件。不能有穷的共产主义，同样也不能有穷的社会主义。"

经历中国"文化大革命"的人都不会忘记，当时"四人帮"等人煽动批判"唯生产力论"，就是针对邓小平搞整顿、恢复生产这一做法的。

邓小平继续说："致富不是罪过。但我们讲的致富不是你们讲的致富。社会主义财富属于人民，社会主义的致富是全民共同致富。社会主义原则，第一是发展生产，第二是共同致富。我们允许一部分人先好起来，一部分地区先好起来，目的是更快地实现共同富裕。正因为如此，所以我们的政策是不使社会导致两极分化，就是说，不会导致富的越富，贫的越贫。坦率地说，我们不会容许产生新的资产阶级。"

谈到"文化大革命"，华莱士马上把话题集中到邓小平个人以及家庭的遭遇上。

邓小平说："那件事，看起来是坏事，但归根到底也是好事，促使人们思考，促使人们认识我们的弊端在哪里。毛主席经常讲要把坏事转化为好事。善于总结'文化大革命'的经验，提出一些改革措施，从政治上、经济上改变我们的面貌，这样坏事就变成了好事。为什么我们能在 20 世纪 70 年代末和 80 年代提出了现行的一系列政策，就是总结了'文化大革命'的经验和教训。"

华莱士又问邓小平："到现在为止，还没有看到在中国的任何公众场合挂您的照片，这是为什么？"他总是想从邓小平谈个人问题上得到点什么。

"我们不提倡这个，"邓小平说，"个人是集体的一分子。任何事情都不是一个人做得出来的。所以就我个人来说，我从来不赞成给我写传。我这个人，多年来做了不少好事，但也做了一些错事。'文化大革命'前，我们也有一些过失，比如'大跃进'这个事情，当然我不是主要的提倡者，但我没有反对过，说明我在这个错误中有份。如果要写传，应该写自己办的好事，也应该写自己办的不好的事，甚至是错事。"

邓小平从来都是把个人置身于集体之中，也从不诿过于人。他不止一次提到"大跃进"的错误他也有份的问题。

当华莱士提到人们担心害怕邓小平以后的情况会怎样，是否会回到以前的状况时，邓小平把手一挥，坚定地表示："肯定不会。因为确定现行政策会不会发生变化的主要依据是，现行政策对不对，对国家来说对不对，对人民来说对不对，人民的日子是不是逐步好过一些。"他总是把现行政策同国家的利益、人民的利益联系在一起考虑，"如果人民认为现行政策是正确的，谁要改变现行政策，谁就要被打倒。"

采访到这里已经过了一个小时了，可是华莱士的提问单上还有好些问题没有来得及问，他请求邓小平将原定的一个小时采访时间延长 20 分钟，哪怕是 10 分钟。邓小平爽快地答应了，并笑着说："我又犯了一个错误，违反了只谈一个小时的协议。"

幽默的话语，把华莱士也逗乐了。

华莱士又问了两个问题。

邓小平一一作了回答。

在谈到邓小平退休问题时，邓小平坦率地说："我提倡废除终身制，而且提倡建立退休制度。你也知道，我同意大利记者法拉奇谈话时说，我干到

1985年就行了，现在超过一年了。我正在考虑什么时候退休。就我个人来说，我是希望早退休。但这个问题比较困难，在党内和人民当中很难说服。我相信，在我有生之年退休，对现行政策能继续下去比较有利，也符合我个人向来的信念。但这件事还要做更多的说服工作。最终我是一个共产党员，要服从党的决定。我是一个中华人民共和国的公民，要服从人民的意愿。我还是希望能够说服人民。"

邓小平最后向华莱士说的就是："我正在说服人们，我明年在党的十三大时就退下来。但到今天为止，遇到的是一片反对声。"

采访结束了，邓小平和华莱士一同走出紫光阁。一边走，华莱士一边问道："邓主任，你每天工作多少时间？"

"每天工作两个小时。"邓小平说。

"那你其他时间干什么呢？"

"与孙儿们玩玩，也看些书。"

"你有几个孙儿？"

"有四个。最小的才一岁零一个月。"

……

当天晚上，中国方面在新闻节目中称："中共中央顾问委员会主任邓小平今天上午在中南海接受了美国哥伦比亚广播公司《六十分钟》节目记者迈克·华莱士的电视采访。邓小平回答了华莱士提出的有关中国经济改革、中国的统一、中美关系、中苏关系等方面的问题。"

第二天，《人民日报》在第一版刊登了这一消息，并配上了一幅邓小平接受采访的照片。

邓小平接受采访的这一天是星期二，华莱士主持的《六十分钟》节目固定在星期天晚上播出。这期间，中国方面和美国方面都没有透露任何采访内容和细节。

世界各国的新闻记者都纷纷打探，但一无所获。这就使得采访更增添了一分神秘的色彩。

9月7日晚，哥伦比亚广播公司在电视台播放了邓小平接受采访的全过程。许多电视台纷纷要求购买播放权。

中国方面也于9月8日和9月15日分两次在《人民日报》上刊登了邓小平谈话的详细内容。

邓小平的谈话轰动了世界。

"我们要把好的时期记住，坏的时期忘掉"——与胡萨克

1988 年 9 月 5 日，邓小平在人民大会堂福建厅会见了来访的捷克斯洛伐克总统古·胡萨克。

胡萨克，1913 年 1 月生于捷克斯洛伐克布拉迪斯拉发近郊的工人家庭。他 1933 年参加捷克共产党，曾就读于考门斯基大学法律系，获法学博士学位，后从事律师工作，1939 年起专门从事党的秘密工作，1944 年当选为斯洛伐克共产党地下中央委员会委员，组织并参加了 1944 年的斯洛伐克民族起义。此后，他历任斯共中央委员、主席团委员、副主席，斯洛伐克行政委员会主席。1968 年后任斯共中央书记处书记和中央第一书记、捷共中央委员、中央主席团委员，1969 年起任捷共中央第一书记兼国防委员会主席、捷共中央总书记，1975 年起任捷克斯洛伐克共和国总统兼武装力量总司令。

上午 10 时，当胡萨克来到人民大会堂时，邓小平健步上前，同胡萨克热烈拥抱，互致问候。根据礼宾安排，邓小平只和陪同胡萨克总统来访的正式成员握手，但是，今天邓小平兴致特别高，主动走到随行的工作人员面前，跟他们也一一握手。

随后，邓小平回到胡萨克身旁。他们满面笑容地站在一大群摄影记者前，让他们有充分的时间拍下彼此愉快见面的镜头。

"现在你们都满意了吧。"邓小平诙谐地跟记者们说着，同时向他们挥挥手，然后同胡萨克一起走进会见大厅。

宾主刚坐定，邓小平说："胡萨克同志，我们是第一次见面，你也是第一次访华，但我们彼此都知道。"

胡萨克紧接着说："我知道你的名字已经有五十年了。"

"我们有着共同的身份——国际共产主义运动战士。老战士见面总是愉快的。"邓小平说。

胡萨克说："我们经历过好的时期，也经历过坏的时期，既有好事，也有坏事。"

邓小平马上插话说："我们要把好的时期记住，坏的时期忘掉，这样才

能成为乐观主义者。"

一边说着，邓小平一边掏出熊猫牌香烟，问道："抽烟吗？"

胡萨克说："因为高兴，你抽烟我也抽一支，不过我的烟是帝国主义国家生产的。"

说着，胡萨克主动上前给邓小平点烟。

……

20世纪50年代后期到60年代初期，国际共产主义运动内部发生了严重的分歧，在那种极不正常的情况下，随着中苏关系的恶化，中国和捷克斯洛伐克的关系也从十分友好变为恶化。但是，到了20世纪70年代初，中捷两国经过共同努力，彼此间的关系有了一定程度的改善。胡萨克总统和什特劳加尔总理都曾先后表示愿意逐步使中捷关系得到恢复和发展。1972年他们参观了中国在捷克举行的博览会，1973年中捷恢复互派记者和进行科技合作。进入20世纪80年代，两国关系的恢复和发展的步伐迈得更快了一点。1981年9月，什特劳加尔总理在给中国国庆的贺电中首先恢复使用了"祝中国人民在社会主义建设中取得成就"这一友好提法。从1983年起，中捷双方高级官员的接触越来越多，级别也不断提高。两国在经济、科技、贸易等方面的合作也有显著发展，商定了一系列经济合作项目，并签订了经济技术合作协定，达成成立双边"经济、贸易、科技合作委员会"的协议，还签订了1986—1990年长期贸易协定。

1987年4月，捷共中央主席团委员、政府总理什特劳加尔访问中国。

邓小平在人民大会堂会见了他。

邓小平说：近几年我们之间的乌云都散了，关系发展得不错。过去我们在相当一个时候对东欧各国、各党所处的特殊环境理解不够。

邓小平谈道：搞社会主义必须根据本国实际，不能照搬别的模式。"过去我们固守成规，关起门来搞建设，搞了好多年，导致的结果不好。""搞社会主义，一定要使生产力发达，贫穷不是社会主义。我们坚持社会主义，要建设比资本主义具有优越性的社会主义，首先必须摆脱贫穷。现在虽说我们也在搞社会主义，但事实上不够格。只有到了下世纪中叶，达到了中等发达国家的水平，才能说真的搞了社会主义，才能理直气壮地说社会主义优于资本主义。现在我们正在向这个路上走。"

在这次会见中，邓小平还询问了胡萨克总统的情况并要什特劳加尔转达自己对胡萨克总统的问候。

1988年5月，捷共中央总书记雅克什来访。邓小平在会见他时说："社会主义的根本任务是发展生产力，逐步摆脱贫穷，使国家富裕起来，使人民生活得到改善。……社会主义的特点不是穷，而是富，但这种富是人民共同富裕。要发展生产力，就要实行改革和开放的政策，不改革不行，不开放不行。……改革开放必须从各国自己的条件出发，每个国家的基础不同，历史不同，所处的环境不同，左邻右舍不同，还有其他许多不同。别人的经验可以参考，但是不能照搬。过去我们中国照搬别人的，吃了很大苦头。中国只能搞中国的社会主义。"

什特劳加尔和雅克什的先后访华，使中捷两国和两党关系走向了正常化。

胡萨克总统的这次来访，更加深了两国关系的友好发展。

邓小平说："自我们两党、两国关系恢复以来，两党、两国领导人访问频繁，什特劳加尔总理、雅克什总书记来过，现在你也来了。我们主要领导同志都见面了。"

胡萨克对此表示感谢。

接着，两位老一代革命家像拉家常似的开始了交谈。

邓小平向胡萨克说起了他个人"三下三上"的历史。

他说："我参加共产党几十年了，如果从1922年算起，我在共产主义旗帜下已经工作了六十多年。这期间做了不少好事，也做了一些错事。人们都知道我曾经'三下三上'。坦率地说，'下'并不是由于做了错事，而是由于办了好事却被误认为错事。从1954年起，我就担任党中央秘书长、军委副主席和国务院副总理，从1956年起担任党的总书记，是在领导核心之中。那以后直到'文化大革命'以前我们党犯的'左'的错误，我也有份，不能把错误的责任完全推到毛泽东同志身上。"

邓小平一直是这样看待过去的错误，他多次和外国客人谈到这个问题。

邓小平接着说："我们党总结历史经验不能丢掉毛泽东，否定毛泽东就是否定中国革命大部分的历史。你看过我们党十一届六中全会作的《关于建国以来党的若干历史问题的决议》没有？这个决议就是根据我刚才说的立场与观点总结我们党的历史的。如何评价党的历史这个问题，我们有，你们也有。每个党、每个国家都有自己的历史，只有采取客观的实事求是的态度来分析和总结，才有好处。"

胡萨克听后表示赞同。他说："很高兴听你说对历史问题要作客观评价，可惜有不少党犯了错误而不承认。尽管你自己吃了不少苦头，但能高屋建瓴看问题。"

这时，邓小平又抽出一支烟，胡萨克再次为邓小平点烟，并说：至少我也能为你效点劳，以表示我对你的极大敬佩。

邓小平又说："总结历史，不要着眼于个人功过，而是为了开辟未来。过去的成功是我们的财富，过去的错误也是我们的财富。我们根本否定'文化大革命'，但应该说'文化大革命'也有一'功'，它提供了反面教训。没有'文化大革命'的教训，就不可能制定中共十一届三中全会以来的思想、政治、组织路线和一系列政策。三中全会确定将工作重点由以阶级斗争为纲转到以发展生产力、建设四个现代化为中心，受到了全党和全国人民的拥护。为什么呢？就是因为有'文化大革命'作比较，'文化大革命'变成了我们的财富。"

胡萨克说："这是反面财富。"

当胡萨克称赞邓小平是以中国改革的伟大的总设计师而闻名于世界时，邓小平说："其实很多事是别人发明的，群众发明的，我只不过把它们概括起来，提出了方针政策。可是国际、国内把这些都算到我头上，过分了。"

邓小平说："我有一个观点，如果一个党、一个国家把希望寄托在一两个人的威望上，并不很健康。那样，只要这个人一有变动，就会出现不稳定。中共十一届三中全会以后，大家希望我当总书记、国家主席，我都拒绝了。在党的十三大上，我和一些老同志退出了领导核心。这表明，中国的未来要靠新的领导集体。近十年来的成功也是集体搞成的。我个人做了一点事，但不能说都是我发明的。"

胡萨克说：集体是集体，但总得有人指出主要方向。他向邓小平介绍说，《真理报》上发表了一篇高度赞扬邓小平的文章。

邓小平说："很多外国记者要来采访我，搞我的什么传，我都婉拒了。我认为，过分夸大个人作用是不对的。人总是要死的。哪一天我不在了，好像中国就丢了灵魂。这种看法不好。"

胡萨克提到前不久雅克什对邓小平说的一句话："现在中国和世界都还需要你，还有很多工作需要你做。"

邓小平说："我在有生之年还可以做一些事，但希望自己从政治舞台上慢慢地消失。我的最大愿望是活到 1997 年，因为那时将收回香港，我还想去那里看看。我也想去台湾看看，不过看来 1997 年以前解决这个问题不容易。"

会见结束后，邓小平设午宴招待胡萨克总统和随同来访的贵宾。

席间，两位老战士又亲切交谈。邓小平提出了一个重要的观点——这个观点在中国以至世界都产生了重大的反响。

邓小平说："世界在变化，我们的思想和行动也要随之而变。过去把自己封闭起来，自我孤立，这对社会主义有什么好处呢？历史在前进，我们却停滞不前，就落后了。马克思说过，科学技术是生产力，事实证明这话讲得很对。依我看，科学技术是第一生产力。我们的根本问题就是坚持社会主义的信念和原则，发展生产力，改善人民生活，为此就必须开放，否则，不可能很好地坚持社会主义。拿中国来说，20 世纪 50 年代在技术方面与日本差距也不是那么大。但是我们封闭了二十年，没有把国际市场竞争摆在议事日程上，而日本却在这期间变成了经济大国。"

一个星期后，邓小平在听取关于价格和工资改革初步方案汇报时又重申了这一观点。他说：从长远来看，要注意教育和科学技术。马克思讲过科学技术是生产力，这是非常正确的，现在看来这样说可能不够，恐怕是第一生产力。将来农业问题的出路，最终要由生物工程来解决，要靠尖端技术。对科学技术的重要性要充分认识。

"我们非常关注非洲的发展和繁荣"——与穆塞韦尼

1989 年 3 月 23 日上午 10 时 30 分，邓小平在人民大会堂福建厅会见了来自非洲的乌干达共和国总统约韦里·穆塞韦尼。

穆塞韦尼，1944 年生于乌干达姆巴拉拉地区，青年时期就读于麦克勒里大学和坦桑尼亚达累斯萨拉姆大学，获得政治经济学学士学位。1972 年他在坦桑尼亚组织乌干达全国救国阵线，主张建立一个类似社会主义的乌干达，1976 年后主要从事政治活动。1977 年乌干达民族运动建立后，他一度出任该组织驻莫桑比克的代表，1979 年 3 月当选为乌干达全国解放阵线军事委员会副主席，不久后担任全国解放阵线临时政府国防国务部长、国防部长。1980 年乌干达全国解放阵线军事委员会接管政权后，他与军委会主席穆万加一同主持内阁。乌干达爱国运动委员会成立后，他任临时主席，1986年1月就任总统。

一见面，邓小平就对客人们说："现在国家的日常事务我一般都不参加了，这次'人代会'也没参加，请假了。"

邓小平说的"人代会"是指此前不久召开的第八届全国人民代表大会第二次全体会议。作为全国人大代表的邓小平理应出席这次大会。但是，他告假了。

邓小平告诉客人，之所以这样，一方面是为了"保养身体，多活几年。更重要的是，我们这些老同志多年来有一个目标，就是从领导岗位上退下来，让别人工作"。他还向客人介绍："我们党的十三大选出了新的领导班子。一些老同志退出了政治局和政治局常委会，我是其中之一。"

接着，邓小平说："你们非洲朋友远道而来，我应该同你们见见面，表示欢迎。"

穆塞韦尼对此表示感谢，并说："老年人经验丰富，年轻人需要老一代人的指导。"

"年轻人精力充沛，知识比老人多，他们会搞得比我们好，我们有时作些提示。"邓小平又说。

"对于像我这样的年轻人，你有什么建议？"穆塞韦尼问道。

是的，只有四十五岁的穆塞韦尼，比邓小平小四十岁，在邓小平面前，他就是一个年轻人。

"你们搞得不错，你当总统后制定的政策是适当的。"邓小平对穆塞韦尼作了肯定的评价。

穆塞韦尼就任乌干达共和国总统后，根据本国的条件，制定了一些适合本国情况的政策，使乌干达的经济改变了过去的负增长，1988年国内生产总值增长了4.5%，取得了可喜的成绩。对于这一点，邓小平认为"做得比较好"。十年前，邓小平根据中国的国情，提出了改革开放的政策，改革开放给中国的大地注入了巨大的活力，带来了翻天覆地的变化。邓小平为中国找到了一条建设有中国特色社会主义的道路，这条道路也为第三世界发展中国家提供了经验。

邓小平说："中国过去在很长的时间里处于封闭状态，经济发展受到限制，直到1978年年底我们党的十一届三中全会，才把这个问题恰当地解决了。从那时到去年年底的十年里，中国有了可喜的成就，经济发展和人民的生活水平都上了一个台阶。……我们的国民生产总值翻了一番，这是不容易的，是由于我们坚持社会主义现代化建设的路线，坚持改革开放政策带来的。我们执行的路线、方针、政策是正确的。"

邓小平在介绍中国取得的成就时，也向客人们说：在发展过程中，我们也出现了新的失误。"我们现在的问题是通货膨胀，物价上涨得太快，给国家和人民都带来了困难。我们已经注意到这个问题，准备用两年或更多的时间来解决问题。"

邓小平认为：大错误没有犯，小错误没有断，因为我们没有经验，没有经验就要摔跟头，今后也难以避免。"我们的一条经验是，发展顺利时要看到出现的新问题，发展要适度，经济过热就容易出毛病。"

对于邓小平的经验之谈，穆塞韦尼表示十分赞同。

对于中国面临的问题，邓小平表示："我看我们中国还是有希望的，世界上许多国家的通货膨胀比我们厉害，只要全国人民思想统一，治理也不难。对到本世纪末达到国民生产总值翻两番的目标，我们是有信心的。"

邓小平的这种信心给穆塞韦尼留下的印象很深。

令穆塞韦尼难以忘记的还有，邓小平在谈到中国在发展过程中的失误时说："李鹏在这次向"人代会"作的政府工作报告中提出失误，外国议论说我们作了自我批评，我们老同志也有份。"

"老人中就有我。"邓小平坦诚地告诉穆塞韦尼。

这也正是邓小平的一贯风格。

过去在谈到毛泽东犯的错误时，邓小平就曾不止一次地表示：毛泽东犯的错误，我也有份。我当时是中共中央总书记。这一点国内外人士都表示十分钦佩。

谈到功绩时，邓小平又总把自己摆在另一个位置。他对穆塞韦尼说：我们确实做了一些工作，但中国革命的成功，主要归功于毛泽东同志。毛泽东同志晚年犯了错误，但领导中国革命胜利主要是他的功劳。当然，不是他一个人，还有别人的帮助，但他起了非常重要的作用。中国革命胜利的经验是把马克思列宁主义的普遍真理与中国革命的具体实践相结合，走苏联十月革命的道路，但不用十月革命的方法。

穆塞韦尼谈道，无论怎么说，像你这样的中国老一辈革命家作出了很大贡献。

"我作了点贡献，但功绩主要归功于人民。"邓小平说得还是那样平静。

谈到中国与非洲关系时，穆塞韦尼问邓小平："你以前访问过非洲吗？"

"没有，我只是在1920年坐船到法国时，经过非洲海岸。"邓小平回答。

"经过什么地方？"

"非洲之角，苏伊士运河，在吉布提停了一天。"

"你当时多大？"

"十六岁。"

对于途经非洲的详情，邓小平的女儿邓榕在《我的父亲邓小平》一书中曾援引当时和邓小平同行的冯学宗的回忆说："8日到奇布特，地属非洲，当红海之口，为法兰西属地。遍地沙漠，草木不生，人迹很少，热度达到极点。""10日入红海，空气是很干燥的，太阳是很厉害的，在这几天只见日光与海水相映，那海水的绿波，竟变为红波，红海之名，或者因是而得。""13日抵苏伊士运河口，停数小时，即启碇前进。傍晚进口，两岸林木，排列有序，灯光灼灼耀人，水声潺潺触目，流连启兴，几乎忘却睡乡。翌日，辰刻，凭栏眺望，此河之宽十余丈，可容两船并行。正在观察之时，不觉已到北口的波赛，我们不曾上岸，没有见着什么事物。午后5时入地中海。当我们出苏伊士运河的时候，岸上铜像直立，威威可畏，赫赫可敬，原来就是开凿运河的雷赛布。"

那时的邓小平万里求学不怕路远山高。非洲客人的提问，把邓小平的思绪又带到了七十年前。回忆过去，老人都是十分兴奋的，何况那时他只有十六岁呢。

话题又回到了眼前。

穆塞韦尼感谢中国对非洲解放斗争的支持。

邓小平说：主要靠你们自己的努力。"中国革命胜利后，一直奉行反对霸权主义、维护世界和平、支持一切被压迫民族独立和解放斗争的政策，这个任务还没有结束，可能至少还要进行一个世纪的斗争。反对霸权主义不是一件容易的事。1949年毛泽东主席宣布中国人民从此站起来了。中国取得了一个资格：人们不敢轻视我们。霸权主义和帝国主义总是欺侮包括非洲国家在内的发展中国家，经常干预这些国家为摆脱控制、发展经济、争取政治独立与自主所作的努力。他们对中国也是这样。"

说到这里，这位八十岁的老人显得十分气愤。他表示："中国是一个10亿人口的大国，中国人民已经站起来了，这些干涉对我们来说，没有什么了不起，我们可以置之不理，也可以提出抗议。我们还有一个台湾问题没有解决，仍然面临着完成国家统一的任务。"

完成这一任务一直是邓小平的一大心愿。从毛泽东开始为之奋斗，到邓小平提出"一国两制"，都是为了完成这一任务。邓小平曾经说：实现国家统一，是整个中华民族的愿望，一百年不统一，一千年也是要统一的。我们上了年纪的人，总希望早日能看到，如果说不急，那是假话。我们不做好这件事，后人写历史总要责备我们。

由这个问题邓小平联想到第三世界发展中国家维护独立、主权的任务还面临着严峻的局面。邓小平说："连中国这样一个发展中的大国，都还有维护主权、独立和领土完整的任务，可见第三世界发展中国家维护独立、主权的任务还面临着严峻的局面。因此，第三世界要联合起来，共同努力奋斗。"

邓小平还特别谈到，我们非常关注非洲的发展与繁荣。他说："二战"后，"许多非洲国家都独立了，这为发展获得了最好的条件。经过多年奋斗，现在国际形势趋向缓和，世界大战可以避免，非洲国家要利用这一有利的和平国际环境来发展自己。要根据本国的条件制定发展战略和政策，搞好民族团结……我很赞成你们在革命胜利后，不是一下子就搞社会主义。我和许多非洲朋友谈到不可急于搞社会主义，也不要搞封闭政策，那样搞不会获得发展。在这方面，你们做对了"。

穆塞韦尼说：谢谢你的赞扬，我们实行的是混合经济。

邓小平接着说：叫什么名字没有关系。总之，不要关起门来，我们最大的经验就是不脱离世界，否则就会信息不灵，睡大觉，而世界技术革命却在蓬勃发展。这是我们几十年来得出的最重要的经验教训，这个教训也是财富。

"你的建议很重要。"穆塞韦尼连连称是。

邓小平告诉客人："我们最近十年的发展是很好的。我们最大的失误是在教育方面，思想政治工作薄弱了，教育发展不够。我们经过冷静考虑，认为这方面的失误比通货膨胀等问题更大。最重要的一条是，在经济得到可喜发展、人民生活水平得到改善的情况下，没有告诉人民，包括共产党员在内，应该保持艰苦奋斗的传统。坚持这个传统，才能抗住腐败现象。所以要加强对人民进行思想政治工作，提倡艰苦奋斗，这是中国从几十年的建设中得出的经验。我们现在还不富裕，在财力上对你们帮助不大，但我们可以把我们的经验教训告诉朋友们，这也是一种帮助。"

穆塞韦尼最后说："乌干达气候很好，不那么热，希望你来乌干达访问。"

邓小平笑着说："我的出国任务在几年前就结束了。"

"我很高兴结交你这位年轻的朋友"——与拉吉夫·甘地

1988 年，邓小平热情接见了首次来华访问的一位年轻的印度总理——拉吉夫·甘地。这是中印外交史上具有划时代意义的大事，是两国关系史上的一个新开端。

拉吉夫·甘地是印度前总理英迪拉·甘地的长子，贾瓦哈拉尔·尼赫鲁的外孙，印度国大党（英迪拉·甘地派）主席，印度共和国著名的政治和国务活动家。1944 年 8 月 20 日，他出生于孟买，1948 年随其母从北方邦勃克瑙市迁往德里外祖父尼赫鲁的总理府，曾就读于英国剑桥大学和德里飞行学校。1968 年至 1980 年他在印度航空公司任民航驾驶员。1980 年 6 月，其弟桑贾伊因飞机失事身亡后，他便放弃了飞行生涯，开始步入政坛。1981 年他当选为印度国大党（英迪拉·甘地派）全国委员会书记之一。1984 年 10 月 31 日，英迪拉·甘地遇刺身亡后，他当选为印度总理和国大党（英迪拉·甘地派）主席，同时兼任科技部、原子能部、航天研究部和人事部部长。他是《德里无核武器和非暴力世界原则宣言》的作者之一，是提出和平倡议的六国集团领导人之一。

一位印度作家在他写的《拉吉夫·甘地——一个英勇的形象》一书的序言中这样描述道："……他具有科学气质，重视发展技术，勇于推行各项计划，以消除印度的贫困落后，所有这些优秀品德，使众人对他翘首以待，寄有厚望。"

拉吉夫·甘地的品德，也引起中国政府和人民的高度重视，并把改善中印两国之间关系的希望寄托在他的身上。

中国人民在真诚盼望这天的到来。

这天终于来到了。1988 年 12 月 19 日，拉吉夫·甘地来到了北京。

长安街上，悬挂起一面面印度共和国国旗和鲜艳夺目的彩旗，迎接远道而来的贵宾。

尽管隆冬时节的严寒笼罩了北京城，然而，凛冽的寒风并没有驱走人们的热情。成群的记者和欢迎的人们聚集在人民大会堂。

人民大会堂里华灯齐明，一条鲜红色的地毯从门口一直铺向中央大厅。

早已恭候的仪仗队和军乐团庄重地分立在两旁。

国务院总理李鹏、国务院副总理吴学谦、外交部长钱其琛等中国领导人陪同印度总理拉吉夫·甘地步入中央大厅。

10时整。李鹏主持欢迎印度贵宾的仪式，军乐团高奏中印两国国歌。

随即，在中国领导人的陪同下，拉吉夫·甘地一行踏着军乐团奏起的"迎宾曲"，检阅了仪仗队，一一走过欢迎的人们，并招手致意。

拉吉夫·甘地首次访华，立即引起中外记者和人们的注意，闪光灯不停地"嚓""嚓""嚓"闪亮。人们怀着喜悦的心情欢迎这位印度贵宾。整个欢迎会场气氛十分热烈。

然而，最值得拉吉夫·甘地回味的，还是他同邓小平的会见。

12月21日，印度年轻的总理会见了中国年迈的政治家——邓小平。

八十四岁的邓小平握着四十四岁的拉吉夫·甘地的手说："欢迎你，我年轻的朋友。"

拉吉夫·甘地高兴地向他致谢。

在拉吉夫·甘地看来，他同邓小平的友好会见标志着他的访问达到了高潮，这显然也是他期待的一种象征。

拉吉夫·甘地首次访华，不仅在中国，也在国际上引起了强烈的反响。

美联社记者曾做过这样的报道：新德里与北京麻烦的关系突然间似乎成了过去的事情。政治僵局已经打破。

历史翻开了新的一页，中印关系将出现新的变化，会谈一开始，邓小平就把两国之间的关系问题铺开。

邓小平对拉吉夫·甘地说："中印两国应恢复朋友之间的关系。你是我个人的朋友，也是我们国家的朋友和中国人民的朋友。"

拉吉夫·甘地点头道："我同意你的看法。"

邓小平曾同拉吉夫·甘地的外祖父和母亲见过面，因而向他说道："你的外祖父和母亲我都认识，只是没有谈过话。那是在1954年，你的外祖父尼赫鲁应邀来我国访问，当时我担任中国副总理。你母亲也陪同他来访问了。"

拉吉夫·甘地点头道："是这样的。"

邓小平深情地回忆道：那时我们两国的关系非常友好，只是后来出现了一些问题。我们应当恢复20世纪50年代初期的友好关系，完全忘掉过去不愉快的事情，并着眼于未来。

听了邓小平的这番话，拉吉夫·甘地也有同感，他说："20世纪50年代初期，中印两国关系确实很友好，但在这以后的一些年代里，两国关系遇到了一些困难。印度政府希望恢复20世纪50年代初期的两国友好关系。我们两国还有许多工作要做。"

为了改善中印两国的关系，邓小平为此曾做出了努力。1978年，他访问尼泊尔王国时，曾带口信给拉吉夫·甘地的母亲英迪拉·甘地夫人，表示中国政府希望改善同印度的关系。他说：我们两国没有理由不友好，没有理由不改善关系。

邓小平和拉吉夫·甘地所谈到的中印之间出现的一些问题，就是指有关边界上的问题。实际上，中印两国之间的问题并不是很大，既不存在中国对印度的威胁，也不存在印度对中国的威胁。对于中印之间存在的问题，邓小平早在1979年会见印度前外长时就讲过用"一揽子解决"的方法："你们让一点，我们让一点就解决了嘛。"

1982年10月，邓小平在会见印度社会科学理事会代表团时又谈到中印边界问题。他说："双方都应该做些事情来恢复50年代的友谊。只要双方采取合情合理的方式，边界问题我看是不难解决的。……只有采取'一揽子解决'的办法，才有可能各自说服自己的人民。我们和好多国家解决了边界问题，解决的办法无非是双方相互让步。"

对于邓小平所作出的努力，拉吉夫·甘地十分感动。他说道："应当感谢你。因为正是由于你采取了许多主动行动，才使我们成功地来华访问，也正是由于你带给我母亲的口信，才开始了进一步改善我们两国关系的进程。今天有机会能见到你，我感到很荣幸，很高兴。"

邓小平笑着说："我现在的年岁大了一点，但我很高兴结交你这位年轻的朋友。"

整个会谈，充满了诚挚和谐的气氛。

接着邓小平向拉吉夫·甘地阐述了对当前国际局势及建立国际政治、经济新秩序等问题的看法。他说："当前世界上主要有两个问题，一个是和平问题，一个是发展问题。和平是有希望的，发展问题还没有得到解决。人们都在讲南北问题很突出，我看这个问题就是发展问题。我曾多次对一些外国朋友讲，这个问题要从人类发展的高度来认识。现实情况是当今世界只有1/4的人口生活在发达国家，其他3/4的人口是生活在发展中国家，或者叫不发达国家。国际社会虽然提出要解决南北问题，但讲了多少年了，南北之间的差距不是在缩小，而是在扩大，而且是越来越大。"

邓小平又强调："应把发展问题提到全人类的高度来认识，要从这个高度去观察问题和解决问题。只有这样，才会明了发展问题既是发展中国家自己的责任，也是发达国家的责任。历史证明，越是富裕的国家越不慷慨，归根到底，我们要靠自己摆脱贫困，靠自己发展起来。"

说到这里，邓小平点燃了一支香烟，深深地吸了一口，然后抬起头，说道："我们欢迎发达国家同我们合作，也欢迎发展中国家相互之间的合作，这后一种合作是非常重要的。特别是人口众多的发展中国家要有自己的良好政策。中国执行改革开放政策，争取在五十到七十年时间内发展起来。中印两国如果发展起来了，那就可以说我们对人类作出了贡献。也正是在这个伟大的目标下，中国政府提出，所有发展中国家应该改善相互之间的关系，加强相互之间的合作。中印两国尤其应该这样做。"

他强调中印两国对人类有一个共同的责任，就是要利用现在有利的和平国际环境来发展自己。为什么这样说呢？因为中印两国共有18亿人口，占世界总人口的1/3以上。

对于近几年来国际上议论的"下个世纪是亚洲、太平洋世纪，好像这个世纪已经到来"的观点，邓小平持有不同的看法："亚太地区如果不算美国，就是日本、'四小龙'和澳大利亚、新西兰比较发达，人口顶多两亿，即使把苏联的远东地区、美国的西部地区和加拿大包括进去，人口也只有3亿左右，而我们两国人口加起来就有18亿，中印两国不发展起来就不是亚洲世纪。"

关于"亚洲、太平洋世纪"的说法，邓小平后来在1990年会见泰国正大集团董事长谢国民等人时又明确指出：所谓"亚洲、太平洋世纪"，没有中国的发展是形不成的，当然没有印度的发展也形不成。

的确，中国和印度有许多共同之处和需要解决的问题。两国同位于亚洲大陆，同属发展中国家和人口众多的两个国家。因而，两国面临着相同的任务，需要进行艰苦的努力才能改变现状。这就需要相互学习，加强合作，共同发展。

拉吉夫·甘地对邓小平的谈话十分满意，并深有感触地说：越来越感到我们两国在许多方面有着一致的看法。我们之间多年存在的分歧并没有减少我们之间的相互了解和对一些问题的共同看法。我完全同意你的谈话，中印两国是在反帝、反殖和反剥削的斗争中走到一起的。现在两国又都在经济领域中进行新的革命。同过去政治斗争一样，中国现又走在经济改革潮流的前列。中印两国可在更多的领域中相互学习，加强合作。

交谈中，邓小平还向拉吉夫·甘地阐明和解释了中国的对外政策，概括起来说，就是反对霸权主义，维护世界和平。邓小平说：我们同美国的关系虽已正常化，但台湾问题迄今没有真正得到解决，美国的一些人时而进行干预。台湾问题是中美关系中的最大障碍。在中美关系正常化的过程中，双方先后发表了三个公报，其内容就包括双方都不谋求霸权，不干涉别国内政。现在，我们仍坚持这一点。我们同苏联的关系，现正在加强联系，并已取得良好的进展。中苏之间主要是要消除三大障碍，才能完全恢复正常关系。这三大障碍都是苏联霸权主义的表现。戈尔巴乔夫执政以来，在这三个问题上都采取了一些实质性行动，所以我们加快了两国关系正常化的进程。

当今世界，充满了东西南北各种矛盾和冲突。国际争端时有发生，地区间、民族间、宗教间的争斗不断。面对这样一种错综复杂、新旧交织的国际关系，邓小平又谈到在当今世界的不断变化中，应用什么原则来指导新的国际关系这一尖锐的问题。他说："中印两国共同倡导的和平共处五项原则是最经得住考验的。……五项原则非常明确，干净利落，清清楚楚。"

"和平共处五项原则"即指互相尊重主权和领土完整、互不侵犯、互不干涉内政、平等互利、和平共处。它的倡导国就是中国和印度，创造者是周恩来总理和尼赫鲁总理。1953 年 12 月至 1954 年 4 月，中国政府代表团和印度政府代表团就两国在中国西藏地区的关系问题在北京举行谈判时，周恩来总理同印度政府代表团的谈话中提出了这一原则，1954 年 6 月，周恩来总理和印度尼赫鲁总理的联合声明以及此后的许多国际性文件都采用了和平共处五项原则的提法。后来五项原则作为国与国之间的关系准则，已在世界上得到广泛的承认和使用。

邓小平从缓和世界局势、促进人类进步和发展的角度出发，提出了许多以和平的方式稳定世界局势的新办法和新思路。这些新办法和新思路的核心就是以和平共处五项原则为基础处理国与国之间的关系，解决国际争端和建立国际政治、经济新秩序。在总结国际关系实践的基础上，邓小平强调指出，处理国际问题，和平共处五项原则是最好的方式，最具有强大生命力。邓小平还创造性地提出，运用和平共处五项五项原则，甚至可以消除国际争端中的热点、爆发点。1988 年 9 月，他在会见斯里兰卡总理普雷马达萨时指出，现在需要建立国际经济新秩序，也需要建立国际政治新秩序。他提出要在和平共处五项原则的基础上建立国与国之间的关系，特别是邻国之间的关系。应当用和平共处五项原则作为指导国际关系的准则，作为指导国与国之间关系的准则。

对于和平共处五项原则，邓小平有深刻的认识，因而他对拉吉夫·甘地一再重申：中国和印度既然是和平共处五项原则的倡导国，就应当首先执行这些原则。不但我们两国要执行这些原则，而且我们同我们的邻国也要执行这些原则。

接着邓小平提出一个建议：我们首先在阁下来访的新闻公报中来体现和平共处五项原则。我们也准备在同苏联的会谈中体现这五项原则，并写入双方新闻公报之中。

拉吉夫·甘地愉快地说："我完全同意你的建议。"

邓小平又补充说：要明确表示和平共处五项原则是我们两国在20世纪50年代共同倡导的。"世界在变，人们的思想不能不变。由于过去特别是'文化大革命'中犯的错误，中国耽误了大约二十年的建设时间。粉碎'四人帮'后，我们国内的各种事情都在变。从以阶级斗争为纲转到以四个现代化建设为中心，从停滞封闭转到改革开放，还有当前所进行的各种改革工作，都是在变。"

"我想你们也会遇到这个问题的。"邓小平说。

拉吉夫·甘地马上回答说："在印度也是这样的。只有消除旧的障碍和阻力才能前进。印度也在开放，在过去的四年中，我们做了大量的工作，我们的经济也有所发展。"

随即，拉吉夫·甘地又补充说：建立国际政治新秩序是以和平共处五项原则为基础的。同样地，是否也可以说，建立国际经济新秩序也要以和平共处五项原则为基础呢？剥削对发展中国家是很不利的。将来国际政治秩序稳定后，国际经济领域内的问题就更大了。

邓小平就此问题发表了自己的看法：建立国际政治新秩序和建立国际经济新秩序，两件事要同时抓。"早在1974年我在联合国发言时，就用了很长时间讲这个问题。这个问题我们一直在提，今后也还要提。"要真正发展经济，主要靠自己，同时不要闭关自守，可以多方面找朋友，但要注意那些带附加条件的帮助。

拉吉夫·甘地充满信心地说："中印两国有着最古老的文明，我相信两国都有足够的信心去吸收世界上好的东西，关门只能使自己发展缓慢。"

邓小平感慨地说："在这方面，我们是吃过苦头的。"

不知不觉，时间已到了中午，拉吉夫·甘地等人起身告辞，会谈在友好的气氛中结束。临别时，拉吉夫·甘地热情地邀请邓小平访问，邓小平握着他的手连声致谢。

同日下午，拉吉夫·甘地在人民大会堂举行了记者招待会。他称这次访华是两国关系中的一个"新开端"，与中国领导人讨论为两国建立和平、稳定和合作的关系打下了基础。

在记者招待会上，他还特意提到与中国领导人邓小平的会见。他说："邓小平给我留下了深刻的印象。我们对谈及的几乎所有问题都看法一致。我发现，他谈到的几乎每一件事都是我们过去四十年中为之努力的事，那就是努力争取建立不依附于任何集团、不把对抗作为解决办法的一种新的政治秩序，努力争取建立一种比较公平合理的新经济秩序。"

说到这里，他又提高了声调，充满希望地对在座的记者们说："我们一致同意，我们能够也应该向前走。我们已经奠定了两国建立和平、稳定、合作关系的基础。"

"两个德国必须统一，中国同样必须统一"——与施密特

1975 年 10 月 29 日下午 3 时 40 分，国务院副总理邓小平在人民大会堂东大厅会见来访的联邦德国总理施密特。

施密特是国际舞台上的著名政治家之一，曾先后担任过联邦德国社会民主党副主席、联邦政府国防部长、经济和财政部长，1974 年担任联邦政府总理。他还是著名的经济学家。

施密特一行是 29 日上午到达北京的。邓小平前往机场迎接。

施密特在他的回忆录中详细记载了欢迎场面："邓小平在机场以仪仗队迎接我，一群穿彩色服装的孩子欢快地呼喊着口号，挥舞黑、红、黄三色小旗。姑娘们佩戴着纸做的大条飘带和花，手里拿着整把的花束；另一些姑娘们的头发上别着颜色各异的发夹。关于邓小平，《科隆市导报》当时写道：'人们认为，邓有时可以毫不客气地批驳一个不全神贯注的离开话题和思想开小差的谈判对手。联邦总理按理应当喜欢这位已七十岁高龄、看起来并不引人注目，然而确是很有权威的人物。'不错，我从一开始就喜欢邓小平。"

"总理先生是联邦德国第一位访华的总理。"邓小平说。会谈的话题就是从这里开始的。

　　"我们两国虽然相隔万里，但我们两国人民有着非常好的传统友谊。在我国领导人中，周恩来总理曾在你们那里学习过，朱德委员长也在贵国留过学。""就我个人来说，在途经德国时住了一个礼拜。"邓小平接着说，"这次总理先生和在座的各位朋友到中国来访问，对发展我们两国间的关系是很有益处的一件事。"

　　施密特介绍说：这次访问中国的代表团很庞大，其中有两名政府内阁成员、三位国务部长和国务秘书、两位大企业的董事长、两位重要的工会领导人、两位教授和作家。之所以如此，就是因为对中国怀有极大的兴趣。

　　施密特一向重视同中国建立密切的合作关系，早在1971年他担任国防部长时就曾敦促当时的勃兰特总理同中国建立外交关系。他担任总理后一年多，就应邀来中国访问，并组成了一个庞大的代表团，以便更好地了解中国。

　　在谈到双边关系时，施密特说：我们两国的政治关系发展得比一般人说的更好。我国政府的出发点是，认为今后几年在经济和政治方面发展双边关系是有益的。

　　邓小平说：我们也认为，我们两国关系的发展是良好的。我们两国经济来往在我们同欧洲的贸易中还是比较好的，虽然数额不算大。主要原因是，我国还是发展中国家。随着我国经济的发展，我们两国间经济交往的关系将是良好的。

　　邓小平还感谢不久前联邦德国不顾国际足联的限制，派足球队访问中国。他说：我们足球水平很低，主要请你们来帮助我们。

　　半个小时的谈话结束后，邓小平和施密特一行来到福建厅继续正式会谈。

　　双方主要就欧洲形势、欧安会、美国与欧美关系、西欧联合、东方政策和德国的统一问题及世界经济问题等交换了意见。

　　在谈到世界经济问题时，施密特说：我们现在面临的是双重经济危机。它对发展中国家和工业国家的影响比苏联的影响更大，而产油国只是暂时地得到好处。中国随着外贸的发展将来也会受到影响，实际上现在已经受到影响了。

　　会谈持续了110分钟。

　　第二天，也就是10月30日，毛泽东主席在中南海的书房里会见了施密特，邓小平陪同会见。

施密特后来在回忆录中这样写道："在毛泽东和我谈话的整个过程中，邓小平一言不发。他坐在沙发椅上将近两个小时，没有表示他对整个谈话是如何看的。当时毛泽东强调说：'我知道苏联会照样发展下去，要打仗。'我进行了反驳，我不想排除第三次世界大战爆发的可能性，但如果西方具有足够的防御能力，爆发的可能性不大。毛泽东坚持其战争不可避免的论点，当时代总理邓小平表示赞同。第二天，他多次谈到毛泽东的谈话。在我拜会毛泽东之前，邓小平和我已经进行过一次详细的会谈；此外，我们还在一次或两次宴会上会晤过。在这些会晤中，邓小平请我谈谈我对世界战略形势和经济形势的看法，使他特别感兴趣的是我对欧洲的形势所作的分析。"

　　10月31日，邓小平在人民大会堂南门接待厅和施密特举行第二次会谈，主要是就国际形势问题阐述各自的观点。

　　邓小平说：我们的基本观点毛主席昨天会见总理时已用概括的语言讲了。我们总的看法是，世界不安宁，确实存在着新的战争危险。我们不相信有什么缓和，不相信有什么"持久和平"。战争打不打，不决定于某一个领导人，而决定于国家制度，决定于两个超级大国争夺世界霸权，这是不以人的意志为转移的。

　　施密特说：我认为，谁想发动一次新的世界大战，就会给自己和本国人民带来极大的危险，不管是打常规战争还是核战争都是如此。我喜欢毛主席昨天所说的，防御者最终将占优势。

　　说到德国的统一问题，邓小平说：关于两个德国、一个民族，我们的立场是一贯的。我们支持德国统一。两个越南必须统一，两个朝鲜必须统一，两个德国必须统一，中国同样必须统一。五年、十年不能实现，一百年总要实现，其中包括台湾回归祖国的问题。

　　邓小平最后说：我们对国际局势并不担忧，我们是乐观主义者。正如毛主席所说的，你们处于防御地位，我们也处于防御地位，最后胜利是防御者的，而不是进攻者的。

　　施密特说：在足球赛中，当进攻的一方无能为力时，就由防守的一方踢进球了。

　　看得出，施密特也是一位足球爱好者，正如他所说的，他们的会谈有许多共同点。足球也是其中之一吧。

　　1984年9月，施密特再次应邀访华。

9 月 27 日，邓小平还是在九年前的老地方——人民大会堂会见了他。

施密特回忆说：“他满八十岁，看来，他的身体和精神都很好，简直充满了活力。他思维敏捷、幽默，在会谈的每个环节上都显得有能力、很知情。我们共进午餐，陪同的中德客人很少，他们另开桌。整个时间基本上是我们两人坐在一起，只有邓出色的女译员坐在边上。她对邓必须大声说话，这对我也有好处。”

寒暄过后，邓小平回忆了九年前他们谈话的情景，然后又说到不久前他过了八十岁生日：“咳，你知道年龄的重要性，年龄老化一直是中国领导人的一个问题，也是苏联领导人的一个问题。不过十年、二十年后，中国将有年轻的领导力量。我们看得很清楚，中国的现代化需要年轻的有活力的领导人。这个问题解决起来很复杂。”

“你还记得我们 1975 年的谈话，此后不久我就被打倒了。”邓小平说。

“可是您又回来了。”施密特说，“这是您的福，也是中国的福。您究竟被打倒了多少次？”

邓小平笑着说：“那时是第三次，可能也是最后一次了。”

谈到正题，施密特说：九年来，中国变化很大。我们看到人民生活水平有了提高，气氛更开放了，管理经济的方法和模式正在起着变化。邓小平说：中国确实有了变化。在对外政策上，“我们是更坚定地保持对超级大国的独立性，这一点也适用于贵国，西欧是北约组织的成员，这没有什么不好，但是你不能忽略了德国的独立战略。戴高乐懂得这一点。欧洲与美国的关系应该建立在完全平等的基础上”。九年前，我们见面时我就说过，我们历来希望欧洲国家独立，有自己的独立性。

施密特认为：1974 年以来世界经济的变化对欧洲几个主要国家不利，影响了欧洲人协调一致的进程，也因此影响了欧洲对美国的独立性。欧洲国家要独立自主，就必须一体化，但是九年来，欧洲在这方面没有多大进展。

接着话题转到了苏联。邓小平说：“中国寻求改善与苏联的关系，但是首先必须清除道路上的障碍。苏联采取的方针威胁着中国的安全——欧洲的形势如何呢？”

“我们自 1976 年以来与苏联的关系也变坏了。”施密特回答道，“一方面是由于苏联中程导弹瞄准了欧洲，另一方面苏联对阿富汗的入侵也使欧洲害怕。还有一些其他原因。我们也希望改善同莫斯科的关系，我们强烈要求限制军备。"

邓小平回顾中苏关系的历史时说:"像中国一样,苏联是一个社会主义国家。我们的关系为什么会中断呢?因为苏联老是想干涉中国的内政。为了要控制中国,莫斯科什么事情都干出来了。他们想当老大哥,我们反对,克里姆林宫就把两国签订的协定撕毁了。苏联悍然采取了完全公开反华的态度,它煽动东南亚各国反对我们。"

"越南占领柬埔寨是中苏关系正常化的三大主要障碍之一,越南从柬埔寨撤军以后,中苏关系即可正常化。"邓小平表示。

施密特又把话题转到日本。"日本在您心目中也是一艘不可沉没的航空母舰。正由于日本人知道,面对苏联,他们仅靠自己的力量不能自保,所以对美国的依赖性可能还要增加,而这必定会激怒苏联。我感到,长期摆在日本面前的,似乎是一个进退维谷的困境:他们想减少政治上对美国的依赖性,可是又不能做得太过分,以免引起其他亚洲国家对日本自身军备力量的不安。"

邓小平说:"中国对此并不惶恐,但你说得对,其他国家感到忧虑。"

当施密特说到没有看到日本有什么新军国主义迹象时,邓小平有点激动了,并打断施密特的话说:"不,不!日本想成为世界上一个较大的政治因素是正常的,因为它已经是一个举足轻重的经济因素了。但是,如果日本在军事上也要起更大的作用,那只能在亚洲各国引起忧虑。简单地说,对日本来说,放谦逊一点更合适。"

谈到中美关系,邓小平说:"美国对外政策上的特点与苏联相似。他们实际做的往往与他们所说的不一样。没有双方的平等,合作怎么能进行下去呢?在台湾问题上,中国和美国的看法有分歧。里根有次说,台湾是一个潜在的危机。在中美《上海公报》中,华盛顿承认台湾是中国的一部分。但是美国的政策依然摇摆不定,美国国会作出了违背《上海公报》的决定。实际上他们还是以两个中国为出发点,把台湾看成是他们自身利益的一部分。此外,华盛顿把台湾看成是自己的一个军事基地。他们坚持'四个航空母舰'的政策,这是指台湾、以色列、中美洲和南非。"

"是否有一天会用现在解决香港问题的方式去解决台湾问题?"施密特问道。

"我也希望这样。"邓小平回答得非常干脆。

一个钟头过去了,会谈仍在继续,话题又转到中国国内的问题。

首先谈到军队。

邓小平说：军队没有什么问题。但不少军队干部年龄太大。"不过，你看到了，军队还需要像我这样一个老兵做他们的总司令。"邓小平又表示，军队的高级职务由七旬老人担任，最高统帅甚至年逾八旬，这不好，团级干部本不应超过三十岁，师级干部不超过四十岁。

这时施密特插话说，师级干部五十岁蛮可以了。

邓小平立即反对："不，那不行！""师级上面还有级别，如果师级干部五十岁，那上面的年龄就太大了。军级干部不能超过五十岁。当然，这只能慢慢来。"

说到了军队的现代化，邓小平说：现在我们还不打算在这上面投资很多，首先要进行的是经济改革，然后才是武装军队。目前我们的核武装力量实质上也仅仅是象征性的，根本不强。我们看到了，苏联经济上的失败与他们军费过大极有关系。

作为经济学家，施密特会谈的议题也总是离不开经济。"中国到底打算怎样培养自己年轻的经济管理学家呢？"

邓小平说：现在当然是寄希望于中学和大学。很重要的是，要把有才干的年轻人送到国外，已经有 1 万多人在美国学习。有 1 000 人左右在德国，企业自己也培养年轻的管理人员。

施密特说："在访问中我碰到几位厂长经理，他们好像比欧洲国家的年轻得多。"

邓小平说："我们还应该把更多的年轻人提拔到领导岗位上来，必须在全国范围里选择有才干的年轻人。1978 年年底，在党的十一届三中全会上我们用一系列大胆的决定解决了农村的经济问题。六年来执行了新的农业政策，你看到了结果。随着新的经济开放政策的贯彻，我们试着把农村的经验用于城市，当然城市的经济问题要复杂得多。""中国必须继续把注意力集中在农村，因为我们 4/5 的人口生活在那里，必须阻止他们流入城市。'文革'期间把城市的许多年轻人送到农村，但是那里根本就没有他们工作的位置，就又回来了。""如果我们采用资本主义制度，失业的问题就得不到解决。欧洲严重的失业问题完全是资本主义制度本身造成的。中国人口每年增加七八百万。失业是中国的中心问题。为此，我们办了许多工厂，创造新的就业机会。单是为了这一点，经济体制也必须活一点。我们鼓励企业不断地开发生产新领域，也鼓励社办企业和私人这样做。"

施密特还向邓小平提出了目前中国面临的通货膨胀问题以及通货膨胀率。

邓小平回答得非常乐观："我不相信中国有通货膨胀。不过，即将通过的价格改革和工资改革决定很可能给我们带来一些通货膨胀问题。"

施密特说："但愿您又能拿出办法来，我祝贺您有进行改革的决心和勇气。"

"我知道自己的知识有限，"邓小平平静地说，"我只是在总体上出了个主意，把政策放灵活一点，实现它是其他人的任务。他们的改革得到我的全力支持。我坚信改革是必要的。新政策带来的成绩说明我是对的，特别说明了几位负责工作的同志没有我也能干好。我想，三年后城市也会有引人注目的变化。当然也有人对这一切感到不安，在方向上不能适应，中国需要三年时间，消除他们的顾虑。"

最后，邓小平还谈到了几天后要举行的阅兵式。他说：这是很长时期以来的第一次阅兵式，庆祝国庆，有机会公开展示一下中国军队的力量，战士们会很高兴的。

几天后，施密特站在天安门城楼一侧的观礼台上，第一次看到了新中国的阅兵式。他说："当阅兵式出色完成后，我看到将军们是怎样地相互祝贺。他们到边上去拥抱，这是一般观众看不到的。广场上彩旗翻动，五彩缤纷，广场上空飘着大红宫灯气球，无数彩色气球腾空而起，煞是好看。50万人身穿节日盛装，围成圆圈，随着音乐跳起了欢快的舞蹈，除了一个大型的军乐队外，没有一点军事色彩。邓小平出现在天安门城楼上，他步向扩音器开始讲话。这个讲话充满了信心和决心，邓小平讲得十分有力。"

施密特在后来回忆这次北京之行的印象时这样写道：

"1984年在所有的私下交谈中，包括首都之外的交谈中使我感到，人们把改善生活状况的希望寄托在谁身上，第一是邓小平，第二是邓小平，第三还是邓小平。邓小平自己不主张搞个人迷信，很可能还鄙视个人迷信。他用不着靠个人迷信推行自己的政策，因为他很受群众的欢迎。一切希望寄托在他身上。""目前，中国最重要的还是发展经济。但改革的成功与否，主要取决于邓小平。"

四年之后，施密特又一次来访。

作为老朋友，邓小平与他第三次会面，并就中国当前的改革和一些国际问题交换了看法。

中国的主权神圣不可侵犯

1983 年 2 月，邓小平在钓鱼台国宾馆会见美国国务卿、里根特使舒尔茨时，据实抨击了里根政府在中美关系上的霸权主义行径。

会谈是以礼相待的。邓小平首先热情地邀请客人入座，然后笑问道："舒尔茨特使这次来中国还生活得愉快吗？"

"很好，谢谢中国的热情招待。"舒尔茨通过翻译，笑道，"里根总统要我转达他对邓小平先生的问候！"

"谢谢他的好意。"

邓小平很快把话引入主题。"自 1972 年《中美上海联合公报》发表以来，中美关系发展比较正常。作为中美双方，我们都应该珍惜这种关系。"

"但是，邓小平先生，"舒尔茨说，"在某些地方，还是发生了些小摩擦的。"

"是。有摩擦，但责任不在中国。"邓小平指出，"就说技术转让吧，中国并不是非领先美国的先进技术不可。老实讲，我们搞现代化主要是靠自力更生。即使美国的技术可以全部转让，中国也未必就全部买进。"

"某些尖端技术，"舒尔茨略带傲慢地摇摇头，"可能也不是贵国自力更生所能办到的吧。"

"不，舒尔茨特使，您错了！"邓小平用事实驳斥，"原子弹、氢弹和所有的核武器，算得上'尖端'吧？美国这方面的技术一直在对中国搞封锁。但是，我们不都一一通过独立钻研，自力更生，办到了吗？"舒尔茨没有那么傲慢了。

"问题不在于美国对我们转让什么，而在美国究竟把中国当作潜在的敌人，还是真正的朋友。"邓小平坦率而又严肃地对舒尔茨说，"时至今日，许多中国人心目中，同美国能不能交朋友，美国够不够得上朋友，还存在着许多疑问呢！"

"这……未免太多心了吧？"舒尔茨感到尴尬。

"不，这是历史的经验告诉我们的。"邓小平继续说道，"别说历史上美国对中国不平等，就是现在，也未必平等。前不久，美国司法机关公然企图'传讯'中国政府，这是典型的霸权行径，真是岂有此理！请特使转告里根政府，中国作为一个主权国家，神圣不可侵犯。我们对此提出严正抗议！"

"邓小平先生有所不知，美国司法制度是独立的。"舒尔茨辩解道，"政府无权过问呀！"

"如此说来，美国实际上就有三个政府了：国会、内阁、法院。那么，究竟要人家同你们哪个政府打交道才好呢？"一席话，义正词严，舒尔茨无言以对。

会见结束时，邓小平说："请转达我对里根总统的问候。并告诉他，中国作为一个主权国，受侵犯的时代已一去不复返了！"

"三个面向"

景山学校是党中央为了搞教改试验而成立的学校，几十年来，邓小平一直关怀它的成长。早在20世纪60年代初期，每年六一儿童节他都要在景山公园接见景山学校的少先队员，了解学校的教改情况，勉励大家要好好学习，好好搞教改。就是在"文革"时期，他也仍在为振兴中华教育事业而操心，念念不忘支持景山学校搞教改试验，多次派人到学校了解情况，鼓励大家要坚定不移搞教改。

"文革"结束后，景山学校的教师听到邓小平提出推翻"四人帮"炮制的"两个估计"，砸碎"四人帮"套在广大知识分子头上的精神枷锁的指示后，非常兴奋。他们给邓小平写了一封信，说："我们坚决拥护您推翻两个基本估计，我们感到解放了，真正地解放了！"邓小平立即委托中央军委办公厅给他们回信，勉励他们坚持教学改革，并指示："要长志气，要把世界的先进水平作为我们的起点。"在接见外国记者时，邓小平曾多次谈到景山学校的教学改革，他自豪地说："中国的孩子并不比外国的孩子笨。中国孩子很聪明。像北京景山学校搞了许多试验，识字很快，小学一二年级就能学到几何、代数的知识。"

1983 年 9 月的一天，景山学校以全体师生员工名义给邓小平写信，在感谢他关心学校的同时，请他对新的历史时期如何进行教育改革作指示。第二天，他就为景山学校题写了："教育要面向现代化，面向世界，面向未来。邓小平 一九八三年国庆节　书赠景山学校 。"

"三个面向"的指示，富有时代特征，具有现实意义，是邓小平教育思想的高度概括和精髓，为我国教育事业的改革和发展指明了方向。

"万里有同心，一年一会面"

1983 年 6 月 18 日上午，初夏明丽的阳光照进人民大会堂。从大会堂北门东大厅传出阵阵欢声笑语，邓小平正在这里同出席 1983 年北京科技政策讨论会的 20 位外籍华人科技专家愉快地交谈。

邓小平在会见客人前已经听取了国家科委领导同志的汇报。他向客人们热烈祝贺讨论会圆满成功。他说："讨论会是个新的方式，这次会议开了个头，以后可以继续下去。在一年中，作一些准备，到中国看一些材料，再集中讨论一次，十分重要。下次讨论题目还可以更集中一些。"

这些来自美国和加拿大的有成就、有名望的科学家，开始与邓小平握手时还有点拘束，当听到邓小平亲切的话语时，他们的话匣子也打开了。

美国国家科学院院士、贝尔实验室电子物理部主任田炳耕坐在邓小平旁边。他亲切地问道："您身体很好吧？"七十九岁的邓小平说："还可以。没有大毛病。当然，自然规律不能违背。"他接着说，"我的办法是日常事情少管。"美国加利福尼亚州大学工学院院长葛守仁教授说："有些事你非管不可。"

大家热烈地谈起人才培养问题。

在这之前，这些外籍专家和 30 多名中国专家一起，围绕科技政策、规划、管理及一些专业领域的技术方向等宏观的、战略性的问题交换了意见。这些外籍科学家的专业领域广泛，包括计算机、通信、生物技术、农业工程、能源、化工等，他们对我国在科技领域里存在的问题，特别是人才培养问题，提出了许多有价值的意见和建议，邓小平说，"益处很大"。

美国纽约州立大学石溪分校物理教授聂华桐说：谈到人才培养，这次大家都感到，中国要培养一批既有管理能力又有科技水平的人才。这样科技政策执行才有效。

邓小平说：我们缺乏这方面的人才。我们有人，但要经过训练，大有希望的还是四十岁左右的人，要学点东西，学会管理。所以青年人、中年人的培养是我们目前最大的课题，各行各业都是这样。当然，不是说老的没有用。

邓小平说，四十岁左右、五十岁以下的人要加以培养，不是一个两个，而是成千上万。几年后，他们要接班，这是我们改革的核心问题。这个问题不是三五年能解决好的，要花十年。

刘全生教授是美国通用原子能技术公司的能源专家。他问邓小平：是不是将来也开个教育政策讨论会？

人们都还记得，几年前由于邓小平的倡议，全国大学招生由"推荐"改为考试，推动了亿万青年人的学习热潮。他的心里时时装着教育。他面对专家的提问，回答说：可以嘛。

他强调说："从经济建设来讲，能源、交通是重点。但更重要的恐怕是智力开发。"

专家们见邓小平兴致勃勃，就更加无拘无束，争相提问或发表见解。这场礼节性会见活动变成了讨论会。

有些专家谈到了我国科技人员区域性流动问题。他们提议，科技人员在科学院工作几年以后，可以到大学工作几年，再到生产部门工作几年，这会有很大好处。

邓小平说：这个意见很对，我们肯定要办。这样对各部门、对科学家本身都十分有利，不然学非所用，不能发挥专长，是知识的浪费。

他指出，由于长期以来"各霸一方"，做起来就难了，要逐步地改。

葛守仁教授接着说，中国领导人的眼光很远，我们很佩服。今年授予18个博士学位，以后应该大大增加，因为大学培养人才要靠这些专家。

美国柏克德电力工程公司首席工程师梁佩璐说："中国应该培养一批系统工程学方面的科技人员。有几门功课，在美国工程院校是必修的，像决策学、工程经济学、企业管理学、系统工程学。邓主席刚才谈的都是系统工程学的观点。"

邓小平摆了摆手，说："系统工程学，我们前几年才看到。过去，我们注意基础理论，像物理学等，系统工程学方面忽视了。前两年才重视。"

参加会见的方毅插话说，这方面的书，国内有人在写。过去钱学森写过，现在各大学也在提倡。

美国马里兰大学生物系教授孔宪铎问：中小学教育，特别是农村教育是否也要改变一下？

邓小平说：农村教育有希望。最近农村教育探讨了新的路子。小学可以民办，农民有钱了，他们请专家肯花钱。过去不可能，一个农民年收入才几十块钱。现在有每人平均收入300元、400元以上的农户了，万元户也有。如今，他们请专家，重视知识。他说，小学由农民办，国家集中精力搞中学、大学教育，就可以把中学教育加强。这个路子才开始。

谈到农村，邓小平向大家介绍了他不久前去江苏等地视察的情况。他说，江苏搞得不错。就拿无锡来说，产值按人口平均接近700美元。江苏全省按人口平均是500多美元。江苏人吃肉比较多，穿也没有问题。用嘛，电视机多起来了，洗衣机也多了。到了本世纪末，我们国家工农业总产值按人口平均达到800美元，我们的日子就好过了。

聂华桐提出，农村情况很好，要好好发展一下，希望政府贷一部分款给农村，使生产更加发展。

邓小平说，现在农民有钱啊！农村存款已有300亿元。贷款也可以嘛。问题是对万元户宣传太多，这不好，要照顾到全面。社会主义的好处是：尽管中国犯了很多错误，但能保证贫困地区的人穿上衣，吃上饭。我们反对平均主义，因为它不利于发展。党的十一届三中全会提出，一部分地区、一部分人先富起来，是好事。

廖子照是廖承志的亲戚，时任美国大陆海外石油公司副总裁。他请邓小平谈谈经济体制改革问题。

邓小平说，这个问题很复杂。经营管理，如何提高经济效益，包括利改税，都是改革中的问题。要逐步来，步子一定要十分稳妥。

有些专家问：中国的政策会不会变？信心如何？

邓小平说，不会变。路子走对了，人民高兴，我们也有信心。路子走对了，为什么要变呢？要变的话，只会变得更好。对外开放政策只会变得更加开放，路子不是越走越窄，只会越走越宽。路子走窄的苦头，我们是吃得太多了。如果走回头路，就会回到落后、贫困的状态。

邓小平接着说：我们完全有信心说，本世纪末的目标可以达到。我们搞的四个现代化，是中国式的现代化。我们建设的是中国式的社会主义，要充分考虑自己的实际情况和自己的能力，以自力更生为主。我们是这样来制定自己的政策的。看来路子是对的。既然是对的，为什么要改呢？

谈到政策不变，邓小平向客人们谈到了对祖国统一大业的看法。这是海外人士最关心的问题，专家们静静地听着，许多人不停地记着笔记。

邓小平说，将来祖国统一后，我们对台湾的政策也不会变，允许台湾有自己的军队。如果台湾发生财政困难，要求补贴，中央政府可以给予补贴。他语重心长地说："我们都是炎黄子孙，祖国要统一，不统一就没有出路。我们这些人岁数都不小了，都希望中华民族来一个真正的统一。前人没有完成的事业，我们来完成，我们的后人总会怀念我们的。如果不做这件事，后人写历史，总会责备我们的。这是大事，前人没有完成，我们有条件完成。"

邓小平说："我们同很多人讲过第三次国共合作。过去我们讲'国共合作'，现在我们并不讲'共国合作'。（这时，笑语四起）国共合作，首先是平等的合作，平等的商量。不是中央政府与地方政府，而是两党商谈。我们完成祖国统一大业要充分考虑台湾能接受的条件。我们不能讲空话，要充分照顾到现实，也要充分照顾到将来。"

在座的外籍科学家祖籍都在中国，不少人在中国读了小学、中学、大学。他们多么希望中国各行各业人才辈出，早日实现"四化"，早日看到中国统一啊！

会见结束了，为期五天的讨论会也要在当天下午闭幕。

这次难忘的会见在专家们的心目中是讨论会的高潮。大家就要分别了，但又恋恋不舍，盼望着来日重逢。唐人有诗云："千里有同心，十年一会面。"海外的朋友们都非常关心我们的建设、关心我们的科技事业。而古代的交通条件是无法与现代相比的。因此参加讨论会的中国专家建议把这句诗改一改："万里有同心，一年一会面。"这也表达了海外专家的共同愿望。

作出"严打"决策

1983年7月，邓小平来到了北戴河。说是休息，但他并没有休息。

1983年的上半年，全国的治安形势比较严峻，连续发生了多起影响极坏的恶性案件。公安部部长刘复之后来曾撰文写道："党的十一届三中全会以后，各条战线拨乱反正、正本清源。在大好形势下，社会治安不好，成为公安司法工作面临的突出问题。1980年至1982年，在党中央领导下，依照《刑法》《刑事诉讼法》，连续开展了打击刑事犯罪活动的斗争。但由于对刑事犯罪的危害性认识不完全一致，实行依法从重从快惩处的方针思想不够统一，对刑事犯罪分子心慈手软，打打停停，摇摇摆摆，零打碎敲，软弱无力，从而出现了'坏人不怕法，好人怕坏人'的不正常状况，导致刑事犯罪活动越来越猖狂。"

面对这种情况，公安部党组于7月16日向党中央、国务院报送了《关于发挥专政职能改善公安装备的报告》，提出他们认为亟待解决的一些紧迫问题。

7月19日上午9时，邓小平约公安部部长刘复之到他在北戴河的住处谈话。彭真和夫人张洁清也应约前往。

谈话一开始，邓小平手里拿着公安部写的报告，开门见山地说，你们这个报告不解决问题。刑事案件、恶性案件大幅度增长，这种情况很不得人心。为什么打击刑事犯罪搞不起来？

邓小平批评说，这样四平八稳，解决不了问题。稳稳当当的，就不能解决问题。

邓小平接着指出：

"几年了，这股风不但没有压下去，反而发展了。原因在哪里？主要是下不了手，对犯罪分子打击不严、不快，判得很轻。对经济犯罪活动是这样，对抢劫、杀人等犯罪活动也是这样。

"为什么不可以组织一次、两次、三次严厉打击刑事犯罪活动的战役？每个大、中城市，都要在三年内组织几次战役。比如说北京市，流氓犯罪集团到底有多少，有哪些人，是不难搞清楚的。像彭真同志讲的，找老民警当顾问，调查调查，情况就清楚了，就可以组织战役了。一次战役打击他一大批，就这么干下去。我们说过不搞运动，但集中打击严重刑事犯罪活动还必须发动群众。动员全市人民参加，这本身对人民是教育，同时能挽救很多人，挽救很多青年。发动群众，声势大，有的罪犯会闻风跑掉，那也不要紧，还有第二次战役可以追回来。

"最近有的城市抓了一批犯罪分子，形势有好转，当然，这还只是一时的现象。那些犯罪分子在看风向，看你下一步怎么办。如果还是软弱无力，处理不严，坏人的气势还会长上来。

"对严重刑事犯罪分子，包括杀人犯、抢劫犯、流氓犯罪团伙分子、教唆犯、在劳改劳教中传授犯罪技术的惯犯，以及人贩子、老鸨儿等，必须坚决逮捕、判刑，组织劳动改造，给予严厉的法律制裁。必须依法杀一批，有些要长期关起来。还要不断地打击，冒出一批抓一批。不然的话，犯罪的人无所畏惧，十年二十年也解决不了问题。1975年处理铁路问题时，对帮派分子，我说现在不抓人，把他们调开。'四人帮'说不行。我说凡是帮派头子，有一个调开一个，再出一个再调开，一天调一个，一年调三百六十五个。这个话传下去以后，铁路上的秩序马上就好了。解决这方面的问题，不采取这样的办法不行。

"解决刑事犯罪问题，是长期的斗争，需要从各方面做工作。现在是非常状态，必须依法从重从快集中打击，严才能治住。搞得不疼不痒，不得人心。我们说加强人民民主专政，这就是人民民主专政。要讲人道主义，我们保护最大多数人的安全，这就是最大的人道主义！严厉打击刑事犯罪活动是一件大快人心的事。先从北京开始，然后上海、天津，以至其他城市。只要坚持这么干，情况一定能好转。"

对邓小平提出的"严打"战役的决策，彭真非常赞成。他认为这个决策能够从根本上扭转软弱涣散的被动局面。

根据邓小平的指示，公安部于7月20日立即在北戴河召开部分省市的公安和政法领导干部会议。刘复之传达了邓小平的重要谈话和彭真的指示，组织大家学习并研究了"严打"战役的方案。经党中央批准，8月2日，陈丕显主持召开全国政法工作会议。经过大会的充分讨论，大家一致拥护邓小平的指示，决心雷厉风行地贯彻执行。8月25日，中共中央政治局作出了《关于严厉打击刑事犯罪活动的决定》。9月2日，全国人大常委会通过了《关于严惩危害社会治安的犯罪分子的决定》和《关于迅速审判严重危害社会治安的犯罪分子的程序的决定》。从8月到年底打响了第一战役的第一仗，各省、自治区、直辖市，各大、中城市，或先或后地陆续统一行动，集中打击。社会治安取得了明显的好转。

厦门之行

1984年2月7日，邓小平在王震的陪同下，从广州乘专列来到了厦门。

这一天，是农历的大年初六，人们还沉浸在欢乐的新春佳节的气氛之中。

中共福建省委第一书记项南、福建省省长胡平、福州军区司令员江拥辉、中共厦门市委书记陆自奋、厦门市市长邹尔君等省市党政军领导到车站迎接。邓小平一行下榻在厦门宾馆 5 号楼。

厦门有"海上花园"之称，这里春暖花开，阳光明媚，木棉、玫瑰、茶花、蔷薇争芳斗艳。鹭岛一派生机。

8 日上午，邓小平和王震在省市有关负责人的陪同下来到已建成投产的东渡港 5 万吨位码头 1 号泊位。邓小平身着银灰色中山装，神采奕奕，迈着稳健的步伐朝驳岸走去，他关心地询问工程负责人："工程进展好吗？"

工程负责人答道："首期 4 个泊位已经建成，现在正抓紧储运仓库和港区道路建设。"

"好！好！"邓小平连声说道。

接着，他又了解了泊位的堆场建设情况，当他听说 1 号泊位已由杂货码头改为集装箱码头时，赞许地说："要得，这一步有远见嘛。"

工人们正在安装集装箱装卸桥吊。邓小平几次手搭凉棚仰首观看，频频挥手向工人们致意。当他向 2 号、3 号泊位走去时，看到数台 10 吨级龙门吊一字排开，他微笑着对身旁的有关领导说："就是要按现代化港口标准来建设。"当他得知这样规模的岸式杂货码头是当时国内最大时，脸上露出喜悦的神情，他对陪同的有关负责人说，"发展经济特区，一定要基础设施先行。"

当邓小平同港区的同志们挥手道别时，深情地望了望东渡港区，嘱咐大家："形势很好呀，希望你们扎实干，干得更好些。"

离开东渡港，邓小平登上了"鹭江"号游艇，项南坐在他身边。邓小平一边游览海上风光，一边听取项南汇报工作。

项南把一张厦门市区图在邓小平的面前摊开，指着地图对邓小平说："厦门特区现在实际上只有 2.5 平方公里，应当扩大到全岛 131 平方公里。"

"为什么？"邓小平问。

项南回答说："2.5 平方公里面积实在太小了，太束缚手脚了，即使很快全部建成也没有多大意思。"

邓小平一边听汇报一边看着地图，听项南汇报到这里，他扭头看了看身边的王震，问道："你说行不行？"

王震说："我完全同意。"

邓小平肯定地说："我看可以，这没得啥子问题嘛。"

在场的省市负责人听了这番话，都露出了兴奋的微笑。

接着，项南又说，厦门岛四面是海，是天然的隔离带。厦门全岛建成特区，这对开展对台工作也有利。厦门离金门最近的距离只有1 000多米，一开放，再搞一个落地签证，"三通"不通也通了。所以厦门工作做好了，对将来祖国统一也有利。

听到这里，邓小平赞许地点着头说："对了，就是应该这样考虑问题嘛。"

项南又说："现在台胞到大陆，都不是直来直去，而要从香港或日本绕道来，这太麻烦了。如果把厦门特区变成自由港，这对海峡两岸人民的交往会起很大的促进作用。"

王震插话说："应该考虑这个问题。"

邓小平说："可以考虑。"并关切地问，"自由港实行哪些政策？"

项南回答说："可以参考香港的做法，一是货物自由进出，二是人员自由往来，三是货币自由兑换。"

邓小平听后，静静地抽着烟，望着窗外的大海，仔细地思考了一会儿，说："前两条还可以，可后一条不容易，但没关系，在这个问题没解决之前，可以实行自由港的某些政策。"

在游艇上，项南建议把正在建设的厦门机场改称"厦门国际机场"。项南说："建厦门机场就是为了飞新加坡和东南亚一些国家和地区，将来还可以飞台湾。叫'国际机场'有利于对外开放。"

邓小平对项南的考虑极表赞同地说："就是应当飞出去嘛！就用'国际机场'这个名字。"

游艇环鼓浪屿一周后，邓小平一行登上了鼓浪屿码头。时值春节，鼓浪屿和厦门岛一样喜气洋洋，鼓浪屿码头游人如织。

2月9日上午，邓小平到厦门大学视察。厦大的各级负责人、著名教授、先进工作者和学生代表200多人怀着激动喜悦的心情，早早地会集在建南大礼堂。9时左右，邓小平乘坐的面包车驶入厦大的校园，师生们以热烈的掌声欢迎邓小平的到来。厦大的几位负责人迎上前去，邓小平亲切地同他们一边握手一边说："同志们好！"并在师生的簇拥下走到礼堂前，同他们合影留念。其他没有参加会见的学生闻讯也赶来了，邓小平频频向他们招手致意，并连连说："同学们好！同学们好！"学生们兴奋得直鼓掌。

带着对这座著名海滨学府的美好印象，邓小平又匆匆地前往正在建设中的湖里工业区。

来到湖里工业区的建设工地，举目望去，除了特区管委会办公综合楼外，区内的建筑物只有一座印华地砖厂的石房和两座通用厂房，印华地砖厂也未正式投产。

厦门市长兼特区管委会主任邹尔君后来回忆说："中央是 1980 年批准办特区的，但湖里到 1981 年还是一片荒地，没有动工。那时我们心里很着急，因为深圳、珠海进展都很快，而我们还在同土打交道，解决基础设施问题。"

市委书记陆自奋也说："厦门真正地动起来，是在 1982 年以后，这样在时间上差距就比较大。邓小平就是在这样的一个情况下到了厦门。"

在这里，邓小平看到了厦门特区与深圳特区的明显距离。在特区管委会接待室，邓小平站在厦门特区远景规划模型旁边，一边认真听取邹尔君关于厦门特区建设情况的汇报和讲解，一边陷入了沉思。厦门是我国天然良港和东南门户，与台湾隔海相望，金门近在咫尺，厦门具有独特的区位和人文优势。厦门经济特区的发展，对发展我国东南沿海地区的经济，对发展海峡两岸关系、促进祖国统一将发挥不可替代的重要作用。厦门经济特区必须上得快一些，应当办得好一些。邹尔君回忆说："小平同志 1984 年来的时候，我向他汇报说，我们比较慢，我们现在才抓这些事情。他只讲了一句话：'对头。'"邹尔君还回忆说，"当时最苦恼的就是两个问题。一是特区太小，只有 2.5 平方公里，一眼就望穿了，要求扩大到全岛；二是在经济特区方面，要求赋予自由港政策。当时我向他汇报时，他点头微笑不答复。后来，他告诉我一句话，就是：'你的要求，我转告第一线的领导同志，让他们去作决定。'"

当邹尔君汇报完毕后恳请邓小平题词时，他欣然应允，在铺开的宣纸上满怀深情地写下了"把经济特区办得更快更好些"的题词。

当天，邓小平还视察了厦门国际机场和陈嘉庚先生生前倾资创办的集美学村。

在集美学村，邓小平怀着对被毛泽东同志誉为"华侨旗帜，民族光辉"的陈嘉庚先生的敬意，先后参观了集美鳌园、陈嘉庚故居和归来园，并在归来堂听取了集美校委会负责人关于集美学村发展过程和今后规划的汇报。邓小平赞扬广大华侨支持祖国"四化"建设的爱国爱乡精神，并指示有关领导要进一步贯彻好侨务政策。

在厦门的几天里，邓小平每天都外出视察。不外出时，就在下榻的宾馆接见党政军领导干部、民主党派代表、台胞代表、华侨人士和港澳人士。

2月10日，邓小平一行结束视察工作，将要离开厦门。临走之前的计划是在厦门种下几棵树。

想不到昨天还是阳光灿烂，当天一大早雨却沙沙地下个不停。省市负责人建议取消这一活动。可邓小平——这位全民义务植树的倡导者却坚定地说："下这点小雨怕什么，上山吧！"

大约10点来钟，邓小平和王震乘车来到万岩公园后山上。他们一下车，就冒着绵绵细雨，踩着泥泞的草地，步入植树区，抢起铁锹干了起来。邓小平种下了一棵大叶樟，项南说这是一种千年树，南国佳木。王震则选择了一棵南洋杉。不多久，邓小平、王震和省市负责人就种下了12棵樟树和南洋杉。

临近中午，雨又沙沙地下了起来，邓小平望着灰蒙蒙的天空说，这棵树这一下保活了。种完了树，邓小平的鞋子还沾着泥巴，就同王震等人一起，直接到火车站，登上了北去的专列。

为北京饭店题写店名

20世纪五六十年代，邓小平就很关心北京饭店的工作。1977年，他恢复中央领导职务后，在来饭店参加一些外事活动和理发时，仍经常向饭店领导询问饭店的经营服务等情况。

1984年3月下旬，邓小平来饭店理发，又问到饭店的工作情况，饭店总经理程清祥向他汇报饭店实行经营管理承包责任制，扩大企业自主权，改进管理方法，服务质量明显提高，经济效益显著增长，1983年的营业收入和实现利润分别比1978年增长了3倍和2.7倍后，邓小平很高兴，连声说："好，好。"程清祥同志向邓小平提出给饭店题写店名，邓小平当即愉快地答应了。

1984年5月6日上午，邓小平在女儿邓榕陪同下来到饭店理发，程清祥同志向邓榕提及此事。邓榕便向她父亲讲：饭店经理请您给写几个字。邓小平问："写什么呀？"邓榕说："就写'北京饭店'四个字吧。""好。"邓小平说完便走到理发室外间已摆好纸张和笔墨的桌前，挥毫写下了"北京饭店 邓小平 一九八四年五月六日"。1984年9月20日，在北京饭店东大楼落成十周年纪念日，北京饭店全体职工喜气洋洋地把邓小平为饭店题写的店名制成霓虹灯广告牌高高地矗立在东大楼前厅上。

《双猫图》的来历

邓小平家中挂有一幅《双猫图》。图中，一只猫毛色雪白，绒毛轻柔；另一只猫毛色乌黑，黑里透亮。两只猫一前一后，缓缓前进。那毛茸茸的身体，那炯炯有神的眼睛，十分惹人喜爱。《双猫图》的上方，是几行遒劲苍老的题词："不管白猫黑猫，会捉老鼠就是好猫。"落款处，端端正正地写道：

"小平同志雅正　海石老人。"

这位自号"海石"的老画家，就是被人誉为"江南猫王"的陈莲涛，时年83岁。。

为了仔细观察猫的形态活动，陈莲涛四处搜寻，养了十几只品种各异的猫：有金丝猫、梅花踏雪猫，有雪地拖枪、金顶挂印、金床银被猫，有波斯鸳鸯眼白猫、英国狮子猫……家里简直成了猫的世界。

陈莲涛几乎终日与猫为伴，时时捕捉猫的跳跃、嬉戏的动作，就是连细节也不放过：如猫的前脚有五球五爪，后脚有四球四爪；猫的眼睛有圆形，有三角形，也有凤眼形的。这样，他胸中有猫，在创作时便可随心所欲，淋漓尽致地刻画出猫的各种神态。难怪别人说，陈莲涛笔下的猫形神兼备，大有呼之欲出之势。

新中国成立以后，陈莲涛的作品在全国美展中多次展出，特别是他画的猫，那眼睛似嗔、似媚、似怨、似诉，神态各异，惹人喜爱。陈毅、荣毅仁、梅兰芳、姜妙香都很欣赏他画的猫，并收藏了他的作品。

1984年，邓小平得知"江南猫王"仍健在，便托人捎信给陈莲涛向他致意。陈莲涛得知邓小平在百忙中还记着自己这样一个普普通通的老画师，心中久久不能平静。他精心构思，一丝不苟，画了一幅《双猫图》，托人敬献给邓小平。邓小平的女儿也是画家，看到《双猫图》后爱不释手，向父亲要这幅画，父亲当然不给。于是她托人请陈老再画一幅，陈莲涛欣然命笔，画了一只活灵活现、可意媚人的小花猫赠给她。

关心南京中山植物园

1985 年 2 月 3 日，邓小平来到了南京中山植物园的温室参观。

本来安排邓小平首先参观药物园，可是，邓小平在有关人员的陪同下，径直来到温室前。当他们走进温室时，植物园的同志还未到。邓小平一边等待，一边观赏千姿百态、姹紫嫣红的盆景。不一会儿，研究所副所长杨志斌赶到了。他双手紧紧握住邓小平的手，欢迎邓小平的到来。邓小平也非常高兴，连声称赞这里风景很美。

不知是太兴奋了还是太紧张了，一时间杨志斌连客气话也不会说了，竟情不自禁地脱口说道："小平同志，多亏您批了八个大字，我们才能够回到这里来！"可能因为这个话题太突然，邓小平似乎没有听懂。在一旁的江苏省省长顾秀莲对杨志斌说："小平同志耳朵不太好，你声音说大点。"于是，杨志斌又大声重复了一遍。邓小平听懂了，他回忆了一下说："对！是有这回事，一晃都过去十年啦！"

事情发生在十年动乱期间。

1974 年，起因是江苏省植物研究所全体科研人员和职工给邓小平写了一封信，反映他们研究所面临的困境。

南京中山植物园，其前身是 1929 年建立的"孙中山先生纪念植物园"。1954 年，在"孙中山先生纪念植物园"旧址上重建了中国科学院南京中山植物园。"文化大革命"开始后，中山植物园的厄运接踵而来：全所人员被"下放锻炼"，研究所被并入其他单位，研究基地被不相干的单位占用，大批名贵树种被砍伐，苗圃与温室被辟为水稻田、菜园。

1972 年夏，英国皇家科学院院士、《中国科学史》一书作者、八十岁高龄的李约瑟先生来到南京，指名要看看中山植物园，接待人员只好以"植物园人员外出斗批改"为托词而婉言谢绝。李约瑟说："我研究中国科学史数十年，早就想亲眼看一看世界闻名的中山植物园。人员去斗批改了，植物不去斗批改，能不能让我去看看植物？"结果还是遭到拒绝，他只好遗憾地离开南京。

1973 年 3 月，邓小平恢复了国务院副总理的职务。植物研究所的干部并不了解当时复杂的政治斗争内情，可是，他们凭着直觉，认定邓小平是值得信赖的，于是鼓起勇气，抱着最后一线希望，给邓小平写了一封长达 5 000 余字的信，并在研究所发起了签名活动。

1974年6月，这封寄托着植物研究所干部群众对邓小平无限信赖的信终于发出了，并很快到了邓小平的手中。

看着这封群众来信，邓小平陷入了沉思。他清楚地记得，1949年4月南京解放后，为了做好城市接收工作，避免破坏，他曾专门在南京待了一个星期的时间。而如今，在极"左"思潮的影响下，这样一座世界闻名的植物园，竟然遭到破坏，名存实亡，这是他不能容忍的。

邓小平看完信后很快就写了如下批示：

军队占用地方房屋，凡能腾出的都应归还。此件转给南京军区处理（如来信属实，应坚决归还），并向军委报告。

邓小平 六·廿五

邓小平作出这个批示的当天下午3时40分，国务院值班室即向江苏省委打电话，查问有关江苏省植物研究所的情况，要求省委及时上报。随后，南京军区也接到中央军委办公厅转来的邓小平的批示和江苏省植物研究所给邓小平的信的复制件，要求迅速查处上报。

这样，归还中山植物园的问题很快解决了。

当归还植物园的喜讯传来时，植物研究所的干部群众几乎不敢相信这是真的。直到他们带着幸存的几十万份植物标本和成箱成捆的研究资料重返阔别数年的故园时，这才兴奋得手舞足蹈，不能自已。

兴奋之余，植物研究所的负责人想搞清楚，究竟是什么原因这么快就落实了政策，经多方询问，他们得知是邓小平作了大意是"如属确实，坚决归还"的八字批示。尽管他们并没有亲眼看到邓小平的批示，可是，他们坚信不疑地向干部群众传达说，多亏邓小平作了这八个字的批示，才能够这么顺当地重返植物园。一传十，十传百，人们争相传诵着邓小平给植物研究所的八字批示。

了解了这段历史，人们对杨志斌见到邓小平时所表现出来的发自内心的异常感激之情也就可以理解了。所以，在十年之后，在植物研究所的大批研究人员经过十年浩劫重新回到研究所之后，在植物研究所乘改革开放的春风获得大发展的今天，听说邓小平来了，研究所的工作人员都赶来了。

所长贺善安向邓小平介绍了研究所的概况，介绍了改革开放以来研究所为经济建设服务和加强国际科技合作等方面的情况。邓小平认真地听着，不住地点头。

在参观时，当邓小平看到一盆标名"峨眉海棠"的植物时，问道："这真是峨眉山的？"

"这是在峨眉山发现的，而且是在野外环境下偶然发生的一个自然变异，是海棠属科中很难得的珍品。"贺所长回答说。

邓小平听了高兴地说："哦，这是我们四川峨眉山的东西。"

啊，这是多么真切的一位普通老人的乡情。

中山植物园是以研究培育仙人掌类植物著称于世的。在人们印象中，仙人掌只不过是沙漠中长着刺的块茎状植物，大不了再在顶端开几朵花。可是，在中山植物园仙人掌类植物展室里，呈现在邓小平眼前的竟是数百个品种的仙人掌植物，小的可置于掌心，大的如同粗壮的"狼牙棒"，争奇斗妍。邓小平兴致盎然地观赏着。当看到有株巨大的仙人掌一直长到房顶时，他很感兴趣地问道："再长高怎么办呢？"

贺善安回答说："为了不影响它生长，我们就把它锯掉一截子，让它缩回来再长。"

邓小平听后说："噢，这是个办法。"

接着，他又风趣地说："你们应该把房子接上一层嘛！"

一句话，引得在场的同志全都笑了起来。

原定参观的时间已经到了。这时贺善安向邓小平提出了题词的要求，邓小平看了一下身边的工作人员，然后和蔼地说："这样吧，我就不题词了，我给你们签个名吧。"他在签名簿上写道："邓小平，二月三日。"

"路子要走得宽一些"

1985年2月4日下午，邓小平乘坐的专列抵达上海。中共上海市委领导陈国栋、胡立教、阮崇武、王鉴、黄菊等前往车站迎接。

中共中央书记处书记陈丕显也到车站迎接。

邓小平下榻在上海西郊宾馆。

随同邓小平一起抵沪的王震一行住在虹桥宾馆。

2月7日上午，邓小平听取了上海市委领导同志陈国栋、胡立教、杨堤、汪道涵、阮崇武、吴邦国、黄菊等的工作汇报。

王震、陈丕显出席。

阮崇武在汇报中说，1984年上海工农业总产值达到786亿元，比1983年增长9.3%。地方财政收入完成159.6亿元，比1983年增长4.2%。

邓小平问："平均能搞到7.2%吗？"

阮崇武汇报说，1984年上海第三产业的产值占国民生产总值的21%。邓小平很有感触地说："外国人说我们潜力最大的是第三产业，第三产业是个缺门的东西，基本上没有动。第三产业在发达国家占国民总值的50%到60%。你们是21%，全国根本说不上。美国的一个研究所说，到本世纪末，中国的国民生产总值将达到1.5万亿美金。我们不是要达到1万亿吗？我们应该是1.5万亿。很有道理。他就是讲第三产业问题，第三产业是个缺门，潜力很大。"

这时，陈丕显插话说："很难讲，我们到本世纪末第三产业与国民生产总值的比例就达不到50%至60%。最近，我去了南通、常熟、沙洲、宁波这四个地方走了一圈，都是'七五'期间就可以翻两番，速度快得很。到1990年，距本世纪末还有十年时间呢！当然我去的四个地方都是最好的地方。"

阮崇武说，1984年有6 000批、20 000人次外商来上海谈生意。邓小平听后非常高兴，他说："外商兴趣比较高的是上海，愿意到上海来，他们愿意到上海来投资。"

陈国栋接着说，永安集团在上海开店，同时搞食品工业，以探索外汇平衡方法，邓小平说："这就是了，路子要走得宽一些。"

当阮崇武汇报到上海的市政建设问题时，邓小平问道："地铁问题解决了吗？"

"解决了，我们准备与外商合资。"阮崇武回答说。

"你们准备找谁合作？"

"我们正在与日本等国外厂商谈判，还准备引进一些设备。"

"这就是了。"邓小平说道。

邓小平还特别提到要改善上海的投资环境，指出环境好了，"这样人家就来投资了"。

关于上海的道路建设，阮崇武汇报说，我们准备搞5条高速公路，第1

条已经开工，高速公路每公里造价需要 1 000 万元。

邓小平问："就是在你们上海市的范围内？你们上海的街道也窄。"

陈丕显对上海市委的领导说："你们要算一本账，交通堵塞造成停车的损失，一样影响资金的利用率，否则 1 000 万元 1 公里要把别人吓坏。"

说到上海的自来水改造工程，邓小平提出了批评意见，说："你们的水也不干净。"

在汇报到上海的高层建筑的建设情况时，邓小平连连表示："要快一点。"

阮崇武在汇报中还谈到了上海港口的一个情况，引起了邓小平的高度重视。阮崇武说，1984 年上海港口年吞吐量突破 1 亿吨，但压船罚款一年就达 7 000 万美元。

邓小平说："你们现在还罚款？港口条件差，要综合利用。利用宁波、张家港这两个港口。包玉刚说，如果在宁波建立这个宝钢，成本要降低 30%，一艘船可装 20 多万吨，你们一艘船只装几万吨。现在宁波我就委托包玉刚牵头，把宁波发展起来，包给他。他投资 5 000 万美元，办一个大学，还办一个钢铁厂。"

当阮崇武说到上海外汇留成 3 亿美元，实际需要进口原料就要 8 亿美元，而进口原料后，生产的产品要供应全国时，邓小平说："提点价嘛。质量搞得好一点嘛！优质的提点价嘛。上海有这个本事。就是这么个出路，没有别的出路。高档产品可以立即解决这个问题。尽可能搞好一点，还要奋斗几年。"

接着，汪道涵汇报说，上海现有四个机场，江湾、龙华机场已不能使用，影响了上海的发展。建议国务院、中央军委和上海市组织一个小组，对机场的整个发展搞一个计划。邓小平点头同意说："搞个计划嘛！"

邓小平还饶有兴趣地问到上海和美国道格拉斯合作生产飞机的有关情况。

汪道涵说，现在空港分离，地方建立航空公司遇到了矛盾。邓小平听后表示：国务院要搞出一个方案来。

谈到上海的马路拓宽问题，邓小平问道："一个交通，一个通信，这两个东西你们几年可以解决？"

陈国栋回答说："五年。"

当汪道涵汇报到对外开放、对内搞活急需培养人才时，邓小平说："这种人，上海最容易上，搞点速成的学校，半年为期。上海人脑筋活。"

陈国栋说："要培养年轻人。"

邓小平表示赞同，并说："就是要年轻一点，老的当顾问，帮帮忙。他们有这个条件，一上来就能干二三十年。老脑筋再强顶多能干五年。"

陈国栋和胡立教在汇报中说，上海对翻两番有信心，1990 年有可能翻一番。邓小平听后极为兴奋，他十分高兴地说："1990 年办得到？上海能办到，全国肯定能办到，别的地方都可以提前，因为它本来就低嘛。"

王震也插话说："其他省市基数低。"

随后，胡立教汇报了上海的治安情况和核查"三种人"的情况。

陈丕显说，一年半以来通过打击刑事犯罪活动，治安情况有了好转。

说到这里，邓小平接过话题，说："真正的治安好转，是 800 美元，翻两番。真正好转是那个时候。但是你不压这股风啊，它发展得可快哩，特别是经过'文化大革命'的'锻炼'，'培养'了一批人出来。"

听了上海市委领导的汇报，邓小平更加了解了上海，在他的心里，上海是他运筹已久、将要投放到改革开放大格局中的一枚十分重要的战略性棋子。

2 月 13 日晚，邓小平同王震一起离开上海。

"漓江的水变清了"

1986 年 1 月 26 日，邓小平一家在王震的陪同下乘专列抵达了广西桂林火车南站。

站台上，中共广西壮族自治区党委书记陈辉光、自治区政府主席韦纯束、自治区党委秘书长钟家佐和桂林市委的领导同志王仁武等在此迎候。

邓小平、王震走下列车，与陈辉光等一一握手。随后，乘坐一辆中型面包车驶向位于市中心的榕湖饭店。

榕湖饭店，新中国成立初期是个政府招待所，后来改建成桂林的"钓鱼台国宾馆"。这里曾接待过几十个国家的元首和政府首脑。美国前总统尼克松和夫人就曾下榻在饭店的 3 号楼；柬埔寨国家元首西哈努克亲王和夫人在 2 号楼居住过；1 号楼接待过越南劳动党总书记黎笋；饭店的 7 号楼是后来改建的"国宾楼"，邓小平这次就住在这里。

邓小平一行到达饭店时，饭店负责人和服务人员在大楼门前列队，鼓掌欢迎。邓小平微笑着向大家招手致意。饭店负责人对邓小平说："您好，小平同志！欢迎您来到这里！"邓小平没有听清楚说的是什么，这时他的小女儿邓榕在他的耳边大声重复说："大家欢迎您来到这里！"邓小平微笑着用浓厚的四川话说："谢谢！谢谢同志们！"

一进7号楼，邓小平就对自治区的负责人说："1973年陪同加拿大总理特鲁多就住在这里吧。"大家都对他惊人的记忆力感到惊叹。

因为担心他旅途劳累，韦纯束说："您先休息，明天我们再向您汇报工作。"邓小平说："我这次是来休息的，多年不到广西了，想来看看桂林风光，不必专门给我汇报工作。"

邓小平还说，这次到广西的时间很短，就不去其他地方了，我到了桂林，也等于到了广西，请代向广西各族人民问好。

随后，陪同邓小平来的王震把韦纯束叫到他的房间谈话，一是交代这次的日程安排，吩咐不要设宴招待，一切从简，各自分开吃饭。二是着重强调，"小平同志过去一直强调不要宣传他，但党中央最近决定要宣传他啦"。韦纯束说："正好！我们要拍一部《百色起义》的电影。"王震说："宣传百色起义，很有意义，要搞好。事前应将剧本送中央宣传部审查。"

"我们一定照办。"韦纯束说。

不大一会儿，邓小平便拉着外孙、外孙女的手走到庭院里散步。

这个院子很大，高大的桂花树根深叶茂，虽然不是开花季节，那绿油油的树叶却也着实招人喜欢。几栋别墅式的小楼与院内湖边的小桥、流水，构成了一幅幅山水画卷，别具南国情调。这位八十多岁的老人漫步在庭院中，与家人边说边笑，其乐融融。

这是邓小平第二次来桂林。

十三年前，1973年的10月15日，邓小平陪同加拿大总理特鲁多从河南郑州乘飞机抵达桂林访问。

1978年10月9日，邓小平在会见美国泛美航空公司董事长西威尔前后，同民航总局、旅游总局负责人谈话时，说到发展旅游的问题，提到桂林漓江的污染。他说："桂林漓江的水污染得很厉害，要下决心把它治理好。造成水污染的工厂要关掉。'桂林山水甲天下'，水不干净怎么行？"

邓小平这次来到桂林，要看看这个城市，看看漓江现在怎么样。

1月27日，邓小平在自治区领导陈辉光、韦纯束、钟家佐等和桂林市委书记王仁武的陪同下乘船游览漓江。

因为漓江水浅，邓小平不能像十三年前一样在桂林码头上船，只得坐汽车到杨堤上船。

邓小平一家和王震一家同坐一条游船。

在从桂林到阳朔的江面上，游船顺流而下，漓水盈盈，碧波荡漾，两岸奇峰，层层托出，景景相连。

迷人的漓江无私地、毫无保留地袒露着自己秀丽的姿容，让中外游客尽情领略其"江作青罗带，山如碧玉簪"的奇妙意境，给人们留下无尽的美感与回味。这是桂林山水的精华。

船上，邓小平和王震静坐览胜，他们观赏两岸那如诗如画、千姿百态的景色。

邓小平神情安然地一边抽着烟，一边望着船舱内嬉戏的孩子们和外面秀美的漓江山水。

在未进入主要景点前，邓小平和陪同的自治区领导同志聊起了家常。

"你们都是广西人吗？是壮族吗？"邓小平问。

广西的同志一一作了回答。

邓小平的随和，使得谈话变得十分轻松和无拘无束，气氛也变得热烈起来。

"小平同志，1973年您来过桂林，这次是'故地重游'，欢迎您今后常来广西看看。"自治区的领导同志说。

游船缓缓而行，两岸风景如画。

掠过冠岩、绣山、半边渡等风景点，来到九马画山前，游船停泊在江心。

这时，为此行导游的姑娘胡林请邓小平和其他领导同志登上船顶平台欣赏这漓江风光的"代表作"。她娓娓讲述了九马画山的神奇传说，然后背诵了一首当地的民谣："看马郎，看马郎，问你神马有几双？看出七匹中榜眼，看出九匹状元郎。"大家听了都很感兴趣，都朝着导游指的方向聚精会神地看去，看看谁能看出九匹马来。

由于天气不太好，大家都没法看清崖壁上九匹马的神态。邓小平也看了一会儿，他对导游说："我看不出有几匹马，所以我既不能当状元，又不能当榜眼。"小女儿邓榕接着开玩笑地说："爸爸，你一匹马都看不出来，连秀才也不如呢！"说得大家都笑了起来。

回到船舱，大家对漓江的风景又议论起来。邓小平说，漓江两岸的山峰确实很美，在别的地方看不到。要保护好水，也要保护好山。

卓琳说，漓江两岸的竹子很多，很好看，但是绿化还不够，要多种一些树。

王震提出，漓江的水不但不能污染，而且还应该多养些鱼，这样水更好看，还有鱼吃。

游船离开九马画山后，又见一山拔岸耸立，形似朝板，故名朝板山。游船在此稍作停泊。

邓小平对身边的王仁武说："1973年，我陪加拿大客人来桂林的时候，漓江的水比现在大。当时我看到有一条黑色的江水，不知道现在漓江污染的问题解决了没有？"

王仁武汇报说："1973年您来桂林时，作了重要讲话，我们市委很重视，下决心治理漓江污染。经过十多年的努力，漓江的水质好多了。不过据化验，江水中仍有一些大肠杆菌和其他细菌，治污工作还需继续进行。"

自治区政府主席韦纯束说，广西和桂林十分重视邓小平的指示，认真贯彻执行。为了保护环境，治理漓江，调整了工业布局，关、停、并、转、迁了27个严重污染环境的工厂、车间，撤掉了20个铸造点和22个电镀点。

邓小平以肯定的语气说："就是要关嘛！"

韦纯束接着说，我们兴建了81项治理环境污染的工程，改造了170多台锅炉，还制定实施了排污管理条例，并专门下发文件规定，不准在桂林再新建污染环境的工厂。这些措施的实施，改变了过去的工厂冒黑烟、漓江有浊流的状况。现在漓江水变清了，这要感谢您的批评。

"就要这样！"邓小平满意地点了点头。

看到漓江两岸种有许多竹子，邓小平又站起来观看。

韦纯束说："我们自治区政府每年都拨款绿化漓江两岸。"

邓小平连声称赞："好，好，做得对！"

一向务实的他还要亲眼看一看，他说："我们到船舱外面看看好吗？"

邓小平登上了二层平台，当他看到漓江水很清时，特别兴奋地说："连水中的石头都看得见了！"

回到船舱后，邓小平很满意地对王仁武说："这次游漓江，看见的（指水中的石头）和看不见的（指细菌）都知道了，这就好了。漓江的水变清了。"他还强调说，"桂林山水，就要讲这个'水'字，有水才能看见倒影嘛！"

漓江的水虽然清了，但漓江的治理还有许多工作要做。邓小平看到江水很浅，游船非常吃力地往前开，问道："水位有多深？"

韦纯束介绍说，现在的水位只有 0.4 米，流量只有 10 个立方米，水位应该提到 0.8 米，流量达到 20 个立方米，才能保证顺利通航。

"如果提到 20 个立方米的流量，这样游船每小时可以走多少公里？"停了一下，邓小平又问，"洪水季节，游船每小时可以走多少公里？"

韦纯束作了回答。

邓小平说，你们应该采取措施，提高水位才行。

王震也说，一定要达到 20 个立方米的流量。

邓小平说，游漓江是桂林旅游的一项重要内容。漓江的水位这么低，是不是可以想点办法。他建议：现在乘的都是比较大的游船，是不是可以改一改，不一定乘大船，也可以乘帆板船。把帆板船改造一下，作旅游船用，这种船吃水浅。

卓琳也说，游漓江还是坐小船好，人数少，可以慢慢看。

看着变化了的漓江，想着将来美丽的漓江，邓小平笑了，而且笑得是那样开心。

1 月 28 日，天气十分晴朗。早春的南国虽仍有几分寒意，但公园里人流如织。

邓小平来到了芦笛岩参观。

在芦笛岩贵宾室，邓小平刚坐下来休息一会儿，公园的同志就走过来请邓小平题字，邓小平走到写字桌前，笑着说："写啥？"公园的同志说："随便写吧，什么都行。"这时，邓小平的小外孙拉住他的衣角叫着："写'到此一游'。"邓小平笑着拍着小外孙的肩膀说："就依你！"于是，欣然提笔写道："一九八六年一月二十八日到此一游 邓小平。"大家报以热烈的掌声。这时公园的同志又走到王震面前，请王震题字。王震说："小平同志已经写了，我就不写了吧。"公园的同志恳切地说："请您也写个吧。"王震在邓小平的名字后面写了"陪随者王震"，大家也同样报以热烈的掌声。

"我回到家了！"

1986 年 1 月 29 日晚，邓小平乘坐专列离开桂林经贵州前往四川，下榻在成都金牛坝宾馆。

一住进金牛坝宾馆，邓小平就高兴地对身边的工作人员和接待人员说："我回到家了！"

他，十六岁离开广安老家，再也没有回去过。对他来说，到了四川就是到了家。

邓小平对家乡的一切总是充满了深情，特别是对家乡的饮食情有独钟，他尤其爱吃四川的蔬菜。他在吃豌豆尖时，还饶有兴致地给接待人员讲了一个故事。原来桂林的豌豆尖不像四川那样只选豌豆苗的嫩尖，而是把豌豆苗的茎也掐下一大截，因而显得比较老，不好吃。邓小平讲完后风趣地说："回到四川，回到家乡，才能吃上真正的豌豆尖。"后来他离开成都回京时，还专门买了一大包他最喜欢的蔬菜——蒜薹、青菜、豌豆尖等。回到北京后还把这些蔬菜分了些给老帅们共享。

2月8日是农历的除夕。这天一大早，成都西郊金牛坝宾馆内彩灯高挂，春意满园，600多名干部和群众代表喜气洋洋来到这里，参加省委、省政府举办的春节团拜会。

邓小平红光满面，精神矍铄，步履稳健地走到每个代表面前，和大家一一握手。11时，春节团拜会在欢乐、热烈的气氛中结束。

邓小平这次回到家乡，很想见见他的亲舅舅淡以兴。

这是他在广安老家的唯一直系亲属。

淡以兴，是邓小平的母亲淡氏的弟弟，与邓小平同岁，也是私塾的同学，少时他们感情很好。

淡以兴在"文革"中曾被扣上漏网地主帽子，遭过揪斗、游街示众。1973年邓小平重新恢复工作后，淡以兴才被宣布摘掉"地主分子"的帽子。

这次邓小平在成都过春节，把舅舅、舅母接到成都，请他们吃饭并合影留念。

这是舅甥之间最后一次相见。

这就是老人的一片乡情、一片亲情。

2月13日，正月初五，在金牛坝宾馆东楼前，中共四川广安县委书记罗国兴、副县长王洪峻带着家乡人民的深情厚谊，在这里等候着看望邓小平和王震。

10时过后，邓小平和王震走过来了。这两位老人的步伐迈得是那样的坚定，大家报以热烈的掌声。

邓小平笑容满面，十分高兴，风趣地说："好啊！今天终于见到我的'父母官'了！"在和大家一一握手时，邓小平问起了他们的姓名，回头看了看罗国兴和王洪峻，连声说，"好啊，你们年轻，有文化，有希望。"并语重心长地嘱咐他们，"你们要把广安建设好。"

邓小平高兴地和大家合影留念。

合影结束后，卓琳热情接待了罗国兴、王洪峻，仔细地询问了广安家乡近几年来建设的情况。在得知罗国兴、王洪峻两人都只有33岁，具有大学文化水平后，卓琳高兴地说，年轻人正是干事情的时候。邓小平经常讲，要给年轻人压担子，对年轻人要放手、放心。邓小平当红七军政委的时候，也才二十几岁嘛。你们年轻，干劲大，这几年党的政策好，一定要发挥当地的优势，把广安建设好，尽快使广安人民富裕起来。

罗国兴、王洪峻谈到了邓小平旧居的保护问题。卓琳向他们转达了邓小平的意见。她说，小平同志讲过，共产党人活着就是要为人民服务，钱要用在人民的事业上。她对县委准备在邓小平旧居周围多植树表示满意，并鼓励家乡多栽树，把环境绿化好。

当罗国兴代表家乡人民请邓小平和卓琳回广安视察时，卓琳回答说："回到四川，就算回到了家乡，请你们代向家乡人民问好。"

邓小平这次在成都金牛坝宾馆住了十多天时间。

邓小平的生活很节俭、朴素。在金牛坝宾馆，他每顿一般是三菜或四菜一汤，菜也就是粉蒸肉、回锅肉、青菜、豌豆尖之类的家常菜，汤一般是酸菜粉丝汤或酸菜肉丝汤。让服务人员特别感动的是，他决不浪费一丝一毫。有一天中午，厨师给他做了一个清炖蹄花，一共只有两小节。他吃了一节后，对服务员说："这节猪脚吃不了，搁到下顿吃吧。"到了晚上，厨师只好把剩下的这节猪蹄热了端上桌。

让接待人员感触最深的是，邓小平没有一点"大官"架子。当时，从接待人员到服务人员，都想和他照个相以作纪念，所以，在陪他散步时，有的人就悄悄照相。邓小平知道缘由后，不但没责怪他们，还笑着对大家说："都是老乡，大家一起照嘛！"然后和他们一起手拉手地照了许多相。

2月14日，邓小平离开成都回北京。

"看看你们的开发区"

1986 年 8 月 19 日晚，邓小平从北戴河乘专列来到天津。一到迎宾馆，他就对天津市市长李瑞环说："我这次来天津，要看看你们的开发区，看看市容，还要到港口看一看。"

第二天上午，雨后天晴，碧空如洗。邓小平来到刚刚落成不久的天津市区交通大动脉——中环线视察。

这条环状长街是天津第一通衢大道，它的建成给天津增添了一道耀眼的光环。邓小平驱车视察了全线。看到宽阔的道路沿线修整一新的建筑，点缀其间的雕塑艺术品，成行的绿树，芬芳的花草，令人心旷神怡。与八年前的1978 年他来天津时相比，市容大为改观。邓小平露出微笑，称赞道："天津这几年变化确实很大。"

中环线全长 34.5 公里，沿线与 14 条放射干道相交，路面全宽为 50 米，设计车速为每小时 60 公里，是天津市一条快速车道。这项工程共铺设排水管道 69.5 公里，修筑路面 140.78 万平方米，新建泵站 9 座、桥梁 7 座、立交桥 8 座，还有电力、电信、路灯、煤气、自来水、交通信号、园林绿化等各种综合配套工程。沿线拆迁面积共计 20 余万平方米。工程规模之大，技术要求之复杂，需用人力、物力之多，时间之紧，在天津市城市建设史上是空前的。

邓小平站在位于中环线西半环的八里台立交桥上，俯瞰街景，兴致很高。李瑞环介绍说："中环线工程用了 10 个月的时间，完全是靠我们自己的力量完成的，其速度之快，质量之优，效益之好，专家给予了很高的评价。许多外国人看了之后，不能不感到惊奇，他们认为达到了国际上也是难以达到的水平。当然，也有人摇头，觉得就中国目前的施工技术和设备，这个速度不可理解。"

邓小平对李瑞环和在场的市政工程局的同志们说，改革，现代化科学技术，加上我们讲政治，威力就大多了。到什么时候都得讲政治，外国人就是不理解后边这一条。一些对我们社会主义制度没有深刻研究的外国人，这确实是难以理解的，因为他们经常看到的多是我们的劣势。我们承认存在着技术落后、设备陈旧的问题，正因如此，我们才实行对外开放的政策，吸收和引进国外的先进技术和经验。但是，我们也确有一些发达国家所没有的优势。在我们的国家里，大家都有一个共同的目标，这个目标反映了全体人民的共同利益。

当我们把这个目标喊响，使广大人民群众明确之后，就能把群众动员起来。

当李瑞环继续讲到在中环线建设中经常组织义务劳动时，邓小平肯定地说："你们经常搞义务劳动，这也是政治嘛。"

邓小平问："中环线搞得这么快，是不是搞了承包？"李瑞环回答说："是。"

邓小平说："就是要搞改革，搞承包，分段、分级承包，实行责任制。"

在中环线东半环的蝶式立交桥上，邓小平下车仔细地进行了察看，他夸奖大桥建得好。李瑞环把这个大桥的设计者胡习华介绍给他。邓小平握着胡习华的手，连声称赞他"干得好"，并高兴地问："你叫什么名字？多大了？什么学校毕业？"胡习华一一作了回答，并向邓小平汇报了这座大桥设计的特点。李瑞环补充说："这座大桥设计得很巧妙，老专家评价很高，很有创造性。他现在是技术员，刚满三十岁，我们想破格提升他为工程师，可又不到晋升年限，不知该不该提升？"邓小平认真地说："应该，应该。这也是改革呀！"邓小平说完，再次拉着胡习华的手说，"你为人民办了件大好事，谢谢你，这座立交桥确实很漂亮。要好好学习，争取多为中国建设作贡献呀！"

在视察中环线后，邓小平又视察了居民小区。

来到红桥区咸阳北路居民小区的楼间花园里，邓小平见到一群天真活泼的孩子嬉戏在绿草花丛间，他高兴地俯下身去亲吻孩子们。孩子们纷纷聚拢起来高喊："邓小平爷爷好！"邓小平高兴地向孩子们招手。

河西区体院北居民区的园林小品引起了邓小平的浓厚兴趣，他漫步在假山、水榭、亭阁之间。附近的居民听说邓小平来了，跑到阳台上，拥到庭院里，热烈鼓掌，向邓小平致意。看到群众个个喜笑颜开，邓小平高兴地说："建设居民小区，老百姓有了好的环境，看到了变化，就有信心，就高兴，事情也就好办了。"

21日上午，邓小平兴致勃勃地视察了天津经济技术开发区，详细听取了开发区管委会的汇报，并接见了合资企业中外方经理，还参观了丹华公司的车间和试生产出的摩托车。

当邓小平来这里视察时，开发区还不满两周岁。然而，昔日的荒凉已经不见了，代之而出现的是先期开发的4.2平方公里起步区，以其崭新的面貌呈现在邓小平的面前。这里道路纵横交错，幢幢建筑物鳞次栉比，厂房林立，车辆川流不息，一派生机。开发区管委会主任向邓小平汇报说，我们按照您"对外开放不是要收，而是要放"的指示精神，艰苦创业，只靠国家3.7亿元贷款，本着开发一片、建设一片、投资一片、获益一片的建设方针，一面建设，一面招商引资，走上了滚动开发、良性循环的自我发展之路。现在我们已和外商签订了 35 项合同，有 11 个国家和地区在这里投资，年底将有 20 个企业投产。这么短的时间，取得这么好的成果，邓小平听后十分欣喜。他说："天津开发区很好嘛，已经创出了牌子，投资环境有所改善，外国人到这里投资就比较放心了。对外开放还是要放，不放就不活，不存在收的问题。"李瑞环在一旁插话："市里对他们的原则是放权，让他们自己搞，这个班子很年轻。"

望着这些朝气蓬勃的开发区人，邓小平信心十足地说："把年轻干部放到第一线压担子，这个路子对，不能只靠人家扶着。他们受到了锻炼，提上来别人也会服气。"说完，他亲切地逐一询问着开发区管委会成员的年龄、文化程度、专业特长。他那慈祥的目光，和蔼可亲的微笑，饱含了深切的期望和嘱托。

应李瑞环的要求，邓小平挥毫题写了"开发区大有希望"七个苍劲洒脱的大字。

邓小平放下笔，幽默地说："就这个容易，别的都不容易哟。"

21 日上午，邓小平一行来到了天津港。

在视察天津港的路上，邓小平看到天津的临海地区有大片的滩涂荒地，对陪同的李瑞环说："你们在港口和市区之间有这么多荒地，这是个很大的优势，我看你们潜力很大。可以胆子大点，发展快点。你们这里有些基础设施比上海好，有些事办起来可能容易些。"

天津港务局局长祝庆缘向邓小平汇报说，两年来港口经济效益提高60%，吞吐量增长 22%，解决了长期存在的压船问题，外商反映良好。邓小平听了十分高兴，感慨地说："人还是这些人，地还是这块地，一改革，效益就上来了。这无非是给了你们权，其中最重要的是人权。你们有了权，有了钱，情况就发生了很大变化。"

邓小平视察了港口的集装箱码头和颇具现代化水平的装卸设备，浏览了广阔而布局合理的港口全貌，每到一处，脸上不时露出笑容。

在天津，邓小平还观看了从联邦德国、日本引进的设备和技术制造的摩托车和轿车。邓小平说："我们要自己解决小汽车的问题。你们要研究出几种新的汽车型号，外形要经常换，像商品的包装一样。"在参观天津部分轻工业产品陈列时，他特别询问了轻工业产品的品种、花色和质量情况，他强调指出："质量问题是最重要的。"

邓小平还参观了古文化街，浏览了天津市容，他兴奋地说："天津这几年变化确实很大，比以前漂亮多了。古文化街很有特点，对外国人一定有吸引力。"

邓小平对引滦入津工程一直十分关心，曾对参加这项工程建设的人民解放军给予高度评价。20日，他还为引滦入津工程纪念碑题写了碑名。

接见话务员

在军委台的荣誉室里，邓小平接见话务员的照片格外醒目。

1986年8月16日下午，正在北戴河为军委暑期办公作通信保障的军委台分队队长尹江平，接到军委办公厅北戴河服务处甫处长的电话。甫处长高兴地说："你们选派几名代表，明天上午到海滨浴场，邓主席要接见你们！"

尹江平一听顿时神采飞扬，心潮起伏得比北戴河的浪还高。身为队长，激动之余，她又马上意识到一个棘手的问题：能受到邓主席的接见无比光荣，机会难得，姐妹们肯定争先恐后，落掉谁都是一个损失和难做的思想工作。她知道大家经常为邓主席接电话，更是渴望能亲眼一睹这位伟人。

想到这里，尹队长大胆地把电话打到了军委办公厅甫处长那里，请求道："我们都盼望能见到邓主席，能不能让我们都去？哪怕多去几个也让大家少几分遗憾……"

大家焦急地等待着，终于"邓办"打来电话，说邓主席很乐意接见大家，除了值班的都参加接见。对值班的同志，邓主席再另找机会接见。

女兵们顿时欢呼一片。

第二天吃过早饭，女兵们就早早地等候在营地。企盼中，甫处长派来了专车，把女兵们接到了海滨浴场。

这天，天气安排了一丝淡淡的小雨，使空气变得清新柔和。大家上车时，值班的同志说："别忘了替我们向邓主席问好，别忘了帮我们也握握邓主席的手！"

女兵们到时，邓主席已等候在此。他身着白色衬衫，灰色长裤，宽口布鞋，精神饱满地向她们投来慈祥的目光，向她们轻轻挥手致意。

邓榕对父亲说："军委台的同志来了，这是她们的分队队长小尹。"坐在藤椅上的邓小平一听赶紧站起来——和话务员握手。一个巨人向普通女兵们起立，一反常态的举动说明了他对军委台的重视。邓小平笑盈盈地说："哦，军委台的同志，你们好！你们辛苦了！"

邓榕组织大家列队与邓小平合影。她招呼道："首长要单独和军委台的同志合影，别的同志请往旁边让一让。"

北戴河服务处的司机小钟不想错过这个难得的机会，偷偷地站在了话务员的身后，硬是挤进了镜头。直到照片冲洗出来，9个女兵才发现她们身后还站着一个高高的男兵。

在短短三年时间里，邓小平先后5次接见军委台话务员。女兵们珍藏着那些记忆，更珍藏着那份荣光。

谈话中的幽默

1987年4月16日，中共中央顾问委员会主任邓小平在人民大会堂会见出席《香港特别行政区基本法》起草委员会委员时，记者被允许在场拍摄5分钟，但不许发问。不过邓小平似乎很了解记者的心理，一开始就来了一场精彩的"开场白"，阐述了基本法起草工作的重要性，在场记者听罢都觉得"没有料到"。邓小平就座后，问身旁的安子介，今年过七十岁了吧？安子介回答说已经七十五岁了。邓小平笑着说："那你比我小。我快八十三岁了，今年8月就八十三岁了。明年算是一个关，中国不是有句话叫'七十三、八十四'嘛，不过，我看我是可以顺利度过的。"在场委员听后都笑了起来。在交谈中，邓小平拿起桌上的香烟请安子介抽，安子介表示他不会。邓小平笑着说："你们都是好人呀，我就有三个坏习惯，一个是抽烟，一个是喝酒，还有个最不符合西方生活方式的，就是有一个痰盂。"说完，他发觉脚下的痰盂不见了，于是笑着说，"他们（服务员）给我守秘密，放背后了。"大家听了哈哈大笑，而服务员也赶忙将原来放在座位后面的痰盂放回前面来了。

第十编 晚年情怀

（1989—1997）

党的第三代领导集体的确立

中国共产党的第三代领导集体，是以中共十三届四中全会选举江泽民同志担任中共中央总书记为标志开始形成的，是在以邓小平为核心的第二代中央领导集体的精心培育下逐步形成和确立起来的。邓小平在第三代领导集体的形成和确立过程中，发挥了决定性的作用。

废除领导职务终身制、实现干部队伍年轻化和领导权力的顺利交接，是党的十一届三中全会以后邓小平一直致力解决的一个战略问题。

中国共产党第一代领导集体从 1935 年遵义会议开始逐步形成后，领导全党和全国人民经过不懈奋斗，夺取了新民主主义革命的胜利，并在新中国成功地建立起社会主义制度，开辟了中国历史的新纪元。但是，第一代领导集体在执政以后没能很好地解决领导人实际上的终身制等弊端。

第二代领导集体的主体是久经考验的老一辈无产阶级革命家，但他们都是七八十岁的老人了，选拔和培养接班人是他们的当务之急。所以，第二代领导集体建立后，邓小平就一直在安排接班的问题。

邓小平在选拔和培养接班人的同时，还明确提出，要让更多的年富力强的中青年干部走上各级领导岗位，建立领导人退休制度。因为"自然规律是不可改变的，领导层更新也是不断的。退休成为一种制度，领导层变更调动也就比较容易"。因此，他从 1980 年起，就提出要改革党和国家的领导制度，废除干部领导职务终身制。他明确提出：

老同志是党和国家的宝贵财富，责任重大，而他们现在第一位的任务，是帮助党组织正确选择接班人。这是一个庄严的职责。

为此，他身体力行，带头建立退休制度。

邓小平 1977 年复出时是七十三岁。按他非凡的政治智慧、丰富的治党治国治军经验和在党内的崇高威望，以及当时的历史条件，他完全可以出任党和国家的最高领导职务，而且党内外也都希望他当总书记、国家主席。但是，从党和国家的长治久安考虑，邓小平都拒绝了，他没有出任这些职务。他在 1979 年 11 月 2 日谈到："我自己就有这个想法，如果党允许我今天退休，我马上就退休。这是真话。从整个事业来看，我现在还不可能退休，我想大家也不会赞成。但是，就我个人的心情来说，确实感到这个问题太重要了。我们要向前看，我们这个事业是千秋万代的事业啊！" 1984 年 10 月 22 日，他在中共中央顾问委员会第三次会议上的讲话中说："请年纪大一些的同志腾出位子来不容易呀，但是这件事我们必须办，这条路我们必须走。两年前我就说过，我希望带头退休。""因为位子就那么多，还要精兵简政，老的不腾出位子，年轻的上不了，事业怎么能兴旺发达？"于是，在 1987 年党的十三大召开之前，邓小平提出了退休的愿望。党中央反复考虑他本人和党内外的意见，决定同意他辞去中共中央政治局常委、中央政治局委员、中央顾问委员会主任的职务，决定他留任党和国家军委主席的职务。在他的带动下，一大批老干部为了党的事业退出了中央领导岗位，从而为第二代中央领导集体向新的中央领导集体顺利过渡、为党的第三代领导集体的形成创造了充分的条件。

1989 年 5 月 31 日，邓小平在同李鹏、姚依林谈话时提出，要真正建立中国共产党历史上第三代领导集体。6 月 16 日，他在同中央几位负责人谈话时再次提出，我们中国共产党现在要建立起第三代领导集体。

作为党的第二代领导集体的核心，邓小平主持了第三代领导班子的组建。他深知，建立一个什么样的领导集体，既关系到中国以什么样的形象出现在世人面前，更关系到中国能否长治久安的问题。这是一个十分重要的问题。为此，他提出了建立第三代领导集体的条件和选拔第三代领导集体成员的标准。

邓小平首先强调："新的中央领导机构要使人民感到面貌一新，感到是一个实行改革的有希望的领导班子。"改革开放是大势所趋，人心所向。要保证我国改革开放的政策长期不变，就必须建立一个坚持改革开放政策、具有改革开放形象的党中央领导集体。他说：组成具有改革开放形象的中央领导班子向人民亮相，这是最重要的。不是九分九，而是十分重要的问题。他希望新的领导班子要坚持做几件改革开放的事情，甚至比过去更开放，证明他们是真正执行党的十一届三中全会以来的改革开放政策的。这样人民就可以放心了。

邓小平提出，新的中央领导集体要"胸襟开阔""从大局看问题"，要"放眼世界，放眼未来"。这是他对第三代领导集体的"最根本的要求"。1989年5月31日，他在同李鹏、姚依林谈话时说：

> 进入中央最高层的每个成员，都要不再是过去的自己，不再停留在过去的水平上，因为责任不同了。每个人从自身的角度，包括自己的作风等方面，都要有变化，要自觉地变化。领导这么一个国家不容易呀！责任不同啊！最重要的问题是要胸襟开阔。要从大局看问题，放眼世界，放眼未来，也放眼当前，放眼一切方面。

邓小平特别强调，党的第三代领导集体要"取信于民"。邓小平一直坚持把人民高兴不高兴、人民满意不满意、人民拥护不拥护作为衡量干部优劣的标准。在组建第三代领导集体时，他把这一点放在了十分突出的位置。他说："第三代领导要取信于民，要得到人民对这个集体的信任，使人民团结在一个他们所相信的党中央领导集体周围。"要取得人民的信任、拥护，一方面"我们起用人，要抛弃一切成见，寻找人民相信是坚持改革路线的人，要抛弃个人恩怨来选拔人，反对过自己的人也要用"。另一方面要支持反对腐败。他说，这次（指1989年政治风波）出这样的乱子，其中一个原因，是由于腐败现象的滋生。在这次事件中，没有反对改革开放的口号，比较集中的口号是反对腐败。对某些人来说，这个口号是一个陪衬，但对我们来说，要惩治腐败。不惩治腐败，确实有失败的危险。新的领导人要认真抓这个问题。要清理我们自己工作中的错误，扎扎实实做几件事情，体现出我们是真正反对腐败，而不是假的。他说：惩治腐败这个关我们必须过，要兑现，要拿事实给人民看。"我们一手抓改革开放，一手抓惩治腐败，这两件事结合起来，对照起来，就可以使我们的政策更加明朗，更能获得人心。"

邓小平提出的建立党的第三代领导集体的设想和选拔第三代领导集体成员的条件，是形成党的第三代领导集体的政治基础。正是有了这个基础，党的第三代领导集体才顺利产生，并承担起领导全党、全国人民进行改革开放和现代化建设的历史重任。

1989年6月23日至24日，在党的十三届四中全会上，组成了新的中央领导机构，产生了以江泽民为总书记的新的政治局常委，这标志着中国共产党第三代中央领导集体正式确立。

在新的中央领导集体建立的过程中，邓小平在总结党的历史经验的基础上，明确提出：这个新的领导集体要有一个核心。早在1989年5月组建这个班子时，他就对李鹏、姚依林明确表示："希望大家能够很好地以江泽民同志为核心，很好地团结。只要这个领导集体是团结的，坚持改革开放的，即使平平稳稳地发展几十年，中国也会发生根本变化。关键在领导核心。"他表示，"新的领导班子一经建立了威信，我坚决退出，不干扰你们的事。"

6月16日，他在同中央几位负责人谈话时，联系我们党的历史，论述了维护党的领导核心的重要性。他说：

"任何一个领导集体都要有一个核心，没有核心的领导是靠不住的。"我们党"第一代领导集体的核心是毛主席。因为有毛主席做领导核心，'文化大革命'就没有把共产党打倒。第二代实际上我是核心。因为有这个核心，即使发生了两个领导人的变动，都没有影响我们党的领导，党的领导始终是稳定的。进入第三代的领导集体也必须有一个核心"。"要有意识地维护一个核心，也就是现在大家同意的江泽民同志。开宗明义，就是新的常委会从开始工作的第一天起，就要注意树立和维护这个集体和这个集体中的核心。只要有一个好的政治局，特别是一个好的常委会，只要它是团结的，努力工作的，能够成为榜样的，就是在艰苦创业、反对腐败方面成为榜样的，什么乱子出来都挡得住。"

邓小平强调，要以高度的自觉性来理解和处理这个问题。

到这年的9月，邓小平在目睹了以江泽民为核心的新的中央领导集体在不到三个月的时间内所做出的成绩之后，感到无比的欣慰。他决定从中央领导岗位上完全退下来。

9月4日，他在同中央政治局常委江泽民、李鹏、乔石、姚依林、宋平、李瑞环等人谈起他的退休问题时说：现在看来，对新的领导班子这一段活动，国际国内反应至少是很平静的，感到稳妥，没有什么怪话，说明我们这个新的领导班子是能够取得人民的信任和国际上的信任，如果再加上我们退出去，人家再看上两至三个月，或半年，我们的局面真正是稳妥稳定的，是一个安定团结的政治局面，中国还在继续发展，继续执行原有的路线方针政策，到那时，我们这些人的影响就慢慢消失了，消失了好！同一天，邓小平致信中共中央政治局，请求批准他辞去中央军委主席的要求。他在信中写道：

> 党的十三届四中全会选出以江泽民同志为首的领导核心，现已卓有成效地开展工作。经过慎重考虑，我想趁自己身体还健康的时候辞去现任职务，实现夙愿。这对党、国家和军队的事业是有益的。恳切希望中央批准我的请求。我也向全国人民代表大会提出辞去国家军委主席的请求。

11月9日，中共十三届五中全会根据邓小平的请求，同意他辞去中央军委主席职务。同时，会议根据邓小平的提议，决定江泽民同志任中共中央军委主席。

党的十三届五中全会结束三天后，邓小平与新任中央军委主席江泽民一道，来到京西宾馆，看望参加军委扩大会议的同志们，并发表讲话。他说：

> 军委领导更换了人，我认为，确定以江泽民同志为核心的党中央，是全党作出的正确选择，他是合格的军委主席，因为他是合格的党的总书记。我希望大家在以江泽民同志为核心的党中央领导下，在以他为主席的中央军委领导下，我们军队在捍卫我们国家的独立和主权，捍卫我们国家的社会主义事业，捍卫党的三中全会以来制定的一系列路线方针政策中，作出更大的贡献。

1990年3月4日，全国人大七届三次会议批准邓小平辞去中华人民共和国中央军事委员会主席的职务。

退休后的邓小平，仍然关注着我们党的建设事业，关注着第三代中央领导集体的成长。1990年12月，他在同中央几位负责人谈话时说："这一年多的成绩不可低估，国内外形势比我们预料的要好，最关紧要的是有一个团结的领导核心。这样保持五十年、六十年，社会主义中国将是不可战胜的。"

邓小平之所以一再强调要维护以江泽民为核心的第三代中央领导集体，道理很简单，因为一个团结的领导核心事关我们党和国家的前途和命运。他明确指出："中国问题的关键在于共产党要有一个好的政治局，特别是好的政治局常委会。只要这个环节不发生问题，中国就稳如泰山。""帝国主义搞和平演变，把希望寄托在我们以后的几代人身上。江泽民同志他们这一代可以算是第三代，还有第四代、第五代。我们这些老一辈的人在，有分量，敌对势力知道变不了。但我们这些老人呜呼哀哉后，谁来保险？""中国要出问题，还是出在共产党内部。对这个问题要清醒，要注意培养人，要按照'革命化、年轻化、知识化、专业化'的标准，选拔德才兼备的人进班子。我们说党的基本路线要管一百年，要长治久安，就要靠这一条。真正关系到大局的是这个事。"

开发浦东

　　1990 年 1 月 20 日，邓小平离开北京前往上海。这是进入 20 世纪 90 年代后邓小平的第一次外出视察。

　　1 月 26 日，除夕之夜。邓小平与上海市的党政军负责同志欢聚一堂，共迎 20 世纪 90 年代的第一个新春佳节。

　　这已经是他第三次在上海过春节了。

　　邓小平来到洋溢着新春气氛的会见厅，与中共上海市委书记、市长朱镕基，市顾问委员会主任陈国栋等领导同志一一亲切握手，互致节日问候。朱镕基代表上海人民祝邓小平同志健康长寿。

　　邓小平高兴地说："我到上海来过春节，向你们拜年来了！并通过你们向上海人民拜年！"

　　在一片欢笑和热烈的掌声中，邓小平和大家合影留念。

　　大年初一的上午，朱镕基、陈国栋等上海市委主要领导来到了邓小平下榻的宾馆，给邓小平拜年。

　　话题很快落到了上海的浦东开发建设上。

　　邓小平说，浦东开发晚了，但还来得及，上海市委、市政府应该赶快向中央报。

朱镕基说，开发建设的报告不理想，不敢报。

邓小平说，不用怕，报嘛。

作为一个统领全局的伟大的战略家，邓小平以其独特的视角看到了上海在对外开放方面拥有的优势：地理位置、交通条件、人才资源、自然资源以及历史积淀下来的与国际交往的传统联系和经验，等等。这些，都预示着上海有着迅速发展的内在潜质，有着重塑国际化、现代化大都市形象的先天条件。

邓小平看到的还有：长江流域地处全国腹地，东西横贯华东、华中、华南三大经济区，南北纵穿10多个省、自治区，内结大西南，外联大西北，陆空交通发达，延伸全国各地，具有总揽沿海与内地，南北与东西相互联系、相互开放的特征。

如果说长江是一条绵延千里、舒身待飞的巨龙，那么位于长江入海口的上海就是龙头。

邓小平看到的是一个将影响中国开放格局的宏观战略问题。在中国对外开放这块棋盘上，他将上海浦东开发开放视为举足轻重的一枚棋子。

邓小平回到了北京，心里仍想着浦东的开发。

他对中央政治局的领导说："我已经退下来了，但还有一件事，我还要说一下，那就是上海的浦东开发，你们要多关心。"

2月17日，邓小平接见《香港特别行政区基本法》起草委员会的全体委员。接见前，邓小平拉住国务院总理李鹏说："你是国务院总理，你要关心上海的开发开放。"

2月26日，上海向中央呈报了《关于开发浦东的请示》。上海市提出准备开发的浦东地区，指黄浦江以东、长江口西南、川杨河以北紧靠市区的一块三角地区。它东北濒长江，南临杭州湾，西靠黄浦江，面积约350平方公里，有良好的建港和水运条件，初步具备了起步开发的条件。

3月3日，邓小平找江泽民、李鹏等几位中央负责同志谈话。他指出："现在特别要注意经济发展速度滑坡的问题，我担心滑坡。世界上一些国家发生问题，从根本上说，都是因为经济上不去，长期过紧日子。如果经济发展老是停留在低速度，生活水平就很难提高。人民现在为什么拥护我们？就是这十年有发展，发展很明显。假设我们五年不发展，或者是低速发展，这不只是经济问题，实际上是个政治问题。加强思想政治工作，讲艰苦奋斗，都很必要，但只靠这些还不够。最根本的因素，还是经济增长速度，而且要体现在人民的生活逐步地好起来。""要实现适当的发展速度，不能只在眼前的事务里打圈子，要用宏观战略的眼光分析问题，拿出具体措施。机会要抓住，决定要及时，要研究一下哪些地方条件更好，可以更广大地开源。"说到这儿，邓小平亮出了底牌。他加重语气说，"比如抓上海，就算一个大措施。上海是我们的王牌，把上海搞起来是一条捷径！"

邓小平这次谈话后不久，3月28日至4月8日，姚依林受党中央、国务院的委托，率领国务院特区办、国家计委、财政部、中国人民银行、经贸部、商业部、中国银行等单位和部门的负责人来到上海，对浦东开发问题进行专题研究和论证。在听取上海市关于浦东开发基本思路和总体规划的汇报后，他们又对浦东外高桥地区进行了实地考察。

与此同时，很多国内外专家也被请到上海，作浦东开发的可行性研究。

4月10日，中共中央召开政治局会议，一致通过了浦东开发开放的决策。

4月中旬，李鹏总理前往上海。18日，他在上海大众汽车有限公司成立五周年大会上宣布了中共中央、国务院关于开发开放上海浦东的重大决策：原则批准在浦东实行经济技术开发区和某些经济特区的政策，并将浦东作为今后十年中国开发开放的重点。中央的这一重大决策，吹响了实施对外开放第二个战略步骤的号角。

6月，中共中央、国务院正式发出《关于开发和开放浦东问题的批复》，指出："开发和开放浦东，是进一步实行对外开放的重大部署；开发开放浦东，必将对上海和全国的政治稳定与经济发展产生极其重要的影响。"

9月，国务院批准建立上海浦东外高桥保税区。

浦东的开发正式启动了。

1991年春节，邓小平和杨尚昆、李先念与上海市党政军负责人、部分老同志和各界人士欢聚一堂，共迎春节，互致新春问候和良好祝愿。

邓小平和杨尚昆、李先念由中共上海市委书记、市长朱镕基等陪同，与上海各界人士见面。他满面笑容地与大家亲切握手交谈，气氛热烈。

邓小平高兴地说："同志们新春好！借此机会向英雄的上海人民表示热烈的问候和节日的祝贺。"

朱镕基说："上海人民祝小平同志健康长寿。你们在上海过春节，是对上海人民的鼓舞，我们上海人民非常高兴。"

杨尚昆说："我向上海的同志拜年。同时，我受江泽民总书记委托，代表他向上海人民拜年！"

李先念也高兴地说："谢谢各位来看望我们。应该是我们向你们拜年哟！在以江泽民同志为核心的党中央领导下，我们国家总的形势很好，无论是内政，还是外交。我送你们上海四句话：开发浦东，振兴浦西，实事求是，稳步前进。实事求是总是不错的。不能光稳步，还要前进。稳得多了，不动也不行。"

杨尚昆接着说："去年全国形势确实非常好，当然还有困难，但比前年要好得多。"

欢聚结束时，邓小平、杨尚昆、李先念与大家合影留念。

2月18日上午，邓小平在朱镕基的陪同下，兴致勃勃地登上了新锦江大酒店顶层的旋转餐厅。

旋转餐厅里挂着两张大幅地图，一张是上海地图，另一张是浦东新区地图，地图旁摆着浦东开发的模型。

邓小平看着眼前的地图和模型，缓缓地说："那一年确定四个经济特区，主要是从地理条件考虑的。深圳毗邻香港，珠海靠近澳门，汕头是因为东南亚国家潮州人多，厦门是因为闽南人在国外经商的很多，但是没有考虑到上海在人才方面的优势。上海人聪明，素质好，如果当时就确定在上海也设经济特区，现在就不是这个样子。十四个沿海开放城市有上海，但那是一般化的。浦东如果像深圳经济特区那样，早几年开发就好了。"

邓小平一边透过宽敞明亮的玻璃眺望上海中心城区的面貌，一边嘱托身旁的上海市委书记、市长朱镕基："我们说上海开发晚了，要努力干啊！"

接着，邓小平又满怀信心地说："这是件坏事，但也是好事，你们可以借鉴广东的经验，可以搞得好一点，搞得现代化一点，起点可以高一点。后来居上，我相信这一点。"

他俯瞰着上海的全貌，远望着浦东说："（浦东）自由机动，余地大，就像画图画，怎么画都可以。全靠新的，比旧的改造容易，而主要的是好得多。"

这就是老人对浦东寄予的希望！

随后，邓小平驱车前往浦东视察。

在视察过程中，邓小平重申了开发浦东的战略意义："开发浦东，这个影响就大了，不只是浦东的问题，是关系上海发展的问题，是利用上海这个基地发展长江三角洲和长江流域的问题。"

邓小平再三告诫上海市的负责同志："抓紧浦东开发，不要动摇，一直到建成。只要守信用，按照国际惯例办事，人家首先会把资金投到上海，竞争就要靠这个竞争。"

朱镕基向邓小平汇报了浦东开发开放中"金融先行"的一些打算和做法。

邓小平听后，精辟地说："金融很重要，是现代经济的核心。金融搞好了，一着棋活，全盘皆活。上海过去是金融中心，是货币自由兑换的地方，今后也要这样搞。中国在金融方面取得国际地位，首先要靠上海。那要好多年以后，但现在就要做起。""要克服一个'怕'字，要有勇气。""什么事情总要有人试第一个，才能开拓新路。试第一个就要准备失败，失败也不要紧。希望上海人民思想更解放一点，胆子更大一点，步子更快一点。"

朱镕基说："我们不怕了，我们相信上海人民有力量，憋了几十年了。"

邓小平说："不要以为，一说计划经济就是社会主义，一说市场经济就是资本主义，不是那么回事，两者都是手段，市场也可以为社会主义服务。"

随后，邓小平在朱镕基等人的陪同下又来到南浦大桥浦西段的建设工地。朱镕基把上海黄浦江大桥工程建设指挥部总指挥朱志豪介绍给邓小平。

邓小平问朱志豪："这座大桥是不是世界上最大的？"

"这座大桥是当今世界斜拉桥第三，第一是加拿大的阿拉西斯桥，主桥跨度 465 米，第二是准备造的印度加尔各答胡格里桥，主桥跨度 457 米，南浦大桥主桥跨度 423 米，位居第三。"朱志豪回答。

邓小平听了之后满意地笑着。

朱志豪汇报说，在建大桥时，给老百姓带来很多困难，但大家都没有怨言，所以工作开展得很顺利。

邓小平点点头。

朱志豪接着说，工人们在工作中不计报酬，白天黑夜都在干。建好后，只要 7 分钟浦东就到浦西了。

听完介绍，邓小平又健步来到南浦大桥工地，亲切看望坚持春节加班的建设者，并兴致勃勃地在大桥上合影留念。

南方谈话

1992 年 1 月 17 日，一列火车从北京开出，向着南方奔驰而去。

这是一趟没有编排车次的专列。乘坐这趟专列的是中华人民共和国的一位普通公民,一位并不普通的普通公民——邓小平。恐怕谁也不会料到,这趟专列的南方之行将被载入史册,并带动新一轮改革开放和经济建设的加速发展。

这次南下,正值寒假,邓小平把全家都带上了。

车轮滚滚。专列穿过华北平原,越过中原大地,过黄河跨长江,于18日上午10点31分到达武昌,稳稳地停在1号站台上。车门打开,在人们期待的目光中,一位老人走下车来,他就是邓小平。邓小平头戴铅灰色鸭舌帽,身穿深灰色呢大衣,围着一条白色围巾,步伐走得是那样的坚定、有力。

中共湖北省委书记关广富、湖北省省长郭树言、湖北省委副书记兼武汉市委书记钱运录等几位同志快步走上前去,代表湖北省和武汉市人民向小平同志问好。邓小平把手向前轻轻一挥,说:"我们边散步边谈吧。"

邓小平这次南行,出发前没有向沿途各省打招呼,也不想惊动地方负责人出来迎送。经停武昌,是因为邓小平有话要讲。

武昌火车站的站台只有短短的500米左右,他们走走停停,边走边谈,这是一次信息高度浓缩的谈话。邓小平一边走一边听着关广富的汇报,时而插上几句话,时而停下脚步。关广富后来回忆说,他们就这样来回走了4趟,一共停下来6次。

邓小平说,现在有一个问题,就是形式主义太多。电视一打开,尽是会议。会议多,文章太长,讲话也太长,而且内容重复,新的语言并不是很多。重复的话要讲,但要精简。形式主义也是官僚主义。要腾出时间来多办实事,多做少说。毛主席不开长会,文章短而精,讲话也很精练。周总理全国人大四届会议上的报告,毛主席指定我起草,要求不超过5 000字,我完成了任务。5 000字,不是也很管用吗?我建议抓一下这个问题。

邓小平还说:"多搞点'三资'企业不要怕,只要我们头脑清醒就不怕。我们有优势,有国营大中型企业,有乡镇企业,更重要的是政权在我们手里。"

他还一针见血地批评了"左"的言论和表现,指出:"右可以葬送社会主义,'左'也可以葬送社会主义。中国要警惕右,但主要是防止'左'。"邓小平谆谆告诫省委、省政府,"发展才是硬道理""能快就不要慢""不坚持社会主义,不改革开放,不发展经济,不改善人民生活,只能是死路一条",

办事情正确与否，"主要看是否有利于发展社会主义社会的生产力，是否有利于增强社会主义国家的综合国力，是否有利于提高人民的生活水平"，"低速度就等于停步，甚至等于后退"。同时，他再一次强调必须坚持四项基本原则，反对资产阶级自由化。要坚持两手抓、两手都要硬。他强调，中国的事情关键在人，关键在党。他还对培养年轻干部提出了要求。他说，现在还要继续选人，选更年轻的同志，帮助培养。不要迷信，我二十几岁就做大官了，不比你们懂得多，不是照样干？！我们这些老人关键是要不管事，让新上来的人放手干。他还语重心长地说，一些国家出现严重曲折，不要惊慌失措，不要认为马克思主义就消失了。"我坚信，世界上赞成马克思主义的人会多起来的，因为马克思主义是科学。""学马列要精，要管用的。""我的入门老师是《共产党宣言》和《共产主义ABC》。我读的书并不多，就是一条，相信毛主席讲的实事求是。过去我们打仗靠这个，现在搞建设、搞改革也靠这个。"

邓小平的这番话，是有所指的。当时，我国的改革开放和社会主义现代化建设事业正处于重要的历史时刻。在国际政治风云急剧变化，国内发生了一场严重政治风波之后，党内外有些人对坚持党的"一个中心、两个基本点"的基本路线发生动摇，有些人把改革开放说成是引进和发展资本主义，认为和平演变的主要危险来自经济领域。同时，怀疑和否定四项基本原则的思潮仍然存在。

时间过得真快，29分钟过去了。邓小平与湖北省的负责人握手告别。上午11点02分，火车开动，向南方驶去……

关广富、郭树言、钱运录走进武昌火车站贵宾厅，他们三个人凭着记忆，将邓小平29分钟的谈话记录下来，由钱运录做笔录。当夜，湖北省委将这份邓小平的谈话记录传至中共中央办公厅。

18日下午4时，邓小平的专列徐徐驶进了长沙火车站，按计划，专列要在这里停留10分钟。湖南省委书记熊清泉和湖南省的其他负责人一同上车迎接和问候邓小平，邓小平与熊清泉等人一一握手。熊清泉请邓小平下车散步，看看长沙火车站，邓小平高兴地应允，随即健步下车。

长沙火车站始建于1911年，到20世纪70年代已经陈旧不堪了。1975年7月开工兴建新火车站，1977年6月30日正式投入使用。这个京广线上的一等客运站，就是1975年全面整顿期间搞起来的。听了熊清泉介绍后，邓小平说：

"这事，我知道。那年，万里当铁道部长。"说完，又举目望了望站台、轨道，神态是那样怡然。

熊清泉陪邓小平在站台上漫步，同时简要地汇报湖南的工作。他说，1991年，湖南的气候反常，多灾并发，损失相当大。在党中央和国务院的领导下，全省党政军民千万余人参加抢险救灾，危急关头都有共产党员站在前头，因而大灾之年夺取了大丰收，粮、棉、油产量创中华人民共和国成立以来湖南最高纪录，农业产值首次突破200亿元。

邓小平听后满意地说："不错嘛！这样的灾害，不要说第三世界国家受不了，就是发达国家也受不了。只有我们中国，依靠共产党的坚强领导，依靠社会主义的优越性，才能战胜这么大的灾害。"

接着，熊清泉又把湖南改革开放的战略、思路、目标等作了简要汇报。

邓小平听了高兴地说："构想很好。实事求是，从湖南的实际出发，就好嘛！"他还特别强调，"要抓住机遇，现在就是好机遇。改革开放的胆子要大一点，经济发展要快一些，总要力争几年上一个台阶。"

开车的时间快到了，熊清泉依依不舍地恳请邓小平返京时能在长沙住些日子，邓小平微笑着说："不麻烦了。"站台上欢送的人们都祝愿他健康长寿，邓小平高兴地说："大家都长寿。"接着又高兴地向大家一边招手一边说，"来，一起照个相。"摄影师举起照相机，留下了珍贵的纪念。

1月19日上午9时，专列抵达深圳火车站。车停稳后，身穿深灰色夹克、黑色西裤的邓小平健步走出车门，在车站静候多时的广东省委书记谢非、深圳市委书记李灏、深圳市市长郑良玉等立即迎上前去。邓小平亲切地和大家一一握手。

谢非握着邓小平的手说："我们非常想念您！"

李灏说："我们全市人民欢迎您的光临。"

郑良玉说："深圳人民盼望您来，已经盼了八年了！"

出站后，邓小平同省市负责人一起登上一辆面包车，前往深圳迎宾馆，住进了八年前住过的深圳迎宾馆桂园。经过装修后的桂园天顶比原来矮了些，工作人员担心邓小平不习惯，邓小平说："房子还是小点的好。"一句话消除了大家的担忧。

市委副书记厉有为、市委常委李海东同邓小平握手寒暄后，考虑到邓小平长时间乘火车比较劳累，需要先休息，上午就没有安排活动。大家都劝邓小平好好休息，同邓小平道别后就走了。

市委书记李灏来到邓小平的秘书王瑞林的房间，与他商量邓小平下午的行程。时间不长，卓琳同志也来了。省委书记谢非想会不会还有什么事，就留在门口没有走。果然，刚过一会儿，邓小平就走出来，说要出去看看。谢非考虑他毕竟是八十八岁高龄了，旅途又这么劳累，就劝他说："您还是先休息一下吧。"

邓小平却毫无倦意，兴奋地说："到了深圳，我坐不住啊！"

听了这句话，谢非顿时心头一热。这位中国改革开放和现代化建设的总设计师，创办经济特区的倡导者和决策者，对特区的探索实践，对广东的建设发展，心里是多么惦念啊！于是，他一边叫工作人员准备车辆，一边陪着邓小平在院子里散步。散步时，邓小平的二女儿邓楠提起1984年邓小平为深圳特区题词的事，邓小平一字不漏、一字不错地将八年前的题词念了出来："深圳的发展和经验证明，我们建立经济特区的政策是正确的。"在场的人无不为他那惊人的记忆力所折服，同时也更进一步地体会到当年邓小平对题词内容的深思熟虑。

接着，谢非向邓小平介绍了深圳和珠海在城市建设中不同的地方，邓小平听后称赞说："好嘛，各有特色。"

车准备好了，谢非等人陪同邓小平乘车浏览市容。

一上车，邓小平就说："坐车出去走，不会招摇过市吧。"

陪同的人说："不会，不会，您放心。"

车子缓缓地在市区穿行。车窗外，景色一一掠过，街宽路阔，高楼耸入云端，到处充满了现代化的气息。而八年前，这里有些地方还是一汪水田、鱼塘、羊肠小路和低矮的房舍，对此，邓小平记忆犹新。目睹眼前繁荣兴旺、生机勃勃的景象，邓小平十分高兴，一边观看市容，一边同省市负责人亲切交谈。

李灏汇报说，这些年来，除个别年份外，深圳的发展速度都很快，平均增长超过20%。利用外资情况也比较好，国有经济和其他经济成分增长也很快。邓小平问外资在经济总量中占多大比重，李灏回答说，约占25%，在总量中不到四分之一。邓小平听后频频点头，他说："对办特区，从一开始就有不同意见，担心是不是搞资本主义。深圳的建设成就，明确回答了那些有这样那样担心的人。特区姓'社'不姓'资'。从深圳的情况看，公有制是主体，外商投资只占四分之一，就是外资部分，我们还可以从税收、劳务等方面得到益处嘛！多搞点'三资'企业，不要怕。只要我们头脑清醒，就不怕。我们有优势，有国营大中型企业，有乡镇企业，更重要的是政权在我们手里。有的人认为，多一分外资，就多一分资本主义，'三资'企业多了，就是资本主义的东西多了，就是发展了资本主义。这些人连基本常识都没有。"

这时，车行至火车站前。这个火车站规模宏大，现代化水平很高，是深圳市的标志性建筑。大女儿邓林指着火车站大楼上那苍劲有力的"深圳"两个大字对父亲说："您看，这是您的题字，人们都说写得好。"邓楠在一旁说："这是您的专利，也属知识产权问题。"说得邓小平开心地笑了起来。

接着，邓小平问谢非，广东省多少人口。谢非回答说，有6 300万人，面积17.8万平方公里。邓小平说，亚洲"四小龙"发展很快，你们发展也很快。广东要力争用二十年的时间赶上亚洲"四小龙"。停了一会儿，他补充说："不仅经济要上去，社会秩序、社会风气也要搞好，两个文明建设都要超过他们，这才是有中国特色的社会主义。新加坡的社会秩序算是好的，他们管得严，我们应该借鉴他们的经验，而且比他们管得更好。"

邓小平认为，在市场经济方面，香港、新加坡做得好，我们要向它们学习。他说，社会主义要赢得与资本主义相比较的优势，就必须大胆吸收和借鉴人类社会创造的一切文明成果，吸收和借鉴当今世界各国，包括资本主义发达国家的一切反映现代社会化生产规律的先进经营方式、管理方法。

在参观市容的途中，李灏在汇报深圳市经济发展的情况时说，深圳这几年之所以发展得很快，主要得益于对外开放。我们不仅从国外引进资金、技术和管理经验，我们进行的土地有偿使用、发展股份制、建立证券市场，以及公务员制度和廉政建设等许多改革措施和做法，也是借鉴了香港和国外的经验。当谈到股票市场时，邓小平说，也有不少人担心股票市场是资本主义，所以让你们深圳和上海先搞试验。看来，你们的试验说明社会主义是可以搞股票市场的，证明资本主义能用的东西，也可以为社会主义所用。证券、股市，这些东西究竟好不好，有没有危险，是不是资本主义独有的东西，社会主义能不能用？允许看，但要坚决地试。看对了，搞一两年。对了，开放；错了，纠正，关了就是了。关，也可以快关，也可以慢关，也可以留一点尾巴。怕什么？坚持这种态度就不要紧，就不会犯大错误。

不知不觉中，车子到了皇岗口岸。邓小平站在深圳河大桥的桥头，深情地眺望对岸的香港，然后了解皇岗口岸的情况。皇岗边检站站长熊长根向邓小平介绍说，皇岗口岸是 1987 年年初筹建，1989 年 12 月 29 日开通，占地 1 平方公里，有 180 条通道，最高流量可达 5 万人次，是亚洲最大的陆路口岸，最近每天约通过 7 000 车次和 2 000 人次。邓小平听了很高兴，不断点头，露出满意的笑容。

这天晚上的晚餐也是在十分热烈的气氛中进行的，大家谈笑风生，无拘无束。邓楠对爸爸说："给你准备了你喜欢的家常菜，知道你已不吃辣椒，这盘辣椒是给我们吃的。"

邓小平风趣地说："这好，各取所需，不强加于人。"

邓楠又说："对深圳人民来说，你是一朵大牡丹花，大家爱你！"

邓小平说："我可不能一花独放。红花要有绿叶扶，没有绿叶花不好看。再说，绿叶还要接受阳光照射，通过光合作用给鲜花提供营养。"

这时，女服务员小曾崇敬地说："邓爷爷，你是我们心中的太阳，没有你，深圳哪有这么好的今天！你的理论思想为我们指明了方向，使我们走上了一条发展、富裕之路！"

邓小平指着小曾说："你也成了小理论家了。"

不一会儿，邓小平又若有所思地对大家说，做人不能处处突出个人，智慧来自集体。好的领导能把群众的智慧汇集起来，充分运用。他指指邓楠说，你现在也是领导，要注重调查研究，不要脱离实际。科技发展要多听专家的意见，你才是个明白人。

晚饭后，邓小平照例散步半个小时左右。他一边散步，一边同深圳市负责人交谈，当散完步往回走时，市领导建议从原来的路上走回去，邓小平却坚持走另一条路，并风趣地说："我不走回头路！"

1 月 20 日上午 9 时 35 分，邓小平在省市负责人的陪同下，来到深圳国贸大厦。

国贸大厦，楼高 160 米，是当时国内第一高楼，是深圳人民的骄傲。深圳的建设者曾在这里创下了"三天一层楼"的纪录，成了"深圳速度"的象征。到深圳的中外人士，总要登上楼顶的旋转餐厅，远眺深圳的景色。

邓小平每到一地，总喜欢登高望远，纵览全貌。这天，邓小平登上 53 层楼，来到了旋转餐厅，临窗而坐，俯瞰深圳市区全貌。他先听市委书记李灏介绍眼前的市容。望远处，高楼林立，马路纵横，全是新建筑，到处是一片欣欣向荣的景象；看近处，老宝安城已变得巴掌般大，矮房窄巷湮没在高楼大厦之中。上次来深圳曾经登临的国商大厦，如今成了"小弟弟"。邓小平看了很是高兴。

接着，李灏打开一张深圳市总体规划图，简要汇报了深圳的改革开放和经济建设的情况。

李灏说，深圳的经济建设发展很快，人民生活水平有了很大提高，1984年，人均年收入为600元，现在是2 000元。改革开放也有了很大的发展。他说，这些年来，我们的精神文明建设和物质文明建设是同步发展的。深圳人对建设有中国特色的社会主义坚定不移，并且充满信心。

听完汇报，邓小平充分肯定了深圳在改革开放和建设中所取得的成绩。他接着说，对办特区，一开始就有不同意见，这是正常的。不只是经济特区问题，搞农村家庭联产承包，废除人民公社制度，开始的时候只有三分之一的省干起来，第二年超过二分之一，第三年才差不多全部跟上。开始搞并不踊跃呀，好多人在看。我们的政策就是允许看。允许看，比强制好得多。我们推行党的十一届三中全会以来的路线、方针、政策，不搞强迫，不搞运动，愿意干就干，干多少是多少，这样就慢慢跟上来了。不搞争论，是我的一个发明。

邓小平望望窗外，谈兴更浓。他语气坚定地说："要坚持党的十一届三中全会以来的路线、方针、政策，关键是坚持'一个中心、两个基本点'。不坚持社会主义，不改革开放，不发展经济，不改善人民生活，只能是死路一条。基本路线要管一百年，动摇不得。"

李灏汇报说，我们这些年接待了不少国家首脑级外宾，特别是新加坡总理李光耀先生几次来过深圳，并发表过不少意见。概括起来是三句话：一句是中国不能没有深圳，因为它是改革开放的试验场；第二句话是深圳进行的改革如果成功，说明邓小平先生提出的建设有中国特色社会主义的路子走得通；第三句话讲廉政建设，他说他当了多年新加坡总理，培养了不少百万富翁，但他自己不能做百万富翁。这实际上表明了一个领导者应具备的政治素质和道德素质。

在国贸大厦，邓小平还强调：要抓住时机，发展自己，关键是发展经济，发展才是硬道理。要多干实事，少说空话。他说，会议太多，文章太长，不行。谈到这里，他指着窗外的一片高楼大厦说，深圳发展得这么快，是靠实干干出来的，不是靠讲话讲出来的，不是靠写文章写出来的。

邓小平纵论天下事，从特区谈到全国，从国内谈到国际，足足讲了30多分钟。

离开国贸大厦，邓小平一行乘车去深圳先科激光公司参观。

先科激光公司，是一家高科技企业，它引进荷兰飞利浦公司的先进生产技术，当时是我国唯一生产激光唱片、视盘和光盘放送机的公司。

据先科集团董事长叶华明先生回忆，早在1991年7月的一天，深圳市委书记李灏曾亲自向先科打招呼，说将有"重要外宾"来深圳，当时叶华明就预感到可能是邓小平。12月中旬，几位市领导又开了一次会，与会的叶华明听取了有关准备工作的任务要求。那次会议确定了"重要外宾"的参观路线。在先科的参观程序是从展示厅走到生产车间，最后是负责人作简短汇报。1月10日的晚上，有关部门到先科检查安全工作时，发现从展示厅到生产车间的台阶不便于老人行走，提出要另修通道。于是，先科人用了3天的时间修了一条平坦的走廊，走廊上铺了红地毯，两旁摆上了鲜花。1月16日，先科通过了有关部门的再次检查。

车子到达先科激光公司时，该公司董事长叶华明等人迎上前去，同邓小平紧紧握手。叶华明是叶挺将军的儿子，1946年4月8日叶挺将军因飞机失事不幸遇难，叶华明和弟弟叶正光曾先后生活在聂荣臻元帅家里。邓小平常去聂帅家，见过叶华明和他弟弟。

此时，邓小平握住叶华明的手亲切地问："你是叶老二吧？"

"不是，我是老四。"叶华明激动地握着这位慈祥老人的手，并伸出四个手指回答说。

"呵，我们快四十年没见面了。"邓小平深情地说。接着，邓小平又关心地询问了叶华明弟弟的情况。此情此景，十分感人，充分体现了邓小平对革命后代的关心。

在公司贵宾厅，邓小平听取了叶华明关于公司情况的介绍，并兴趣盎然地看了激光视盘的特性、音响效果、功能和检索能力的表演。在这里，当邓小平看到传记资料片《我们的邓大姐》时，对坐在身旁的广东省委书记谢非说："我今年八十八岁，邓颖超同志和我同年，都是1904年生的。我是8月出生，她比我约大半岁。"随后，邓小平还和二女儿邓楠就邓颖超的籍贯究竟是河南还是广西进行了一番对话。先科的一位四川籍歌手还当场用先科生产的音响唱了一首歌《在希望的田野上》。邓小平听完后，高兴地带头鼓掌说："声音很好，我听得很清楚，音响效果也不错。"

从贵宾厅出来到激光视盘生产车间，经过 30 米长的过道，许多职工在过道两侧热烈鼓掌欢迎邓小平。

　　"这些职工多大年纪？"看着欢迎的人群，邓小平问叶华明。

　　"大多数是二十五岁到三十岁，由全国各地招聘来的，大部分是科技人员。"

　　邓小平听后高兴地说："很好，高科技项目要让年轻人干，希望在青年的身上。"

　　在激光视盘生产车间，当叶华明介绍他们每年要生产一部分外国电影激光视盘时，邓小平关切地问："版权怎么解决？"

　　叶华明回答说："按国际规定向外国电影公司购买版权。"

　　邓小平满意地说："应该这样，要遵守国际有关知识产权的规定。"

　　从车间出来，许多员工仍在等着欢送邓小平。叶华明代表先科公司向邓小平赠送了 10 张激光唱片，内容包括革命歌曲选曲和京剧。10 时 40 分，邓小平一行离开先科。

　　1 月 21 日，虽然天气还比较寒冷，但阳光明媚。邓小平来到华侨城，兴致勃勃地游览了中国民俗文化村和锦绣中华微缩景区。

　　上午 9 时 50 分，邓小平在省市负责人的陪同下来到中国民俗文化村。

　　中国民俗文化村，是深圳人按照中国众多兄弟民族各有特色的生活习惯建设的体现各民族民俗特色的村落，是集民间艺术、民族风情、民居于一园的大型游览区。

　　当邓小平出现在民俗村东大门广场时，广场上顿时一片欢腾。这边，唢呐管弦，悠悠扬扬；那边，威风锣鼓，铿铿锵锵；这里是秧歌队，扭得热火朝天；那里是高跷队，踩得多彩多姿。身穿鲜艳民族服装的各族青年，载歌载舞。邓小平在人群中走着、笑着，走得是那么轻快，笑得是那么开心。他不时停下脚步，向大家招手致意。

　　在广场西侧，邓小平登上电瓶车，沿途经过"徽州石牌坊群"和富有民族特色的"贵州鼓楼""风雨桥""云南藤桥""西藏喇嘛寺"等，把邓小平一行带进了中华民族源远流长的传统文化长河中。

　　根据邓小平事前的嘱咐，当天景区照常开放。此时景区已经有些游客，邓小平沿途不断地向各村寨的少数民族员工、景区工作人员和游客亲切招手。在电瓶车经过"陕北窑洞"时，正好碰上一个马来西亚的华人旅行团。当他们发现车上乘坐的是邓小平时，都喜出望外，许多人高喊："是邓小平，邓小平！"并争相拍照，邓小平也高兴地向他们招手致意。次日香港一家报纸发表的一张邓小平坐在电瓶车上的"独家照片"，就是这个团的一位成员提供的。

在参观过程中，当华侨城建设指挥部主任马志民介绍说现在民俗村每天平均有1万多游客时，邓小平风趣地说："今天可能就要受干扰了。"

经过"海边椰林"时，邓小平对高大的铸铜千手观音很感兴趣，他说："我还从来没有见到过这样大的千手观音。"

过了"陕北窑洞"之后，邓小平下车步行至"新疆村寨"，抱着小孙子观看新疆维吾尔族的歌舞表演，兴致很高。

游览了民俗文化村，邓小平又步行一段路来到锦绣中华微缩景区。这是集中国名胜古迹于一体的微缩景区，也是当今世界最大的微缩景区。

在"天安门"前，他走下电瓶车观赏了"故宫"景色。然后，他走到"故宫"旁边的小卖部，饶有兴趣地欣赏玻璃柜内的纪念品。

当经过"乐山大佛""云南大理三塔""桂林山水"等景点时，邓小平说："这些地方我都去过。"在"布达拉宫"前，大家都下了车，邓小平说："中国其他地方我都去过了，就是没有到过西藏。"于是，一向不爱照相的邓小平分别同身边的工作人员及陪同的负责人在"布达拉宫"前合影留念。他还高兴地同全家人合影，拍摄了一张"合家欢"。

在驱车返回宾馆途中，邓小平和陪同的负责同志亲切谈话。

据李灏回忆：当时，我们向小平同志汇报了深圳支援相对落后地区的有关情况。我提到，深圳市1990年成立了合作发展基金，每年都按固定的比例从财政收入中划出一部分作为这种基金。基金主要为贫困地区开发"造血"型项目，已取得比较好的成效。小平同志听后表示赞同。他说，将来，发达地区上缴利润的方式可以改变一下，用发达地区上缴的钱来补内地。当然现在不变。将来国家要抓这个问题，否则，差距太大。你们好，人家都往你这里跑，你也受不了。对于这种事情，一方面当然要控制人口流入，另一方面特区要多上缴一些利润、税金给国家，投向内地。对于这一点，你们要有思想准备。当然，不是现在就要向你们"开刀"，现在还不是时候，现在主要还要增加你们的活力。但到一定程度，就要向你们"开刀"。到本世纪末，就要考虑这些问题了。听到这里，车里的同志都热烈鼓掌。

邓小平还说，走社会主义道路，就要逐步实现共同富裕。共同富裕的构想是这样提出来的：一部分地区有条件先发展起来，一部分地区发展慢点，先发展起来的地区带动后发展的地区，最终达到共同富裕。如果富的越来越富，穷的越来越穷，两极分化就会产生，而社会主义制度就应该而且能够避免两极分化。解决的办法之一，就是先富起来的地区多交点利税，支持贫困地区的发展。当然，太早这样办也不行，现在不能削弱发达地区的活力，也不能鼓励吃"大锅饭"。

他说，不发达地区又大都是拥有丰富资源的地区，发展潜力是很大的。总之，就全国范围来说，我们一定能够逐步顺利解决沿海同内地贫富差距的问题。

当深圳市市长郑良玉汇报到在发展经济的同时把社会主义精神文明建设搞好时，邓小平说，只要我们的生产力发展保持一定的增长速度，人民的精神文明建设也可以搞上去。我们完全有能力把社会主义精神文明建设搞好。

邓小平还谈到要尽快把经济建设搞上去。他说，有条件的地方要尽可能搞快点，只要是讲效益，讲质量，搞外向型经济，就没有什么可以担心的。

1月22日上午，阳光明媚，空气清新。邓小平偕全家到深圳仙湖植物园种树和游览。

在植物专家陈谭清的陪同下，他饶有兴趣地参观了植于室内的各种珍奇植物。

陈谭清在介绍到桫椤时说，这是国家一级保护植物，是距今1亿8千万年的古生植物。邓小平立即问他："我国还有一种古生植物叫什么水……"

陈谭清说叫水杉。

邓小平说："好像长在长江边不远的地方，是吗？"

陈谭清说："是的，长在鄂西，利川县水杉坝。"

邓小平说："水杉现在全国都有引种，这种植物能不能引到其他地方栽植呢？"

没等陈谭清回答，邓榕在一旁说："这是南方植物，只能在南方栽植。"

邓小平说："好。"

邓小平一行边走边看，当看到金花茶时，邓小平问这叫什么花，陈谭清说叫金花茶，国家一级保护植物。邓小平说这不是最好的茶花，云南有一种茶花，有碗口那么大，那才好看，叫什么茶花，邓榕笑着说"那就叫碗茶"。

在转弯的地方，邓小平看到一种十分特殊的竹子。陈谭清介绍说，这是悄悄地从四川的宜宾地区引种来的,竹节似人面,所以叫人面竹,号称每株价值1万元。邓小平听后风趣地说:"我是四川人,我有技术产权,你悄悄地从我们四川引种,我要罚你的啊!"听邓小平这么一说,大家都不由自主地笑起来。

再往前走,邓小平看到一片生机盎然的竹芋栽植区。他指着一棵竹芋问陈谭清:"这竹芋长不长芋头?"邓榕说:"我爸爸最喜欢吃芋头了。"

陈谭清说,这竹芋不长芋头,只是好看而已,摸起来毛茸茸的,有点像天鹅绒毛,所以它的名字叫天鹅绒竹芋。邓小平顺手摸了一下,说:"真是有一点像天鹅绒啊!"

来到一棵"发财树"前,邓榕风趣地对父亲说:"以后咱们家也种一棵。"邓小平深情地说:"让全国人民都种,让全国人民都发财。"

随后邓小平全家一起来到大草坪上,草坪中央已挖好一个树坑,邓小平走到坑边栽下了一棵常青树——高山榕,拿起铁锹一锹一锹给树根培土。夫人卓琳和长女邓林、三女邓榕在一旁帮忙。长子邓朴方也坐着轮椅过来,拿起铁锹培了土。小孙子拎着小水桶过来,和爷爷一起浇了水。

22日下午3点10分,邓小平在迎宾馆接见了深圳市委、市人大、市政府、市政协、市纪委的领导同志,并同深圳市五套班子的领导同志合影。合影后,邓小平对省市负责人说,改革开放胆子要大一些,敢于试验,不能像小脚女人一样。看准了的,就大胆地试,大胆地闯。深圳的重要经验就是敢闯。没有一点闯的精神,没有一点"冒"的精神,没有一股气呀、劲呀,就走不出一条好路,走不出一条新路,就干不出新的事业。不冒风险,办什么事情都有百分之百的把握,万无一失,谁敢说这样的话?一开始就自以为是,认为百分之百正确,没那回事,我就从来没有那么认为。

李灏说,深圳特区是在您的倡导、关心、支持下才能够建设和发展起来的,我们是按您的指示去闯、去探索的。

邓小平说,工作主要是你们做的。我是帮助你们、支持你们的,在确定方向上出了一点力。

邓小平还说,社会主义的本质,是解放生产力,发展生产力,消灭剥削,消除两极分化,最终达到共同富裕。

邓小平说,现在建设中国式的社会主义,经验一天比一天丰富。在农村改革和城市改革中,不搞争论,大胆地试,大胆地闯。我们的政策就是允许看。

允许看，比强制好得多。

1月23日上午8点30分，深圳市委负责人以及警卫、服务人员，在迎宾馆依依不舍地同邓小平握手告别。邓小平在谢非的陪同下将前往珠海特区。

车子在宽阔的马路上向蛇口驶去。在车上，邓小平和省市负责人亲切交谈。

李灏向邓小平简要地汇报了深圳改革开放的几个措施：调整产业结构；放开一线，管好二线，把深圳特区建成第二关税区；加强法制，依法治市，加强立法执法工作；把宝安县改为深圳市的三个郊区；等等。

邓小平听后说，我都赞成，大胆地干。每年领导层要总结经验，对的就坚持，不对的赶快改，新问题出来抓紧解决。不断总结经验，至少不会犯大错误。

李灏说："您讲的非常重要。我们要争取少犯错误，不犯大错误。"

听到这里，邓小平严肃地指出："我刚才说，第一条是不要怕犯错误，我们首先考虑的是要敢闯，而不是首先考虑犯不犯错误。第二条是发现问题赶快纠正。"

车到蛇口港码头，邓小平下车后，同前来迎接的珠海市委书记、市长梁广大亲切握手，然后同深圳市负责人李灏、郑良玉、厉有为一一握手告别。

邓小平向码头走了几步，突然又转回来，对李灏说："你们要搞快一点！"把握时机，快一点将经济建设搞上去，这是邓小平对深圳的期望，也是时刻萦绕在他心头的一件大事。

李灏说："您的话很重要，我们一定搞快一点。"

23日上午9点40分，邓小平登上了"海关902"快艇，启程到珠海特区考察。

快艇劈波斩浪向珠海疾驶而去。八年前邓小平由深圳到珠海时，走的也是这条航线。舱内，谢非打开一张广东省地图，和梁广大一起向邓小平汇报广东改革开放和经济发展的情况。邓小平戴上老花眼镜，一边看地图，一边听汇报。

谢非说，广东经济发展大致可分为三种类型：一是经济较发达的珠江三角洲，为"第一世界"；二是粤东粤西平原地区，为"第二世界"。谢非讲到这里，邓小平说，那余下的是"第三世界"了？谢非说，是，我省广大山区经济还比较落后，为"第三世界"。邓小平肯定了广东发展的思路，他说，广东在改革开放中起了龙头作用，今后还要继续发挥龙头作用。广东要上几个台阶，争取用二十年赶上亚洲"四小龙"。

邓小平说，对于我们这样的发展中大国来说，经济要发展得快一点，不可能总是那么平平静静，稳稳当当，要注意经济稳定、协调地发展，但稳定和协调也是相对的，不是绝对的。发展才是硬道理。

他强调：从国际经验来看，一些国家在发展过程中，都曾有过高速发展时期，或者高速发展阶段。现在，我们条件具备，国际条件有利，再加上发挥社会主义制度能够集中力量办大事的优势，在今后的现代化建设中，出现若干个发展速度比较快、效益比较好的阶段，是必要的，也是能够办得到的。我们就是要有这个雄心壮志！

快艇已接近珠海市九洲港，邓小平站起来，望着窗外烟波浩渺的伶仃洋说，我们改革开放的成功，不是靠本本，而是靠实践，靠实事求是。农村搞家庭联产承包，这个发明权是农民的。农村改革中的好多东西，都是基层创造出来的，我们把它拿来加工提高作为全国的指导。实践是检验真理的唯一标准。我就是相信毛主席讲的实事求是。过去我们打仗靠这个，现在搞建设、搞改革也靠这个。我们讲了一辈子马克思主义，其实，马克思主义并不玄奥。马克思主义是很朴实的东西，很朴实的道理。

邓小平还联系党的历史说道："现在有右的东西影响我们，也有'左'的东西影响我们。但根深蒂固的还是'左'的东西。""右可以葬送社会主义，'左'也可以葬送社会主义。中国要警惕右，但主要是防止'左'。"

快艇行驶了一个多小时，邓小平也不停地与省市领导交谈了一个多小时。快艇靠岸了，他和艇上的工作人员一一握手，并合影留念。然后，在谢非和梁广大等同志的陪同下，踏上了阔别八年的珠海大地。

整整八年，当邓小平第二次到珠海时，这里已经成为一座充满现代气息的花园式海滨城市。

稍事休息，邓小平在谢非和梁广大以及市有关负责人的陪同下驱车浏览珠海市容。

"我记得以前这里有一座小桥，一条小路，现在没有了，变了。"路过吉大村时，邓小平指着景山路说道，"过去这里是一条石头铺的小路，还有一座小桥（白沙河桥）。"他在回忆八年前的珠海。

当汽车驶近珠海影剧院时，邓小平又指了指窗外说："我1984年来这里时，记得这里只有一座石头砌的大房子，现在都盖上新大楼了，变化真大呀！"

梁广大在车上边陪邓小平观看珠海城市景观边介绍珠海的建设发展情况。邓小平边听边看，不断地点头表示赞许："这样搞很漂亮，有自己的特点。"

他幽默地说，"这里很像新加坡呀，这么好的地方谁都会来，我要是外商的话，我也会来这里投资的。"

邓小平接着谈到这些年来我国经济发展的速度问题。他说："经济发展比较快的是1984年至1988年。这五年，首先是农村改革带来了许多新的变化，农作物大幅度增产，农民收入大幅度增加，乡镇企业异军突起。这是一个非常生动、非常有说服力的发展过程。可以说，这个期间我们财富有了巨额增加，整个国民经济上了一个新的台阶。"

汽车由凤凰路桥转入即将竣工的海湾大道。这是条连接珠海香洲和唐家湾、金鼎等生活小区的纽带，全长10多公里，宽30多米，清一色的混凝土路面，中间由姹紫嫣红、浓郁葱茏的绿化带隔离，犹如青山绿水间的一条漂亮的彩练。

1984年，海湾大道还是广珠公路的一部分，不足10米宽的柏油路面到处坑坑洼洼，而公路两侧看不到几间住房。

邓小平看出了这一带农民生活的变化，他指着一座座漂亮的村民住宅问道："广东的农民收入有多少？"

"去年全省人均年收入1 100元。"谢非回答说。

"我看不止这个数，"邓小平肯定地说，"如果是这个收入，盖不了这么好的楼房，买不起这么好、这么多的家当。这个算法不准确，有很多没有算进去。"

高科技企业，是珠海经济特区的主要产业之一。在珠海特区的7天里，邓小平接连考察了几个高科技企业。

1月24日上午9点40分，邓小平来到珠海经济特区生化制药厂。迎候在厂门口的厂长迟斌元握住邓小平的手说："我们全厂职工盼望您来啊！您是中国改革开放的总设计师，我们能有今天，是您指引的结果。"邓小平摆摆手说："过奖了。"

在工厂会议室里，邓小平听取了关于"凝血酶"的研制生产和工厂发展等情况，高兴地对厂长说："我们应该有自己的拳头产品，创出我们国家自己的名牌，否则就会受人欺负。这要靠我们的科技工作者出把力，摆脱受人欺负的局面。"

接着他兴致勃勃地参观了该厂的生产车间。在一个车间门口，他透过玻璃门，向里面起立鼓掌的科技人员亲切招手。走到一座楼梯的转弯处，邓小平看到墙上挂着一块写有"不求虚名，只求实干"的标语牌时，停下脚步，轻声地念了一遍，赞许地说："对，就是要实干。"

1月25日上午9点35分，邓小平来到珠海市高新技术企业亚洲仿真控制系统工程有限公司参观。公司总经理游景玉向他详细介绍了公司的科研、生产和科技队伍等情况。当游景玉汇报到"亚仿"公司走的是一条科技、生产、效益相结合的道路时，邓小平问道："科学技术是第一生产力的论断，你认为站得住脚吗？"

游景玉回答说："我认为站得住脚，因为我们是用实践来回答这个问题的。我们过去的实践、现在的实践和未来的实践都会说明这个问题。我相信它是正确的。"

随后，邓小平又亲切地问游景玉："你是留美学生吗？"

游景玉说："我曾去美国接受培训，负责引进仿真技术。我们这里有一批人在美国学习过。他们每天工作10个小时，决心把祖国的高科技事业发展起来。"

邓小平沉思片刻，深情地说："你们带头，希望所有出国学习的人回来。不管他们过去的政治态度怎样，都可以回来，回来我们妥善安排，起码国内相信他们。告诉他们，要作贡献，还是回国好。"

参观中，游景玉汇报说："我们公司投产第一年，人均产值达20多万元。"邓小平马上指出：更重要的是水平！近一二十年来，世界科学技术发展多快啊！高科技领域的一个突破，带动了一批产业的发展。要提倡科学，靠科学才有希望。近十几年来我国科技进步不小，希望在20世纪90年代进步得更快。

游景玉向邓小平介绍说，他们公司105人中80%以上是博士、硕士和高中级科技人员。邓小平边听边看着机房内先进的技术设备和良好的工作条件，颇有感慨地对科技人员说，你们现在的条件要比20世纪50年代好多了。大家要记住那个年代，钱学森、李四光、钱三强那一批老科学家，在那么困难的条件下，把"两弹一星"和好多高科技项目搞起来。应该说，现在的科学家更幸福。"要提倡科学，靠科学才有希望。近十几年我国科技进步不小，希望20世纪90年代进步更快。每一行都树立一个明确的战略目标，一定要打赢。高科技领域，中国要在世界上占有一席之地。"

随后，邓小平在游景玉的陪同下进入机房，参观了正在研制的两套火电站仿真机。邓小平连声称赞："好东西，好东西啊！"

游景玉介绍说，这两套电站仿真机设备是追踪世界最新技术搞起来的。

邓小平高兴地说："我是看新鲜。要发展高新技术，越新越好，越高越好，越新越高，我们就高兴。不只我们高兴，人民高兴，国家高兴！"

他语重心长地对大家说，对国家要爱哟！中国要发达起来，中国穷了几千年了，现在是改变这种状况的时候了。全国各行业要共同努力，来证明我们可以干很多事情。接着又说："我们社会主义的好处是可以调动人力，统一规划，集中人才，打歼灭战。"

机房里坐在计算机旁的都是年轻人。邓小平走着看着，脸上露出喜悦的神情。当走到一台计算机旁时，他停了下来，与一位正在操作的复旦大学毕业的年轻人交谈起来。他握着这位年轻人的手，高兴地说："我要握握年轻人的手，科学的希望在年轻人。"

在同公司科技人员一起合影留念后，邓小平转过身去，望着一大群年轻人说："我要和大家拉拉手。"顿时，一双双年轻的手伸过来，邓小平一一同大家握手，握过前排的手又握中排，握过中排的手再握后排，一个也没漏过。

参观完"亚仿"公司，邓小平一行前往拱北地区的芳园大厦。在路上，邓小平反复对省市负责人说："要不断造就人才，只要有了人才，事业就兴旺。真高兴看到这样年轻的科技队伍，中国有希望啊！"

到了芳园大厦，乘电梯上到29层的旋转餐厅，邓小平一边观赏窗外的拱北新貌和澳门风光，一边听取谢非、梁广大的汇报，并同他们交谈。

他说，这十年真干了不少事。我国发展这么快，使人民高兴，世界瞩目。这就足以证明党的十一届三中全会以来的路线、方针、政策的正确性，谁想变也变不了。谁反对改革开放谁就垮台。说来说去，就是一句话：坚持这个路线方针不变。反对的人让他去睡觉好了。改革开放以来，我们立的章程并不少，而且是全方位的，经济、政治、科技、文化、军事、外交等各个方面都有明确的方针和政策，而且有准确的表述语言。这次党的十三届八中全会开得很好，肯定农村家庭联产承包责任制不变。一变就人心不安，人们就会说中央政策变了。城乡改革的基本政策，一定要长期保持稳定。当然，随着实践发展，该完善的完善，该修补的修补，但总的要坚定不移。即使没有新的主意也可以，就是不要变，不要使人们感到政策变了。有了这一条，中国就大有希望。

邓小平乘车前往珠海度假村的途中，当汽车经过景山路时，一座座厂房从车窗外闪过，邓小平高兴地说，现在总的基础不同了，我们十年前哪有这么多工厂？几个工厂都是中等水平。现在大中型厂子里头的设备多好呀！过去我们搞"两弹"的设备和这些相比，差得远呢，简单得很哪，不一样啦！他又一次谈到经济发展的速度问题。

他说，经济发展比较快的是 1984 年至 1988 年。这五年，首先是农村改革带来了许多新的变化，农作物大幅度增产，农民收入大幅度增加，乡镇企业异军突起，不仅盖了大批新房子，而且自行车、缝纫机、收音机、手表"四大件"和一些高档消费品进入普通农民家庭。那几年，是一个非常生动、非常有说服力的发展过程。可以说，这个期间我国财富有了巨额增加，整个国民经济上了一个新的台阶。

他接着说道，1989 年开始治理整顿。治理整顿，我是赞成的，而且确实需要。经济"过热"确实带来一些问题。比如，票子发得多了一点，物价波动大了一点，重复建设比较严重，造成了一些浪费。但是怎样全面地来看那五年的加速发展？那五年的加速发展，也可以称作一种飞跃，但与"大跃进"不同，没有伤害整个发展的机体机制。那五年的加速发展功劳不小，这是我的评价。治理整顿有成绩，但评价功劳，只算稳的功劳……如果不是那几年跳跃一下，整个经济上了一个台阶，后来三年治理整顿不可能顺利进行。看起来我们的发展，总是要在某一阶段抓住时机，加速搞几年，发现问题及时加以治理，而后继续前进。

1 月 27 日，邓小平来到江海电子公司，参观了车间，高兴而感慨地说，不是有人议论姓"社"姓"资"吗？你们这里就是姓"社"嘛，你们这里就是很好的社会主义！

1 月 31 日，邓小平到达上海。

这时已是农历的腊月，到处是一派节日的景象。邓小平要在这里同上海人民一同欢度新春佳节。

2 月 3 日晚，农历除夕之夜，邓小平满面春风地出现在上海各界人士喜迎猴年的新春晚会上，向大家致意，向上海人民问好。

这年的春节连续三天晴好，2 月 7 日这天突然转阴，天气特别阴冷。邓小平不顾天气寒冷，到他特别关注的浦东考察。这天，邓小平一行先到南浦大桥，高兴地让在场的记者拍了一张"全家福"，接着前往杨浦大桥工地。在模型前，邓小平听取了大桥建设总指挥朱志豪的介绍后，转身想看一下建设中的杨浦大桥雄姿时，发现百米高处有正在施工的工人，于是扬起手向桥塔上的工人致意。这时，在场的工人和百米桥塔上的工人一齐报以热烈的掌声。

2月8日，在上海市委负责人黄菊、吴邦国的陪同下，邓小平夜游黄浦江。在饱览黄浦江两岸璀璨夜景的同时，他专门就选拔、培养、使用年轻干部的问题发表了重要意见。他说，干部培养体制上要后继有人，各个梯次上都要有。要解放思想，这是解放思想最重要的一个方面，胆子要大一点，人无完人。他语重心长地对在座的几位市委老同志说："年轻一点的同志有这样那样的缺点，老的就没有吗？老的也是那样走过来的。要从基层搞起，就后继有人。"

2月10日，晴空万里，阳光和煦。邓小平、杨尚昆一行来到中外合资上海贝岭微电子制造有限公司视察。

上午9时许，两辆大客车徐徐进入贝岭公司大门，驶向公司的主厂房——硅片制造部。车门打开，邓小平神采奕奕地出现在干部职工面前。

在听取了公司情况的介绍之后，邓小平饶有兴趣地开始视察生产线情况。看到一台首次引进到国内的大束流离子注入机时，他对这台高科技的设备表现出了浓厚的兴趣，他边听边问："它们姓'资'还是姓'社'？"片刻，他意味深长地说，"它们姓'社'，资本主义国家的设备、技术、管理引进为我们所用就是姓'社'。"只有搞好开放引进，使我们国家经济技术尽快赶上世界水平，才不至于落后挨打。

紧接着，邓小平分析了苏联这个原来经济技术较发达的国家，由于闭关自守而导致落后，最终解体的例子。他还对为提高上海贝尔的程控交换机国产化率而配上超大规模集成电路和相关部件生产技术给予了充分肯定。

按原计划，视察后与公司、仪表局负责人合个影就该上车走了。但临上车时，邓小平看到大楼前聚集了很多年轻技术人员，就主动走过去向他们鼓掌示意，并和前排的人一一握手。

测试部女科技人员周剑锋见到邓小平就热情问候："邓爷爷好！"

质量部女科技人员华剑萍怀着崇敬的心情说："您在我们年轻人心目中是最德高望重的。"

邓小平微笑道："这不好说吧！有一点贡献，做了一点事，很多事情没有做，来不及做，也做不完。"

杨尚昆问大家："你们是什么学校毕业的？"

"华东师大。"

"复旦大学。"

"外语学院。"

年轻人一一作了回答。这时，有人插话介绍，他们都是大学生！

邓小平高兴地点点头，语重心长地说："21世纪靠你们年轻人。"

站在他旁边的杨尚昆大声重复道："21世纪靠你们了。"

华剑萍等同声回答："请放心，我们年轻人会把中国建设好的。"

2月18日是元宵节，谁也没想到，邓小平会在这天晚上出现在灯火辉煌的南京路，出现在人流如织的中百一店。

这天晚上将近8时的时候，邓小平来这里逛商场，并在文具柜台接受马桂宁的服务。在这里，他兴致很高地为小孙子购买了铅笔和橡皮。

逛商场是邓小平一到上海就提出的要求。据他身边的人介绍，自党的十一届三中全会以来，邓小平一直有逛一次商店、当一回顾客的愿望。这天他终于遂了十三年的夙愿，所以很激动，步履也显得特别轻快，对商场里的顾客、营业员频频招手，笑容始终挂在脸上。

邓小平准备离开中百一店时，南京路六合路口已站满了市民，邓小平一走出店堂，市民热烈地鼓掌欢迎。这时，邓小平的心情也很激动，他一边招手一边快步迈下台阶，并对扶着他的警卫说："让我朝前走几步。"但警卫出于对邓小平身体和安全的考虑，把他劝上了车。上车后，邓小平从开着的车窗里向人群挥手告别。

2月20日下午3时，邓小平从上海返回北京途中，在南京火车站停留。中共江苏省委书记沈达人、省长陈焕友等在火车站迎候。

当邓小平走下火车时，沈达人、陈焕友立即迎上前去，向邓小平问候，并向邓小平拜个晚年。邓小平笑着点头，高兴地和大家握手说："年已经过喽！"

沈达人、陈焕友请邓小平到休息室坐坐。他说，不坐了，我们一边散步，一边交谈吧。

沈达人、陈焕友说，看到您在上海、深圳的重要指示，提出要加快改革开放，我们很高兴。

邓小平问，你们听到哪些感到高兴？

沈达人、陈焕友回答说，加大改革力度，扩大对外开放，集中精力搞经济建设，重视科技……

邓小平说："要抓住时机，搞得快一点，把经济搞上去，步子可以快一点。"

接着，沈达人、陈焕友简要汇报了1991年江苏经济方面的情况。当汇报到江苏经济1991年在遭受特大洪涝灾害的情况下国民生产总值仍增长了6.3%，增幅高于全国平均数时，邓小平说："江苏条件比较好，应该发展得比全国平均速度快一些。如果江苏和其他发展比较好的地方不比全国平均数高一点，那全国和其他地方就更不行了。"当沈达人汇报科技兴省的情况和灾后生产恢复较快、社会稳定、经济稳定时，邓小平说："好嘛！"当沈达人、陈焕友汇报说，1991年全省"三资"企业办了1 000多家时，邓小平说："是嘛，外向型经济没有坏处。"说到这里，他加重了语气，"我就怕丧失时机。要抓住现在的时机，搞得快一点。"

在交谈中，邓小平问："现在还有没有人怕政策变？"

沈达人、陈焕友回答说："有一段时间，部分同志，主要是农民怕政策变，经过宣传解释，现在都消除了顾虑，感到不会变。"

邓小平听后强调说："不能变，政策变不得。"

在接见结束时，沈达人、陈焕友对邓小平说："看到您身体很好，我们大家都非常高兴。"

邓小平说："在深圳、上海，一路上住得好，吃得好，休息得好，心情舒畅，看来还可以多活几年。"

沈达人、陈焕友说："欢迎您明年到江苏来过年。"

邓小平高兴地说："再说吧！这几年苏州、无锡没去过，那里的菜好。"

沈达人、陈焕友再一次诚恳地说："欢迎小平同志再来！"

下午3时25分，列车开动了。

邓小平站在列车窗口，亲切地向大家挥手告别。

"要把杭州的旅游业好好发展起来"

1992年12月15日，邓小平乘专列来到浙江杭州。

这是他一生中最后一次来浙江视察，前后加起来算是第15次了。

15日下午4时，邓小平在女儿邓榕的搀扶下走出专列，早已在杭州火车站等候的中共浙江省委书记李泽民和省长葛洪升迎上前去和邓小平握手问候。

邓小平头戴一顶粗呢鸭舌帽，身穿皮夹克，精神非常饱满。

李泽民说："我代表浙江省委欢迎您来杭州。"

随后，邓小平一行乘坐面包车前往西湖国宾馆。

一路上，邓小平没有一点旅途的疲倦，向坐在身边的李泽民问这问那。

"你是哪儿人啊？"

李泽民回答说："我是四川人。"

一听说是四川人，邓小平乐了，说："我们可是老乡啦！"

车里的气氛一下子活跃起来，谈笑风生。

车过市区，邓小平看着窗外的一切，说："杭州这几年的变化可不小！"他还详细询问了杭州的境外游客有多少，可以有多少收入，创汇多少，等等。

李泽民一一作了回答。

邓小平说："要把杭州的旅游业好好发展起来。"

发展杭州的旅游业是多年来一直萦绕在邓小平心中的一件大事。

早在1979年，邓小平就对国务院的负责同志说："旅游事业大有文章可做，要突出地搞，加快地搞。"

改革开放以来，算上这一次，邓小平是三到杭州。每次来他都对杭州的风景赞不绝口，他曾说过："像杭州这样的风景旅游城市，在世界上可是不多的。""你们一定要保护好西湖名胜，发展旅游业啊！""上有天堂，下有苏杭，杭州真是个好地方。要把西湖保护好、建设好！"

当天，看到变得更为美丽的杭州，邓小平心情格外高兴。他再一次把发展杭州的重点盯在旅游上。

12月17日，邓小平在李泽民、葛洪升的陪同下游览西湖。

游船缓缓启动后，邓小平不时指点湖上的景色，还询问起西湖上游船、交通船的价格。

李泽民说，我们想简要地汇报一下浙江的情况。

邓小平点头表示同意。

葛洪升首先汇报了浙江省近几年改革开放和经济发展的情况，以及根据小平同志南方视察讲话精神加快浙江发展的打算，然后汇报了宁波的情况，重点是汇报钢厂和大榭岛开发问题。

葛洪升说，前两年浙江的经济发展缓慢，年递增只有一位数（百分之几）。小平同志南方视察讲话对我们教育鼓舞很大，经济发展速度大大加快了，1992年国内生产总值比1991年增长很快，可达到两位数（百分之十几）。

邓小平说，好啊！

邓小平谈到了要抓住机遇加快发展。

话题谈到了香港问题。

当时，由于香港总督彭定康违背《中英联合声明》，搞所谓政改方案，中英在香港回归问题上斗争激烈。

葛洪升说，我刚从香港回来，我接触到的香港人绝大部分是支持我们的，和我们是站在一起的。

邓小平点了点头，坚定地说："我们集中精力把经济搞上去，他斗不过我们。"

汇报到宁波问题时，葛洪升说，小平同志很关心宁波，对宁波的对外开放和开发建设，作过许多重要指示，特别是小平同志关于要把全世界"宁波帮"都动员起来建设宁波的指示，对我们的鼓舞教育很大。

邓小平马上接过话头说，是的，是我会见包玉刚先生时讲的。十年前，我就号召世界上的"宁波帮"来宁波、浙江投资搞建设，那个包玉刚，劲头就很大。我还要卢绪章来当你们的顾问。

葛洪升说："当年包先生曾倡议在宁波建一座大型钢厂，由于种种原因没有办成，现在我们与宝钢商定在宁波北仑联合办一座新技术、新工艺的钢厂，希望得到小平同志的支持。"

邓小平高兴地说，我早就支持了。

当葛洪升汇报到荣毅仁副委员长领导的"中信公司"决定成片开发大榭岛时，邓小平很高兴，他赞扬荣毅仁名声大，会办实业。

随后，邓小平又兴致勃勃地讲述了他大胆起用懂行的人担任要职的情况。

邓小平说："建国初期我管干部，是我选拔了四川的大地主刘文辉和上海最大的民族资本家荣毅仁任中央政府的部长，一个管农业，一个管工业。实践证明，这样做是对的。他们都干得很好。"

李泽民后来回忆说：

"小平同志在游艇上的谈话，有四点是非常重要的：一是要抓住机遇，发展自己，不断提高综合国力；二是一定要把经济搞上去，以经济建设为中心不动摇；三是在搞好物质文明建设的同时，要搞好精神文明建设；四是面对风云变幻的国际形势，我们要冷静观察，沉着应付，少说多做，要努力把自己的事情办好，这样才能在处理复杂多变的国际事务中有更多的发言权。"

邓小平在杭州期间，每天都要抽出几个小时的时间读文件。他虽然已从党和国家的领导岗位上退了下来，但心里依然时刻牵挂着全国人民，关注着天下大事。为了向邓小平介绍浙江省的情况，全面反映浙江改革开放取得的成就，浙江省委办公厅编了一份"浙江简介"送给邓小平阅看。邓小平看后说"搞得不错"。在即将离开浙江的汽车上，他又一次对李泽民说："你们送的一些材料我看过了，浙江的发展势头不错，浙江大有希望。"

最后一次视察

1993 年 12 月 9 日上午，邓小平离开北京前往上海。这是他最后一次外出视察。

18 时 15 分，夜幕初降，邓小平的专列停在山东济南白马山车站。

中共中央政治局委员、中共山东省委书记姜春云，山东省省长赵志浩，济南军区司令员张太恒、政委宋清渭登上专列，见精神饱满的邓小平已站在车厢中央等候，他们快步走上前去握住邓小平的手问候，邓小平也紧紧握住姜春云的手，用浓重的四川口音说："我很注意你们的工作，你们山东搞得好，发展快，我很放心。前几年对你们就很满意。"

邓小平对山东这几年工作的肯定和赞许，使山东省委的领导同志受到了很大的鼓舞。

姜春云汇报说："省委、省政府从山东实际出发，提出了'全面开放，重点突破，梯次推进，东西结合，共同发展'的方针，在全省初步形成了多层次、多渠道、全方位的对外开放格局。山东的发展步入快车道，各项指标进入全国前几名，山东形势好。"

邓小平听得非常仔细，脸上总是充满着笑容。看得出，他对山东工作很满意，心情很愉快。

交谈不久，话题又转到了接班人问题上。

邓小平说："我对以江泽民同志为核心的班子很信任，他们方向、路子正确，工作得很好，我非常放心。"

姜春云说："您接班人选得好，大家都拥护。"

"是啊，选对了，我现在比过去更放心了。"邓小平说。

接着，姜春云汇报了山东班子的情况："山东班子团结，党政军民团结。"

邓小平说："好！团结好啊！"

十四年前，也就是1979年邓小平视察山东时，谈到了当时他最感到紧迫的"第一位的问题"是从中央到地方的班子问题，现在这个问题从中央到地方都已得到顺利解决，他很舒心。

快分别时，姜春云、赵志浩代表省委对邓小平说："我们希望您明年来山东多住些日子。"

"好。来了就多住些日子。我一定要还这个账，了这个心愿。"邓小平说。

列车徐徐开动。邓小平从车窗里向大家频频招手，姜春云等人也挥手向他告别。专列消失在夜幕中。

10日清晨，专列到达了上海。

1993年，是上海有史以来在城市建设方面最大的丰收年。在这一年里，上海重大工程23个项目全部完成，城市基础设施建设的丰硕成果一个接着一个。这里面，有世界第一跨度的斜拉桥——杨浦大桥，有上海第一座五层立交桥——罗山路立交桥，有上海第一条高架道路——内环线一期工程，有上海的"生命工程"——合流污水治理一期工程。此外，吴淞大桥、江苏路拓宽工程、龙阳路立交桥、外高桥港区工程、外滩改造二期工程、凌桥水厂一期工程等18项重大市政工程也都按期完成。上海正在向全世界显示：它正以坚实的步伐向国际经济、贸易、金融中心挺进，长江流域的巨龙终于在太平洋西岸高高地昂起了头。

一到上海，邓小平心里放不下的还是浦东。他要亲眼看一看。

时任上海市市长的黄菊后来回忆说："1994年的春节前，九十岁高龄的小平同志到上海第一天就要看杨浦大桥。我说您刚到，第二天，到第三天再去吧。他说，一定要去。第一天、第二天天气是好的，第三天天气是蒙蒙细雨，6级风。一早5点多他就起来了。8点钟，我陪着他去。"

1993年12月13日这天，不仅下雨、刮风，气温也骤降至零摄氏度左右。邓小平在中共中央政治局委员、中共上海市委书记吴邦国和市长黄菊的陪同下乘面包车又一次视察浦东。

邓小平经南浦大桥，转入内环线浦东段，视察浦东最大的罗山路、龙阳路两座立交桥后，沿途看见浦东热气腾腾的建设景象和已经初具规模的浦东基础设施，情不自禁地笑吟道："喜看今日路，胜读百年书。"

女儿在边上对他说："四十年了，我还没听到过你作诗呢。"

邓小平对吴邦国、黄菊说："我这不是诗，这是出自我内心的话。"

汽车在雄伟的杨浦大桥上停下来。

还是在 1990 年 8 月 23 日南浦大桥刚刚封顶时，时任上海市市长的朱镕基就把建造杨浦大桥的任务交给了黄浦江大桥工程总指挥朱志豪。杨浦大桥是 1991 年 5 月 1 日正式开工的，总投资 13.3 亿元人民币，比南浦大桥增加了 60%，主桥跨度比南浦大桥长 42%，主塔高度比南浦大桥高 38%，而工期要求却要比南浦大桥缩短 5 个月。面对时间紧、任务重的杨浦大桥建设工程，广大造桥技术干部和工人开展劳动竞赛，指挥部将任务分配下去，分块、分段包干，哪一块、哪一段工程完成速度快、质量好，现场会就在哪里开。广大造桥工人非常珍惜荣誉，争先恐后，干得热火朝天。1992 年 2 月 7 日，邓小平视察杨浦大桥建设工地，慰问在工地上施工的造桥工人，询问大桥的建设情况，给了广大造桥工人以极大的鼓舞。1993 年 9 月 20 日，仅用了两年零五个月的时间杨浦大桥全部建成了。

这是邓小平第二次来到杨浦大桥视察。

车门打开，一阵寒风带着雨点迎面扑来。这时等候在桥上的工程建设总指挥朱志豪迎上来说："桥上风大，下雨，又冷，还是我上车向老人家汇报吧。"

邓小平不顾寒风细雨，坚持要下车。下车后，邓小平沿桥走了十几米。朱志豪汇报说，杨浦大桥是当今世界上最大的斜拉桥，并指着小平同志题写的、高高悬挂在大桥主塔上的"杨浦大桥"四个字说："您为我们大桥题写的桥名已经装到大桥上了。"

邓小平抬头望了望。

"这四个字，每个字都有 14 平方米。"朱志豪说。

站在世界第一斜拉桥上，邓小平内心充满着喜悦，他高兴地握着大桥建设总指挥朱志豪的手说："感谢上海的工程技术干部，感谢上海的造桥职工，向他们问好！""这是上海工人阶级的胜利。我向上海工人阶级致敬！"

1994 年的元旦之夜，邓小平在吴邦国、黄菊的陪同下，登临新锦江大酒店的顶层，俯瞰灯光璀璨的上海不夜城景色，高兴地说："上海变了。"

正在大酒店欢度节日的中外旅客，意外地见到邓小平，情不自禁地长时间鼓掌，向邓小平表达敬意和问候。邓小平也含笑向中外旅客频频招手致意。

随后，邓小平还前往人如潮涌的南京路、外滩等处，与上海人民共享节日的欢乐。

2月9日下午，邓小平与上海市党政军领导同志以及部分老同志欢聚一堂，互致新春的祝贺和问候。

会见厅里，花满春浓。邓小平精神焕发、步履稳健，含笑走到上海的同志面前，吴邦国、黄菊等迎上前去，向邓小平表示诚挚的祝福。

吴邦国说："我代表上海1 300万人民向您祝贺春节，祝您健康长寿，全家幸福！"

邓小平说："祝以江泽民同志为核心的中央领导同志春节愉快，身体健康。祝全国人民春节愉快，家庭幸福，人民团结，在新的一年里取得更大的胜利。""我一年来你们上海一次，祝上海人民春节愉快。"

吴邦国说："这是您老人家对上海人民的鼓励，对上海工作的关心和支持。"

邓小平高兴地说："你们上海的工作做得实在好。"

邓小平在上海期间，十分关心上海的两个文明建设的情况，充分肯定了上海人民在过去的一年中取得的成绩。他说："上海的工作做得很好，上海有特殊的素质、特殊的品格。上海完全有条件上得快一点。"

2月19日，邓小平登上了回京的专列。

黄菊后来回忆说："1994年小平同志最后一次来上海，回京那天，他特意把吴邦国同志和我叫上火车，殷殷嘱托：'你们要抓住20世纪的尾巴，这是上海的最后一次机遇。'"

19日下午，邓小平乘坐的专列在南京停留。

邓小平在车厢内接见了中共江苏省委书记陈焕友，南京军区司令员固辉、政治委员方祖岐等。

陈焕友撰文回忆说："我向小平同志汇报说，上次您跟我们讲，江苏要超过全国平均速度。我们现在已经实现了您的嘱托，全省国民生产总值1992年比1991年增长27%，超过全国平均速度15个百分点，1993年比1992年增长18.5%，提前七年实现翻两番。小平同志听后非常高兴，连说了几遍：'好，好，祝贺你们！祝贺你们！'接着小平同志语重心长地对我们说，现在是机会啊，这个机会是不多的，这个机会很难得呀！中国人这种机会有过多次，但是错过了，很可惜！你们要很好抓住。鸦片战争以来一百多年，中国人一直抬不起头来，刚想抬头，帝国主义就来了。你们要发奋，把群众的积极性调动起来，聚精会神地搞建设。小平同志还指示我们说，你们发展经济，能快则快，不要搞快呀慢呀的争论。不搞争论是我的一大发明。这是小平同志最后一次给江苏人民留下的深切嘱托。"

这也是邓小平同志对全国人民的郑重嘱托!

高举邓小平理论伟大旗帜

1997年2月19日,一代伟人邓小平与世长辞。

噩耗传来,长城内外、大江南北的广大城市、农村、特区、机关、工矿、学校沉浸在巨大的悲痛之中。不幸的消息牵动了世界的神经,各国政要、党派团体、国际友人等迅即发来唁电,并前往所在国中国大使馆凭吊,新闻媒体大量的相关报道对邓小平一生给予高度评价。

1997年2月25日上午,中共中央、全国人大常委会、国务院、全国政协、中央军委在人民大会堂隆重举行邓小平同志追悼大会,沉痛悼念我党、我军、我国人民公认的享有崇高威望的卓越领导人,伟大的马克思主义者,伟大的无产阶级革命家、政治家、军事家、外交家,久经考验的共产主义战士邓小平同志。党和国家领导人江泽民、李鹏、乔石、李瑞环、朱镕基、刘华清、胡锦涛、荣毅仁,邓小平的夫人卓琳和子女等亲属,首都各民族、各界人士1万人参加了追悼大会。中共中央总书记、国家主席、中央军委主席江泽民在追悼大会上致悼词。

遵照邓小平及其家属的意愿,邓小平的骨灰于1997年3月2日撒入了祖国的大海。他将永远与大海同在,与祖国同在,与人民同在。

邓小平去世后,党内党外、国内国外都在关注着中国的方向与形象;关注着中国能否继续坚持由邓小平创立的有中国特色的社会主义理论,能否继续走由邓小平开创的有中国特色的社会主义道路;关注着在世纪之交的关键时刻,中国共产党人以什么样的面貌跨入新世纪。

1997年9月召开的中国共产党第十五次全国代表大会,进一步确立邓小平理论在全党的指导地位,并将其载入党章,明确地向全世界作了回答。这次大会的主题是:高举邓小平理论伟大旗帜,把建设有中国特色的社会主义事业全面推向21世纪。江泽民在党的十五大报告中指出:旗帜问题至关重要。旗帜就是方向,旗帜就是形象。坚持党的十一届三中全会以来的路线不动摇,就是高举邓小平理论的旗帜不动摇。邓小平同志逝世后,全党在这个问题上尤其要有高度的自觉性和坚定性。

党的十五大明确提出邓小平理论是党的指导思想，并将其在党章中确立下来，明确规定：中国共产党以马克思列宁主义、毛泽东思想、邓小平理论作为自己的行动指南。这是我们党经过近二十年改革开放和社会主义现代化建设的成功实践作出的历史性决策。作出这个决策，表明了以江泽民同志为核心的党中央第三代领导集体和全党把邓小平开创的建设有中国特色社会主义事业全面推向新世纪的决心和信心；也反映了全国人民的共识和心愿。这也是我们党对邓小平理论历史地位的认识逐步深化的必然结果。

伟大的事业，必须有伟大的理论指导。科学的革命理论是共产党人的灵魂和指南。中国共产党是非常重视理论指导的党。中国人民找到了马克思列宁主义，中国革命的面貌为之一新。马克思列宁主义同中国实际相结合有两次历史性飞跃，产生了两大理论成果。第一次飞跃的理论成果是被实践证明了的关于中国革命和建设的正确的理论原则和经验总结，它的主要创立者是毛泽东，我们党把它称为毛泽东思想。第二次飞跃的理论成果是建设有中国特色社会主义理论，它的主要创立者是邓小平，我们党把它称为邓小平理论。这两大理论成果都是党和人民实践经验和集体智慧的结晶。党从诞生之日起，就把马克思列宁主义确立为自己的指导思想。经过遵义会议和延安整风，党的七大又把马克思列宁主义的理论与中国革命实践之统一的思想——毛泽东思想，确立为党的指导思想。在党的十一届三中全会和党的十二大、十三大，特别是在党的十四大的基础上，党的十五大又把马克思主义同当代中国实践和时代特征结合起来的邓小平理论确立为党的指导思想。

确立邓小平理论为党的指导思想有一个过程。党的十一届三中全会以后，在邓小平理论这一当代中国的马克思主义形成和发展过程中，全党逐步认识了这一现代化建设的指导思想。党的十三大报告在第一次使用"建设有中国特色的社会主义理论"概念的同时，也第一次指出马克思主义与中国实践的结合有两次历史性的飞跃。党的十三届四中全会形成了以江泽民为核心的党中央后，我们党对这一理论及其历史地位的认识更加深刻。1989年，江泽民在国庆四十周年大会上指出："邓小平同志关于建设有中国特色社会主义的理论，是经过十年实践检验而为亿万人民所认识和接受的科学理论，是指引我们继续前进的旗帜。"经过党的十三届五中全会、七中全会，江泽民在建党七十周年庆祝大会上的讲话和1992年6月9日在中央党校的讲话，对邓小平建设有中国特色社会主义理论作了进一步的总结和概括，指出这一理论"是在新的历史条件下对马列主义、毛泽东思想的重大发展"，"标志着我们的社会主义事业进入了一个新的发展阶段，标志着我们党对社会主义的认识实现了一个新的飞跃"。党的十四大比较系统地概括了这一理论的主要内容及其贡献，明确提出了"用邓小平同志建设有中国特色社会主义的理论武装全党"的战略任务，指出"学习马克思列宁主义、毛泽东思想，中心内容是学习建设有中国特色社会主义理论"，实际上确立了这一理论在全党的指导地位。这是党的十四大最大的历史性贡献之一。

党的十四大以后，在落实用科学理论武装全党的历史性任务的过程中，我们进一步认识到邓小平理论是保证中国在改革开放中胜利实现社会主义现代化的唯一正确的理论。1993年11月2日，江泽民在学习《邓小平文选》第三卷报告会上的讲话中指出，邓小平建设有中国特色社会主义理论，是马克思主义同中国实际相结合的最新成果，是我们党付出了巨大代价获得的极为珍贵的精神财富，是我们党和人民进行新的历史创造的科学总结，是我们发展社会主义的伟大旗帜。党的十四届六中全会决议在论述精神文明建设的形势时，把这一理论的形成和发展，说成是"党的指导思想"的"历史性飞跃"。这是党的文献中第一次直接使用"指导思想"的提法。

邓小平去世后，在《告全党全军全国各族人民书》和江泽民在邓小平追悼大会上致的悼词中，更加直接明确地指出这一理论"是中国共产党的指导思想和中华民族的精神支柱"，同时号召全党全国人民"更高地举起邓小平建设有中国特色社会主义理论的伟大旗帜"。1997年5月29日，江泽民在中央党校的重要讲话中，对邓小平去世后人们普遍关注和思考的一个重要问题：我们能否继续坚持由邓小平创立的建设有中国特色社会主义理论，能否继续走由邓小平开创的建设有中国特色的社会主义道路，作出了明确肯定的回答。他指出，邓小平创立的建设有中国特色社会主义理论和在这一理论指导下制定的党的基本路线，是我们必须遵循的行动指南。他对邓小平理论的历史地位作了深刻的阐述，强调我们一定要高举邓小平建设有中国特色社会主义理论的伟大旗帜，用这个理论来指导我们的整个事业和各项工作。这是党从历史和现实中得出的不可动摇的结论。

经过党的十四大到党的十五大，邓小平理论日益深入人心。在这种情况下，党的十五大对我们党的这一基本理论作了进一步的概括和总结，第一次在党的正式文献中使用了"邓小平理论"这一更为醒目、更为简明、更为准确的新提法，强调邓小平理论是"马克思主义在中国发展的新阶段"，确立其在我们党的指导思想的地位，并将其载入党章，这是我们党对这一理论认识发展的结果，是以江泽民同志为核心的党中央作出的重大历史性决策。

党的十五大的灵魂就是高举邓小平理论的伟大旗帜。江泽民向全党发出号召：在社会主义改革开放和现代化建设的新时期，在跨世纪的征途上，我们一定要高举邓小平理论的伟大旗帜，把建设有中国特色的社会主义的伟大事业全面推向21世纪。

一个领导人民从事伟大事业的政党，不能没有自己的旗帜。在社会主义改革开放和现代化建设的新时期，在跨世纪的征途上，我们为什么一定要高举邓小平理论这面伟大旗帜呢？

第一，这是由邓小平理论本身的内容、地位和作用决定的。邓小平理论是马克思主义同当代中国实际和时代特征相结合的产物，是马克思列宁主义、毛泽东思想在新的历史条件下的继承和发展，是当代中国的马克思主义，是马克思主义在当代中国发展的新阶段。这一理论是关于在中国这样一个经济文化比较落后的国家如何建设社会主义、如何巩固和发展社会主义的学说，是一个贯通哲学、政治经济学、科学社会主义等领域，涵盖经济、政治、科技、教育、文化、民族、军事、外交、统一战线、党的建设等方面的比较完备的体系，又是一个需要进一步丰富发展的科学体系，是中国共产党的指导思想和中华民族的精神支柱。所以，邓小平理论必然成为我们党的旗帜。

第二，这是近二十年来中国经济社会发展的最根本经验。党的十一届三中全会以来，在邓小平开创的建设有中国特色的社会主义理论指导下，中国共产党和中国人民锐意改革，努力奋斗，整个国家焕发了勃勃生机，古老的中华大地发生了翻天覆地的变化，社会主义中国显示出强大的生机和活力。展望近二十年来社会主义改革开放和现代化建设取得的巨大成就，国人自豪、世界瞩目。国民经济持续健康快速发展，综合国力大大增强，人民生活不断提高，社会主义市场经济体制正在逐步建立，对外开放总体格局基本形成，经济社会发展事业全面推进。所有这一切，都是在邓小平理论和根据这一理论确立的党的基本路线指导下取得的。二十年发展的历史告诉人们，在改革开放和现代化建设中形成，并经过这一实践检验的邓小平理论是科学的、正确的。特别是经过20世纪80年代末、20世纪90年代初国际风云变幻的严峻考验，经过党的十四大以来我们在科学理论武装下所取得的辉煌成就，更有力地证明了邓小平理论的真理性及其价值。历史和现实证明，在当代中国，只有邓小平理论而没有别的理论能够解决社会主义的前途和命运问题。只有高举邓小平理论的伟大旗帜，建设有中国特色社会主义的伟大事业才能从胜利走向新的胜利。

第三，这是我们抓紧机遇、开拓进取，把建设有中国特色的社会主义伟大事业全面推向 21 世纪的必然选择。当今世界发展很快，国际间综合国力的竞争日趋激烈。中华民族以什么样的姿态进入 21 世纪，关系到中国在未来世界舞台上的地位。邓小平理论是在和平与发展成为时代主题的历史条件下，在我国改革开放和现代化建设的实践中，在总结我国社会主义胜利和挫折的历史经验，并借鉴其他社会主义国家兴衰成败的历史经验的基础上，逐步形成和发展起来的。这一理论指明了我们的事业继续前进的方向和道路。在世纪之交机遇和压力并存的关键时刻，我们将会面临许多新情况、新问题和新矛盾。这就更加迫切需要科学理论的指导。只有高举邓小平理论的旗帜，才能在正确的方向下找到解决现实困难和问题的办法，去顶住各种压力迎接各种挑战，把握中华民族大发展的良好机遇，把改革开放引向深入，顺利实现我们在本世纪末的各项任务和目标，并为下个世纪的发展打好基础。总之，我们只有高举邓小平理论的伟大旗帜，才能把握正确方向，树立良好形象，把建设有中国特色社会主义伟大事业全面推向 21 世纪。

江泽民在党的十五大报告中强调指出，实践证明，作为毛泽东思想的继承和发展的邓小平理论，是指导中国人民在改革开放中实现社会主义现代化的正确理论。在当代中国，只有把马克思主义同当代中国实践和时代特征结合起来的邓小平理论，而没有别的理论能够解决中国社会主义的前途和命运问题。

理论来源于实践。实践不仅是形成正确的理论认识的源泉，而且也是检验理论认识真理性的唯一标准。党的十一届三中全会以来，邓小平以马克思主义者的巨大政治勇气，以无产阶级革命家开创新时代的宏伟气魄和胆略，引导我们的国家走上一条一心一意搞建设的新道路，开创了改革开放和社会主义现代化建设的全新事业。这样的事业，我们的前人没有做过，其他国家也没有干过。在开创全新事业的过程中，邓小平带领我们党以马克思主义的基本原理为指导，一切从国情出发，在实践中学习、探索、提高，并不断进行理论总结，逐步形成了新的建设有中国特色的社会主义理论科学体系——邓小平理论。这个理论总结了我国改革开放和社会主义现代化建设的新鲜经验，总结中华人民共和国成立以来我国社会主义发展成功和失误的历史经验教训，总结了国际上社会主义运动中成功与失败的经验教训，第一次比较系统地回答了中国这样经济文化比较落后的国家如何建设社会主义、如何巩固和发展社会主义的一系列基本问题。

改革开放走过的路和取得的巨大成就，都证明邓小平理论是指导中国人民在改革开放中胜利实现社会主义现代化的正确理论。邓小平理论作为当代中国的马克思主义，它立足于中国又面向世界，总结历史而又正视现实、放眼未来；它贯穿解放思想、实事求是的思想路线，围绕"什么是社会主义、怎样建设社会主义"这个首要的基本理论问题，在社会主义发展道路、发展阶段、根本任务、发展动力、外部条件、政治保证、战略步骤、党的领导和依靠力量、祖国统一等重大问题上，形成了一系列相互联系的基本观点，构成了一个完整的科学理论体系，描绘了社会主义发展的宏伟蓝图和美好未来。在当代中国，只有这个理论而没有别的理论能够解决社会主义的前途和命运问题。

高举邓小平理论的伟大旗帜，事关中国社会主义的前途和命运，也必将影响到国际社会主义运动的发展。尽管前苏联、东欧变化后世界社会主义的发展进入低潮，但是，只要有12亿人口的中国坚持走社会主义道路，而且实现了自己的发展目标，就一定能够显示出社会主义的优越性。所以说，邓小平理论不仅是指导中国社会主义建设的正确理论，也是社会主义获得新的生机和活力的正确理论。

高手之间的较量——与聂卫平

邓小平爱好体育，尤其酷爱游泳、打桥牌、欣赏足球赛。打桥牌是他 20 世纪 50 年代在四川学会的，以后成为他繁忙紧张的工作之余极为有效的休息方式。他说："唯独打桥牌的时候我才什么都不想，专注在桥牌上，头脑能充分地休息。"从党和国家的领导岗位上退下来以后，打桥牌更是他暮年寄情之所在。

邓小平打桥牌技艺精湛，为中外桥牌高手所叹服。而邓小平也特别喜欢同桥牌高手一起打，用他自己的话说："打牌要同高手打嘛，输了也有味道。"也许是由于这个缘故，围棋国手聂卫平经常被邀请同邓小平打桥牌，成为邓小平家的座上客，由此也就有了政坛伟人关怀体坛名将的佳话。

聂卫平，1952 年生。原籍河北深县人，生于辽宁沈阳。自幼酷爱围棋，1965 年获全国少年围棋冠军。1969 年插队到黑龙江省嫩江县三河农场当农工。1977 年成为黑龙江体育工作队围棋运动员。1978 年，任国家围棋队运动员、副总教练、总教练、高级教练。1979 年在第一届国际业余围棋赛中，为我国赢得第一个围棋世界冠军。在 1985 年至 1988 年，第一、第二、第三届中日两国围棋擂台赛中，为我方主将，先后战胜日方数名"超一流"棋手，对中国围棋队取得三次擂台赛的胜利，起了决定性的作用，为祖国赢得了三连冠的荣誉。1982 年被国家体委授予围棋九段。1988 年 3 月被国家体委授予"棋圣"称号。

在最初的接触中，邓小平身上那种伟人所特有的恢宏、威严的气质，令聂卫平感到有些敬畏，但时间一久，他慢慢地感到邓小平非常和蔼可亲，平易近人。令聂卫平难以忘怀的是邓小平的笑，他曾经说，邓小平"有一个可能是我永生难忘的表情，就是他一笑啊，虽然咱们说是像慈祥的老人，但我觉得更像是一个很天真幼稚的孩子似的，笑得非常的天真和纯"。所以，在聂卫平眼里，邓小平更是一位慈祥的长辈。

国家体委在秦皇岛有个训练基地，有一年夏天轮到中国围棋队去那里训练和避暑。当时邓小平也在那里度假。有一天，聂卫平去看望邓小平。聊完天，聂卫平感到邓小平这段时间可能不太忙，就悄悄和他的秘书商量，能不能让围棋队其他同志也一同去看望他。因为大家都非常敬仰邓小平，十分羡慕聂卫平能有机会和邓小平在一起打桥牌。聂卫平把这一想法刚说完，马上又有些后悔，心想：邓小平同志对党、政、军的方方面面都要管，这要求未免太过分了吧！没想到，邓小平的秘书很快就请示回来，告诉他说可以。不久，围棋队的同志们就荣幸地得到了邓小平的接见。聂卫平把国内的围棋名手一一介绍给邓小平。当介绍到刘小光在擂台赛中有四连胜的战绩时，邓小平说："来，干一杯。"本来大家都有些紧张和拘束，这一碰杯，一下消除了普通百姓和国家领袖之间的距离感，在大家原本十分敬仰的感情中又增添了亲切的气氛。

聂卫平是位久经沙场的围棋宿将，为中国的围棋事业屡建奇功，立下了汗马功劳，赢得了"棋圣"的称号。邓小平对这位"棋圣"加牌友给予了特别的关爱，他虽然一向寡言少语，但关键时刻，聂卫平却能从他那里获得无穷的力量。

那是在第二届中日围棋决赛的日子里。决赛前的一个休息日，邓小平邀请聂卫平和几个国家体委的同志打桥牌。吃饭的时候，邓小平举起酒杯要和聂卫平干一杯。通常聂卫平会痛快地一饮而尽，但这次因为要迎接比赛，他临时戒了酒，就没有举杯，而是让别的同志代劳，并马上解释说："我戒酒了。"邓小平脸上出现了疑问，因为以前聂卫平和邓小平碰杯，都是一饮而尽，酒量少说也有七八两。他似乎觉察到了聂卫平的紧张情绪，就关心地问起了比赛的形势，聂卫平详细地作了汇报。

原来，日本队因为在第一届擂台赛中输给了中国队，这一届请出了当时成为九段以后未和中国棋手交过锋的"超一流"棋手武宫正树、大竹英雄作为双保险，以必定获胜的决心和中国队再赛一场。赛前《新体育》杂志进行了预测，在 9 955 封中国读者的来信中，仍有占 56% 的人认为是日本队获胜。后来，当中国队赛得只剩下聂卫平一个人的时候，日本队参赛的人员损失还不到半数，主力阵容根本就没有出场。此时，聂卫平接战的是刚刚战胜了中国棋手马晓春的日本年轻的八段新秀片冈聪。形势十分严峻，对聂卫平来讲这意味着后面每一盘棋都是决赛，而日本棋手却有五次夺得最后胜利的机会。当时聂卫平承受着多么大的心理压力可想而知。

了解聂卫平的临战状况，又对聂卫平充满信任的邓小平沉思片刻后只说了两个字"哀兵"。谈话到此便结束了。聂卫平原想邓小平可能要鼓励他几句，或者指示些什么，但是邓小平什么都没有讲。只有"哀兵"两字在聂卫平的耳畔久久回荡。

紧随"哀兵"之后的是"必胜"两个字，邓小平却不讲出来。聂卫平揣摩出个中的深意。

邓小平当年曾叱咤疆场，统率千军万马，深谙用兵之道，创造了世界军事史上的一个个奇迹。千里跃进大别山、决战淮海、百万雄师突破长江，等等，都是以少胜多、以弱胜强。在新的历史时期，面对中国贫穷落后的状况，邓小平大胆、果断地发起了第二次革命，掀起了改革的巨澜，使中国焕发出新的生机与活力，发生了翻天覆地的变化。就是这样一位具有雄才大略的伟人，在大多数人都认为聂卫平不可能取胜的情况下，高屋建瓴地作出了中国围棋队不但可能赢而且会赢的估计。想到这里，聂卫平心中涌上了一股热流。邓小平的关怀和激励就像一座雄伟的高山，矗立在他的背后，顿时使他产生了无穷的力量和勇气。

比赛的结果，恰如邓小平所预料的那样，尽管这五盘棋盘盘险象环生，但是聂卫平最终取得了胜利。果真是"哀兵必胜"。不过聂卫平当时并不知道，邓小平自始至终地坐在电视机前观看了这一次围棋擂台赛的所有实况转播。聂卫平获胜后，邓小平让秘书打电话到聂卫平的家里向他表示祝贺。遗憾的是，聂卫平比赛结束后忙着和武宫正树进行局后研究，没能亲自接到电话。但是，这件事聂卫平一直记在心里。他常常感慨邓小平的伟大之处——不仅在于有雄才大略，而且在很微小的事情上也始终和人民同呼吸、共命运。

"用桥牌来训练脑筋"——与杨小燕

1980年，"桥牌皇后"杨小燕应邀担任上海桥牌协会顾问，并率第一批美国选手到上海参加友谊赛。在那次访问中，杨小燕在人民大会堂与邓小平打桥牌，从晚上 8 点一直打到深夜 1 点，连续四五个小时对阵。邓小平打牌时谈笑风生，不但毫无倦意，而且至局终时仍然神采奕奕。邓小平对杨小燕说："我是用游泳锻炼身体，用桥牌来训练脑筋。"

邓小平讲的是四川话，但并没有影响与杨小燕的交流，因杨小燕的母亲也是四川人，所以交谈并无多大的障碍。只是杨小燕感到邓小平抽烟很多，比赛时一根连着一根抽。

杨小燕留意观察，发现邓小平抽的烟比普通烟要短些，才一寸那么长，便好奇地问他。邓小平幽默地告诉杨小燕：他们不喜欢我抽那么多烟，就用这种办法来限制我。邓小平对杨小燕和她的丈夫创造的"精确叫牌制"很熟悉，杨小燕认为邓小平的桥牌技艺异常精湛，守得紧，攻得快，无论叫牌、打牌都具有率领千军万马、扼制对方、驾驭战局的大将风度。从桥牌桌上也可看出这位领导中国迈向繁荣富强的领导者的品格。

唇齿相依，不忘老朋友——与金日成

1953 年 11 月 12 日下午 3 时整，一列火车缓缓驶进北京车站。列车停稳后，一位身材高大、微微发胖、身着黑色呢子大衣、头戴黑色礼帽的中年人，在中华人民共和国外交部办公厅主任王炳南的陪同下，走出车厢，与前来迎候他的中国党政领导人周恩来、彭德怀、董必武、邓小平等一一握手。

他就是朝鲜民主主义人民共和国内阁首相金日成元帅。

他是应中华人民共和国政府和毛泽东主席的邀请，来中国进行正式友好访问的。

当他和邓小平握手时，彼此打量了一下对方。

这时，邓小平从中共中央西南局第一书记调来中央工作才一年多，担任中央人民政府政务院常务副总理兼财经委员会主任。

这是他们第一次见面。

1975 年 4 月 18 日，北京车站张灯结彩，红旗飘扬。

当金日成主席乘坐的专列驶入北京站时，站台上锣鼓喧天。中共中央副主席、国务院副总理邓小平登上列车，向金日成主席表示亲切问候，并陪同金日成主席一道走下列车，同欢迎群众见面。在飘扬着中朝两国国旗的北京车站上，举行了隆重的欢迎仪式，乐队高奏中朝两国国歌。聚集在车站站台上、大厅里、广场上的数千名欢迎群众沸腾起来，他们载歌载舞，欢呼声此起彼伏。

金日成在邓小平的陪同下，乘坐汽车，驶过彩旗飘扬、欢声如雷的天安门广场，驶向迎宾馆。金日成主席为中国人民这种真诚、友好的欢迎所感动。

4月18日下午5时，毛泽东在中南海会见了金日成，邓小平陪同会见。

当金日成主席走进毛泽东的书房时，毛泽东和金日成紧紧握手。

毛泽东说："我这回去了湖北、湖南、江西、浙江几个地方，差不多住了一年。因为你要来，我又回来见面。"

"谢谢。"

毛泽东又说道："我今年八十二岁了，快不行了，靠你们了。"说着，用手指了指在座的金日成和邓小平等人。

毛泽东还说："我们Premier（总理）有病，一年里开过三次刀。"

"邓小平副主席讲过这个事。"金日成说。

"我的腿不好，讲话不好，眼睛也有白内障。你好吗？"毛泽东问道。

金日成答道："很好！我跟主席已经几年没见面了！"

毛泽东用英语说："Welcome（欢迎）！我发音不好，讲外国语。"

"我不谈政治，由他来跟你谈。"毛泽东一边说着，一边笑着指邓小平，"此人叫邓小平。"

金日成主席说："我们很早就认识了，他做过很多工作，是老朋友、老同志了。"

毛泽东接着又指了指邓小平说："他会打仗。"

话音刚落，金日成马上补充说："不但会打仗，而且会做政治工作，进行思想斗争。"

"还会反修正主义。"毛泽东始终忘不了邓小平在中苏论战中的贡献。

谈到这里，金日成多少有点感慨地说："是啊，我们很清楚他。我和邓小平副主席十年没见了。"

毛泽东说："红卫兵整他，现在没事了。那个时候打倒了好几年，现在又起来了。"

"很好，我们欢迎。"金日成说。

毛泽东又说："我们要他！"口气十分坚定。

是的，毛泽东一向比较器重邓小平。今天，毛泽东又把邓小平介绍给金日成，他说：今后有事，你就找小平谈。"你们去谈话，我不谈了。"

4月19日上午9时30分，邓小平在人民大会堂南门接待厅同金日成主席进行第一次会谈。双方谈到了中朝两党、两国的关系和朝鲜统一问题。

会谈始终充满着亲切友好的气氛。

4月20日上午9时45分，邓小平和金日成举行第二次会谈，就总的国际形势、中美关系、中日关系、南亚形势、南部非洲等问题广泛地交换了意见。

4月21日下午3时35分，邓小平在钓鱼台国宾馆18号楼和金日成主席单独会谈。

4月25日上午10时30分，邓小平和金日成主席举行第三次会谈。

会谈结束后，发表了《中华人民共和国和朝鲜民主主义人民共和国联合公报》。金日成主席说，这是中朝关系史上一个划时代的转折，表明两国政府和人民之间的友谊和团结发展到了新的、更高的阶段。

在金日成主席这次访华期间，邓小平还陪同金日成主席参观了北京和南京的一些工厂、人民公社和名胜古迹。在南京，邓小平陪同金日成主席参观了南京长江大桥、南京无线电厂，游览了中山陵，晚上还观看了文艺演出，尽管日程安排得很紧，但双方都兴致盎然。邓小平热情并详细地介绍了有关情况，金日成主席说，我们把你们的成就看作是自己的成就一样高兴。

金日成主席访华回国后不久得了腰病。邓小平得悉后非常挂念，并派出中国最好的医生赴朝鲜为金日成主席治病。金日成主席十分感谢中国共产党和邓小平同志的关怀。多年后金日成主席访问中国时还当面向邓小平致谢！

但不久，邓小平又一次从中国政坛上消失了，直至1977年第三次复出。

1978年9月9日，是朝鲜民主主义人民共和国成立三十周年国庆日，邓小平率中国党政代表团前往朝鲜参加盛大的国庆庆典活动。

邓小平一行于8日上午到达朝鲜，受到了朝鲜党和政府以及人民的热烈欢迎。

下榻不久，邓小平立即前往锦绣山议事堂拜会朝鲜劳动党中央委员会总书记、朝鲜民主主义人民共和国主席金日成。

金日成主席在门口迎候邓小平，一见面两位老朋友亲切握手，热情拥抱，并互致问候。

交谈亲切友好，气氛融洽。金日成主席还设宴款待邓小平一行；席间，宾主双方畅叙友谊，亲如一家。宴会结束后，邓小平代表中共中央、国务院向金日成主席赠送了广东枫溪陶瓷三层大型花瓶。花瓶高1.3米，最大直径48厘米，内外三层，分别雕饰有梅花、花篮和群蝶，象征着中朝友谊之花盛开。对中国人民的这份厚意，金日成主席表示感谢！

9月12日上午9时，邓小平和金日成在平壤兴夫宾馆举行会谈。

金日成主席对邓小平说，自1975年访问中国以后，第一次见到您，而且是在朝鲜见到，感到十分高兴。本来我准备今年秋天去中国进行内部访问，就国际问题交换一下意见，现在邓小平同志来了，可以推迟到明年去了。

邓小平说："非常欢迎，到时我陪主席去你没有去过的地方，比如敦煌，你没有去过吧？"

"没有去过，延安、成都、重庆都没有去过。"金日成回答道。

邓小平接着说："今后两国领导应常来常往。"

会谈开始后，双方对国际形势交换了看法。邓小平说：国际形势总的来讲还是很不安宁的。邓小平还讲到中日关系，说我们同日本签订了《和平友好条约》，把反霸条款写入了正文，这在世界上算是第一次。同日本缔结《和平友好条约》，是我们奋斗了七年的结果，当然现在不能说问题全解决了。

邓小平向金日成通报了我国正在同美国谈判关于中美关系正常化的情况。

对此，金日成主席表示理解。

邓小平说：有人说我们好战。不是我们好战，我们讲的是实际情况，我们希望二十二年不打仗，我们就可以实现四个现代化。

邓小平详细向金日成介绍了中国实现四个现代化的具体设想。他说，我们一定要以国际上先进的技术作为我们搞现代化的出发点。

金日成主席表示：这样做很好。

邓小平特别谈到了教育问题，说，"四人帮"对我们的经济发展影响很大，包括各方面，其中教育方面受到的影响最深，提高小学、中学的水平，至少要十年之后才能出人才。

邓小平说最近谷牧同志和经委、计委以及各部的同志出去看了一下，越看越感到我们落后。我们的农村还很穷，收入还很低。我们农村一个劳动力一年的收入，高的地方150元，全国平均只有60元。什么叫现代化？20世纪50年代一个样，60年代不一样了，70年代就更不一样了。

金日成主席表示赞同。

访朝归来，邓小平在东北等地视察，沿途对各省、市负责人谈到了他早就运筹在胸、访朝时和金日成主席谈过的一些重要思想。

在黑龙江，邓小平谈到了农业问题，谈到吸收外资、引进外国设备问题。他说，我们要大量地吸收外国的资金、新的技术、新的设备，令人担心的是国家的体制不能适应这项工作。

在吉林，邓小平谈到要解放思想时说：一切从实际出发，我们的事业才有希望。不论搞农业，搞工业，搞科学研究，搞现代化，都要实事求是，老老实实。林彪、"四人帮"把我们的思想搞僵化了。思想僵化，就不可能实现四个现代化。邓小平强调要实事求是，开动脑筋，要来一个革命。

在沈阳，邓小平说到要学习外国的先进科学技术、先进管理经验。

用邓小平自己的话说，这是到处点火。他的点火，为党的十一届三中全会对党和国家的工作着重点转移到社会主义现代化建设上来，起了重要作用。

1981年4月，金日成访问中国，又是邓小平陪同他。

4月18日下午，在沈阳友谊宾馆，邓小平和金日成进行了单独会谈。邓小平谈到了正在起草中的《关于建国以来党的若干历史问题的决议》。他说：写若干历史问题的决议，有三个目的：一是树立毛泽东思想旗帜；二是恰如其分地讲清错误；三是向前看。邓小平特别谈到对毛主席的评价，对毛泽东思想的评价，"在党内、在人民中是个很大的问题"。

1982年4月27日，邓小平和胡耀邦访问朝鲜，同金日成举行会谈。

会谈中，邓小平向金日成介绍了中国关于解决香港问题的立场和态度。邓小平说，香港问题现在已经提到日程上了，因为英国比较急，香港各方的人士都比较急。当前国际上进行投资需要有十五年的稳定，要保持十五年的稳定才投资。我们找了一些香港的知名人士，到北京来商议这个问题。前提是个主权问题。现在我们定的方针是到1997年不只是新界，整个香港都收回。英国的盘子是放在能够继续维持英国的统治这点上，这不行。如果这样，所有中国人不管哪个当政都不会同意。所以，我跟他们说，到1997年，香港、九龙、新界的主权中国全收回。在这个前提下，维持香港自由港、国际金融中心的地位。香港的社会制度不变，生活方式也不变。香港由香港人自己管理，由香港的爱国者组成地方政府，作为中国的特别行政区。

1982年9月，金日成主席访问中国。

邓小平陪同金日成去了四川。

一年以后，金日成又一次访问中国。

邓小平同他进行了会谈，并向他通报了中英关于香港问题谈判的情况，阐述了中国的立场和方针。金日成听后表示赞成。

1987年5月22日，邓小平在钓鱼台国宾馆会见金日成。说不清这是他们之间的第几次见面了。

这天一早，北京下了一场中雨。雨后的钓鱼台，空气格外清新，草木分外苍翠。几盏大红灯笼高悬在一座覆盖着蓝色琉璃瓦的乳白色宾馆楼前。左侧有一株金日成主席1959年访华时亲手栽种的云杉，如今正披着一簇簇嫩绿的新叶。

当金日成主席的座车来到门口时，邓小平迎上前去，紧紧握住金日成的手说："非常欢迎您！"接着，两位领导人热情拥抱。

宾主落座后，金日成满面笑容地对邓小平说："你身体跟两年前一样健康，我们都很高兴。"

"看见你身体这样好，我们也都很高兴。"接着，邓小平和金日成双方通报了国内情况，并就共同关心的国际问题交换了意见。

邓小平对金日成说："我们之间相互了解是最深的。"

会见结束后，邓小平和金日成一边散步，一边亲切交谈，来到了流水潺潺、绿荫如盖的养源斋。邓小平在这里宴请金日成一行。

1989年11月5日至7日，应中共中央邀请，金日成对我国进行非正式访问。

当金日成乘坐专列抵达北京时，邓小平已在车站迎接。

金日成看到八十五岁高龄的邓小平还到车站迎接他，感到十分激动，快步上前，和邓小平紧紧拥抱。

此前不久，邓小平于9月4日向中共中央政治局提出，辞去党和国家的军委主席职务。

11月6日，邓小平和金日成举行了会谈。老朋友相会，格外亲切。

邓小平对金日成说："我们是朋友之间的来往，所以一般的礼仪都可以简化。"

"是的，简单一点。"金日成完全同意。

"我们的关系确实不一般，"邓小平说，"今年除了一些重要的国家首脑来华时我出来见见面以外，其他一般就不见了，也不出席宴会，也不去机场，也不经常出面谈话。"

邓小平告诉金日成，我们今天开始开中央全会，有两项议程，其中一个就是批准我退休的请求。这个事情我做了多年的工作，这次列入了议事日程，已经取得了政治局和政治局常委会同志们的同意，在中央委员会中还要做一些工作。这个问题我至少提了七八次，每次大家都不赞成，没有办法，所以中共十三大我来了一个半退，就是不进入中央委员会，只保留一个党和国家的中央军委主席的职务。现在是我退休的时机了，我在这个时机退下来最好。

邓小平还向金日成介绍了中共中央总书记江泽民同志的情况。他说：江泽民同志这四个多月的中央工作很扎实，而且这个人比较民主。

双方各自通报了国内情况，并就进一步发展中朝两党、两国之间的友好关系和国际形势等共同关心的问题交换了意见。

金日成对中国共产党和中国人民坚持四项基本原则，坚持改革开放，为建设具有中国特色的社会主义而进行的努力表示坚决支持。

邓小平对朝鲜劳动党、政府和朝鲜人民为争取祖国自主和平统一、缓和朝鲜半岛局势而进行的斗争表示坚决支持。

这是邓小平和金日成的最后一次会面。

1994 年 7 月 8 日，金日成主席与世长辞。噩耗传来，九十岁高龄的邓小平深为悲痛，致唁电表示沉痛的哀悼。唁电全文如下：

朝鲜劳动党中央委员会：

惊悉金日成主席不幸病逝，深感痛惜。

金日成同志的一生是为朝鲜民族解放、人民幸福献身的一生，也是为缔造和发展中朝友好奋斗的一生。金日成同志的逝世使朝鲜人民失去了伟大领袖，也使我失去了一位亲密的战友和同志。

我谨向朝鲜劳动党中央、向朝鲜民主主义人民共和国政府和全体人民致以最深切的哀悼。

邓小平

1994 年 7 月 9 日于北京

离开领导岗位 ①

1989 年 11 月 9 日。

清晨，天还未亮，飘飘洒洒的细雨就已润湿了深秋的大地。

爸像往常一样，按时起了床。像往常一样，准时而又规律地吃了早饭，坐下来看书、看报、看文件。

最小的孙儿因患感冒而未去幼儿园，我带他去看爷爷。

爸问我，还下雨吗？

我告诉他，开始下雪了。

爸一听，马上起身，先把窗户大大打开，进而索性开门走出室外。

外面的空气寒冷而又湿润，雨水中果然夹杂着点点雪花，纷纷落落、飘飘扬扬随风而下。

爸望着雨和雪，感慨地说："这场雨雪下得不算小呀，北京正需要下雪啊！"

大概是所谓的"温室效应"吧，今年秋来得迟，冬也到得晚。虽已是 11 月，天气仍然不冷。今天这场雨雪虽不很大，但毕竟是北京今冬的第一场雪。

九点多钟，办公室主任王瑞林来了，向爸讲述了正在召开的党的中央全会的一些情况。当然，重点汇报了这次全会上关于爸退休的议程、日程的安排和讨论情况。他告诉爸，经过阅读有关文件和讨论，与会的同志们逐渐理解了爸请求退休的决心和意义，许多同志在发言中讲了很多相当动感情的肺腑之言，今天下午全会将进行表决，晚上由新闻公布。

---

① 此文为邓小平女儿邓榕的回忆。

爸听后十分高兴，说："总之，这件事情可以完成了！"

中午吃饭的时候，我们一家人围坐在桌旁，席间的话题自然离不开爸退休这个题目。姐姐说，咱们家应该庆祝一下。哥哥说，我捐献一瓶好酒。妈妈说，如果身体好，我也想去参观下午的照相活动。爸则说："退休以后，我最终的愿望是过一个真正的平民生活，生活得更加简单一些，可以上街走走，到处去参观一下。"大孙女眠眠笑着说："爷爷真是理想主义！"

下午3时，中国共产党第十三届中央委员会第五次会议进行表决，通过了爸辞去中共中央军事委员会主席的请求。

4时许，爸驱车前往人民大会堂，和参加本次中央全会的全体与会者一起照相。

在休息厅里，刚刚从党的十三届五中全会会场内出来的中央各位领导同志，看到爸进来，纷纷走过来和爸握手。刚刚当选为中共中央军事委员会主席的江泽民同志一步趋前，紧紧握住爸的手。他建议，几位领导同志一起，和爸照一张相。当江泽民、杨尚昆、李鹏、姚依林、乔石、宋平、李瑞环、王震、薄一波、万里、宋任穷、胡乔木十二位同志簇拥着爸一字排好后，记者们一拥而上，闪光灯噼啪闪烁地拍下了这一历史性时刻。

这些就是我们党和国家的领导人，他们有的银丝红颜，有的乌发满头，他们紧紧地站在一起。

当爸一行人走进大厅时，掌声骤起。爸走过中纪委委员的行列，走过中顾委委员的行列，走过全体中央委员的行列。

爸笑容满面地站在麦克风前，他说："感谢同志们对我的理解和支持，全会接受了我退休的请求。衷心感谢全会，衷心感谢同志们。"随后，爸与参加和列席全会的全体同志合影留念。

在离开大会堂的时候，江泽民同志一直把爸送到门口，他紧握住爸的手说："我一定鞠躬尽瘁，死而后已。"

夜幕渐渐降临，而我们家却是一片灯火通明。

全家人忙忙碌碌了整整一下午，到了吃饭的时间，四个孙子、孙女一起跑去请爷爷。他们送给爷爷一个他们亲手赶制的贺卡，上面贴有四朵美丽的蝴蝶花，代表他们四个孙辈。卡上端端正正地写道："愿爷爷永远和我们一样的年轻！"他们四个人轮流上前亲爷爷，才三岁的小孙子小弟亲了爷爷一脸的口水，逗得全家人哈哈大笑。在餐厅里，桌子上摆满了在我们家工作了三十多年的杨师傅精心设计的丰盛宴席，淡蓝色的墙壁上高高地贴着一排鲜红的字：

"1922——1989——永远"

爸望着这一排字，脸上浮现出了深沉的笑容。

看着爸的笑容，看着我们这欢乐的数十口人之家，看着大家高高举起的红光闪烁的酒杯，我的心中激情难言。

八十余年的人生生涯，六十余年的革命历程，对任何人来说，都不会是轻而易举。

该休息一下了，该轻松一下了！

退休，是爸多年来的心愿。从他第二次复出开始主持工作以来，就在着手安排接班人；从20世纪80年代开始，他就力排众议，带头退出一些领导职务。

我们支持他退休，为的是他能更加健康长寿。

而他坚持退休，为的则是国家的前途、党的利益。

今天，他的愿望终于完全实现了，他的心里怎么能不自觉安然呢！我们——他的亲人们，又怎么能不为他感到由衷地高兴呢！

第二天，也就是11月10日，《人民日报》发表了爸要求退休的信和中共十三届五中全会的决议。

爸写道："1980年我就提出要改革党和国家的领导制度，废除干部领导职务终身制。近年来，不少老同志已相继退出了中央领导岗位。1987年，在党的第十三次全国代表大会召开以前，为了身体力行地废除干部领导职务终身制，我提出了退休的愿望。当时，中央反复考虑我本人和党内的意见，决定同意我辞去中央政治局常委、中央政治局委员、中央顾问委员会主任的职务，退出中央委员会和中央顾问委员会；决定我留任党和国家的军委主席的职务。此后，当中央的领导集体就重大问题征询我的意见时，我也始终尊重和支持中央领导集体多数同志的意见。但是，我坚持不再过问日常工作，并一直期待着尽早完成新老交替，实现从领导岗位完全退下来的愿望。

"党的十三届四中全会选出的以江泽民同志为首的领导核心，现已卓有成效地开展工作。经过慎重考虑，我想趁自己身体还健康的时候辞去现任职务，实现夙愿。这对党、国家和军队的事业是有益的。恳切希望中央批准我的请求。

"作为一个为共产主义事业和国家的独立、统一、建设、改革事业奋斗了几十年的老党员和老公民，我的生命是属于党、属于国家的。退下来以后，我将继续忠于党和国家的事业。我们党、我们国家和我们军队所取得的成就是几代人努力的结果。我们的改革开放事业刚刚起步，任重而道远，前进中还会遇到一些曲折。但我坚信，我们一定能够战胜困难，把先辈开创的事业一代代发扬光大。中国人民既然有能力站起来，就一定有能力永远岿然屹立于世界民族之林。"

全会的决定写道："邓小平同志是我国各族人民公认的享有崇高威望的杰出领导人，在党所领导的革命和建设的各个历史时期都作出了重大的贡献。

"全会高度评价邓小平同志对我们党和国家作出的卓著功勋。几十年来的革命实践表明，邓小平同志不愧是杰出的马克思主义者，坚定的共产主义者，卓越的无产阶级革命家、政治家、军事家，我们党和国家久经考验的领导人。他根据马克思列宁主义同中国实践相结合的原则提出的一系列观点和理论，是毛泽东思想的重要组成部分，是毛泽东思想在新的历史条件下的继承和发展，是中国共产党和中国人民的宝贵精神财富。"

这是当一个人为祖国、为党、为人民付出了全部的生命和辛劳之后，党和人民对他的崇高评价。

从今天开始，爸退休了，可以休息一下了，可以稍事轻松一下了。他说过，退休就要真正地退休。我们也真心希望他度过一个幸福的、安详的晚年，希望他健康、长寿。

最后一次会见"正规记者"[①]

当我看到《人民日报》头版刊登的邓小平和中国记者合影的照片时，作为在场的一名普通记者，我又一次沉浸在美好的回忆之中，想起了这个令人难忘的时刻。

那是 1989 年 11 月 13 日上午，小平会见由日本经济团体联合会会长斋藤英四郎为最高顾问、日中经济协会会长河合良一为团长的 1989 年日中经济协会访华团，地点在人民大会堂福建厅。采访这一次活动的中方文字记者有新华社的朱云龙、《人民日报》的孙毅、中央人民广播电台的魏赤娅、中国国

---

① 此文为中国新闻社记者李伟的回忆。

际广播电台的王冬梅、中国日报社的张平和中国新闻社的我。

像往常一样，我们都早早地来到大会堂。作为经常采访我国领导人活动的记者，我们意识到这次会见是多么的重要。因为小平同志9月4日写信给党中央，请求辞去中共中央军委主席职务，而这个请求，已由9日闭幕的中共中央十三届五中全会批准。这意味着，小平同志今后将不会像以往那样频繁地会见外宾了，我们见到小平同志的机会也将会减少。所以，我们有一个心愿，希望能同小平同志一起照张相。

那天，正好小平同志的小女儿邓榕也来了，她最近一直陪同小平同志会见外宾。我和邓榕比较熟，于是就把大家想和小平同志合影的愿望跟她说了。她很理解我们的心情，和我们商量说："等会见外宾结束后再说，好吗？""好！好！"我们高兴地答道。

10时整，身着深灰色中山装的小平同志，站在福建厅门口屏风旁迎接客人。同往常一样，他笑容满面地同客人握手、问候，但宾主落座后的开场白却与以往不大相同，小平同志对日本客人说，我们都是老朋友，欢迎你们。多年来，你们在中日合作方面做了很多工作，尽了很大努力，非常感谢你们，你们这个团是我会见的最后一批正规客人……

还是那熟悉的浓重的四川乡音，还是那明快的平和的说话语调。但短短的几句话，却明白无误地告诉人们，深受中国人民爱戴的小平同志，这次是正式会见最后一批外宾。

"小平同志最后一次正式会见外宾，今天的机会太珍贵了！"

"这将是我们一生都难以忘怀的事情，咱们今天可一定要把合影照好。"

会见厅外，我们几个记者你一言，我一语，兴奋地谈论着。

这时，大家不约而同地开始着手准备。魏赤娅和王冬梅特意去洗手间涂了点口红，平时显得颇为腼腆的小伙子张平，也问大家"照相时穿滑雪衫好，还是穿毛衣好？"我也借来了一条红白相间的鲜艳的纱巾，准备照相时用。

说实在的，平时中国记者在我国领导人面前是比较拘谨的，我们的领导人有时主动地和我们记者招手，用"你们好！"的亲切话语，同我们记者打招呼。如果我们记者提出一起照相留念的请求，他们也都痛快地给予满足。记得去年春天，小平同志会见外宾后，记者请他和大家一起照张相，小平同志就高高兴兴地说："这最容易办到了。"

然而这一天，当斋藤英四郎先生最后握着小平同志的手，深情地讲完"为了中国的繁荣、亚洲的繁荣和日中友好，希望你健康长寿！"的话刚一离去时，我们似乎丢掉了以往的拘谨，没等邓榕开口，就立即围上了小平同志，说："邓主席，和我们记者照个相吧！"小平同志欣然同意了我们的要求，他爽朗地说："好，这比会见外宾要轻松多了。"大家都笑了起来，并不约而同地说："这是您最后一次会见正规记者。"小平同志也笑了。会见厅里充满着一片欢笑声。

于是，我们簇拥着小平同志，从福建厅门口走到他同外宾照相的地方：那个画有阳光、大海、巨岩和海鸥的大屏风前。跟我们站在一起的，还有日中经济协会访华团接待单位，中国国际贸易促进委员会新闻处刘丽萍同志。她急切地解释说："我也是搞宣传的，我也是'记者'。""咔嚓""咔嚓"，《人民日报》摄影记者徐建中和中新社摄影记者郑瑞德，迅速地按动着相机快门，把我们这美好的微笑，永远地记录了下来。

以往记者同领导人合影时，摄影记者往往是只为他人作嫁衣裳，自己很少是景中人。后来还是警卫局的同志提醒徐建中，说："老徐，你怎么还不去照呀！快，快去！"同时他又喊道，"等一等，还有一名摄影记者没有照上哩！"这时，老徐三步并成两步，跑到我们之中来了。中新社的贾国荣立即走下站台，为我们拍照。这时，我也就趁机和王冬梅调换了一下位置，站到小平同志身边，张平则从距小平同志较远的边上，站到了他的身后。对我们的"折腾"，小平同志好像很理解似的，一点也没有烦，一直笑眯眯地站在那里。

同记者照完相后，人民大会堂的几位工作人员也提出："邓主席，也和我们合个影吧！"小平同志同样愉快地满足了他们的要求。

照相用了五六分钟的时间。当小平同志离去时，我们一直把他从会见厅送至电梯，不停地向他挥手致敬、道别，我们感谢小平同志给了我们这个终生难忘的时刻。小平同志和我们这些普普通通的记者合影，使我们感到，这是他对我们工作的尊重和感谢，也是对我们社会主义新闻事业的关怀和重视。

"亚运会建筑搞得好"

1990 年的 9 月，举世瞩目的第十一届亚洲运动会在北京举行。

为了迎接盛会的到来，北京新建成了不少建筑。邓小平要看一看。

十一年前，邓小平就曾视察过北京的建筑行业。

十一年过去了，如今北京的房子是越盖越漂亮，老百姓的住房条件也得到了很大的改善。特别是为了迎接亚运会盖起了不少亚运比赛场馆，这些场馆无论是外形设计，还是建筑风格都可以与国外相媲美。

1990 年 7 月 3 日上午，八十六岁高龄的邓小平，在国家体委和北京市有关领导的陪同下，视察了国家奥林匹克体育中心场馆。

"国家奥林匹克体育中心"的馆名，就是他老人家亲笔题写的。

邓小平对在场的国家体委主任伍绍祖和北京市副市长张百发说："我这次来看亚运体育设施，就是来看看到底是中国的月亮圆，还是外国的月亮圆？看来中国的月亮也是圆的，而且圆得更好一点。"他还语重心长地说，"现在有些年轻人总以为外国的月亮圆，对他们要进行教育。"

随后，邓小平兴致勃勃地登上京广大厦第 40 层，俯瞰京城壮丽景色。近处，改建后的北京工人体育场，正在为迎接第十一届亚运会精心装点打扮；远处，崭新的亚运村建筑群拔地而起，形成一座洁白的体育新城。望着这一派生机勃勃、欣欣向荣的景象，邓小平满意地笑了。他连声称赞："北京建设得好，亚运会建筑搞得好！"当他听说北京市政府将采取旧城改造和新区开发相结合的方针，争取在十年内把北京破旧危房基本改造时，再次点头表示满意。

在京广大厦，邓小平遥指中央电视台发射塔问道："是电视塔高，还是京广大厦高？"有人说是电视塔高，有 405 米，是为了纪念"四五"运动的。邓楠在一旁进一步解释说，"四五"运动，就是天安门事件。邓小平笑了。邓榕接着说："老爷子总夸那个塔建得好。"张百发说："电视塔建好以后，请小平同志登高视察。"邓小平听了以后非常高兴地说，亚运会建筑这么多，这么好，证明社会主义好。应该让大家特别是青年人都来看看。如果不是社会主义好，北京能改造得这么快吗？资本主义只能慢慢地一步一步来，社会主义能够集中力量，什么困难的事都能搞成。1959 年，我们能搞"十大"建筑，那时是非常困难的时候，我们还能搞"十大"建筑，没有社会主义，行吗？人民大会堂是为庆祝建国十周年兴建的北京"十大"建筑之一，那一年搞了10 个，最大的是人民大会堂。说到这里，邓小平指着张百发说："他是突击队队长。"

张百发说，人民大会堂现在看，也经得住看。邓小平点点头，高兴地说，人民大会堂现在看起来，是高质量，经得住考验的，特别是宴会厅、大会堂。

今天，邓小平兴致特别高。谈到社会主义，他说，我们的宣传应该回答，为什么中国只能搞社会主义，社会主义优于资本主义，中国只能是社会主义，不能是资本主义？回答这个问题，有好多例子可以借鉴！可惜的是，现在解释很平淡，讲不出很多道理。他指着窗外的建设场景说，北京的改造，搞了这么多亚运会建筑，也是集中力量，在这么短的时间内搞出来的，而且搞得这么好。不是社会主义，行吗？资本主义只能拼拼凑凑地搞，搞不出这么大的声势和规模。

接着，邓小平又说起了对外开放：我们实行改革开放，这是怎样搞社会主义的问题。作为制度来说，没有社会主义这个前提，改革开放就会走回资本主义，比如说两极分化。搞资本主义，中国有11亿人口，如果十分之一富裕，就是1亿多人富裕，相应地有9亿多人摆脱不了贫困，就不能不闹事，不能不爆发革命啊！所以，中国只能搞社会主义，不能搞两极分化。

邓小平继续说，现在有些地区，允许早一点、快一点发展起来，但是到一定程度，国家也好，地区也好，集体也好，就要调节分配，调节税对这个要管。

说完，邓小平起身走到窗前，再次眺望京城。他指着东北方向的一座高层建筑问是什么楼，邓楠说，是京城大厦，50层高。邓小平又望着西边的具有民族风格的建筑问，邓楠介绍说，那是王府饭店。

看着这一切的一切，邓小平十分高兴。

随后，邓小平又巡视了京广大厦一些设施，并在贵宾簿上签名留念，还同中外方经理一一握手。

临行前，邓小平高兴地对张百发等人说："北京建设得这么好，我要多看几个地方，看了高兴。"

逛一逛京城

1993年10月31日，星期天。

邓小平一行在北京市常务副市长张百发的陪同下，乘坐一辆乳白色丰田面包车逛京城。

邓小平十分关心北京市的建设。

九年前，当北京地铁二期工程——环城线通车试运营后，他就曾偕女儿邓林、邓榕和外孙女，在中央办公厅主任王兆国、北京市委书记李锡铭等的陪同下，考察地铁二期工程。

那天，邓小平身着灰色中山装，笑容满面地来到北京地铁复兴门车站。当北京市的同志介绍说，在复兴门车站站台两侧，分别停放了中国长春客车厂制造的"401"地铁列车和新购进的日本制造的"东急"地铁列车，并问他先乘哪一列时，邓小平连声说："坐中国车好，先坐中国车。"

北京地铁是在毛泽东、周恩来、朱德、邓小平等老一代革命家亲切关怀下建设和发展起来的。它是我国修建的第一条地下铁道，20世纪50年代开始筹划，60年代兴建，70年代通车运营。从20世纪50年代到80年代，邓小平曾三次亲临北京地铁视察，并多次作过重要指示和批示。

1956年9月3日，邓小平代表中央在中共北京市委呈报中央的关于筹建北京地铁的报告上批示："关于北京地下铁道筹建问题，同意暂由北京市委负责。筹建所需行政技术干部，北京市无法解决者可分别由铁道部、地质部、城市建设部等有关单位抽调支援。"根据邓小平的指示，这年的10月，组成了北京地下铁道筹建机构，同时聘请了苏联专家，立即投入了紧张的筹划、设计工作。

1965年7月1日，北京地下铁道一期工程开工典礼时，朱德委员长、邓小平总书记、北京市委第一书记彭真、国务院副总理李先念及国防委员会副主席罗瑞卿等领导同志，兴致勃勃地同建设者们一起挥锹破土，为北京地铁奠基。朱德、邓小平还视察了地铁建设工地和生活区，与参加地铁建设的干部、工人和铁道兵指战员谈了话。

1971年1月15日，北京地铁开始试运营，而这时的邓小平还在江西省新建县拖拉机修配厂劳动。

1974年6月，第二次复出后的国务院副总理邓小平第二次亲临地铁一期工程现场视察，乘坐了一线地铁列车。当听到地铁车辆、设备不是标准产品，不过关时，邓小平当即指示：要进行技术改造，可以引进国外先进技术。

十年过去了，当邓小平听说北京地铁已经有了环城线时，他十分高兴地要坐一坐。

邓小平乘坐中国长春客车厂制造的地铁列车，从复兴门站出发，他坐在第一节车厢。

地铁列车到了雍和宫站时，邓小平又走下列车，换乘日本制造的"东急"

地铁列车继续前进。

邓小平在车上问在场的人员："日本车有什么优点？"

回答："日本车质量好、故障少。"

邓小平又问："中国车呢？"

回答："中国车坏了有配件。"

21时45分，列车到达终点站——建国门站。列车停稳后，邓小平走到列车驾驶室，亲切地对驾驶人员连声说："同志们好，同志们辛苦了！"并同大家亲切握手。

从1984年到1993年，北京又是一个大发展的时期。邓小平常常希望像一个普通的北京市民一样出来走一走，看一看，但是，他太忙了。

现在退休了，他要常出来逛一逛京城。

这次出行前的一个月，邓小平就惦记着要出来，看看北京新建的马路、老百姓的房子。

退休以后，在北京巡视，他不止一次地让张百发同志为他当向导。他说过，我现在是普通老百姓了，不要过多地惊动部长、市长。

这天，他一见到张百发同志，就高兴地打招呼："队长！队长！"

虽然国庆节已经过去了一个月，但街头的花坛仍时有所见，傲然盛开的菊花点缀着街头巷尾。

上午9时，邓小平乘坐的车子驶入宽阔的长安街。同车的医生要求，活动控制在1个小时以内，因此巡视路线确定以看新落成的道路为主，先经长安街看市区，再上东南三环快速公路、四元立交桥和首都机场高速公路。

邓小平坐在车上，透过车窗注视着掠过的人群、建筑、街道。

车子缓缓行进。邓小平兴致勃勃，窗外掠过的每一幢高大建筑物，他都要问问是什么楼，国际饭店、海关大楼……陪同的张百发手指路旁，告诉邓小平，新建的长安大戏院将在那儿建起。"再有两年可以投入使用了，到时请您去看戏。"张百发笑着对邓小平说。

出建国门，奔劲松路，上了东三环高架桥。邓小平看着窗外，感慨地说："北京全变了，我都不认识了。"

经过京广大厦，邓小平马上记起来了："这楼那年我来过。"

张百发说："是啊，三年前我曾陪您登上这座大楼。"

虽然京广大厦仍巍然挺立着它那高大的身躯，但东三环高架桥的兴建，周围建筑的拆迁，使这个地方已不是三年前的样子了。邓小平环视了一下周围，再次说："噢，这地方我来过，全变了，都变了！"

交谈中，张百发建议邓小平常出来走动走动。邓小平说，年纪大了，不愿多走动。张百发怂恿他，有些老人同您年纪一般大，还打网球呢。邓小平笑着说，他们胆子都比我大，我不行啊。

谈笑间，一条现代化的道路——机场高速公路展现在眼前。邓小平要下车看看，因外面有风，车上人劝他："到四元桥吧，那里气势恢宏。"

车子到了四元桥停下，随行的大夫却坚持不让邓小平下车。邓小平向车上的人做了个无奈的表情，然后问亚运村在哪儿。张百发将亚运村的方位指给邓小平看。

离开四元桥，车子驶上了平展宽阔的机场高速公路。在通过一排民族风格牌楼式的收费站时，邓小平的三女儿邓榕问张百发："收多少钱？"

张百发回答说："像咱们坐的这种车，过一次交 20 元。"

邓榕转身将手伸向父亲，调皮地说："拿钱。"

邓小平以浓重的四川口音风趣地回答："我哪里有钱？！从 1929 年起，我身上就分文全无！"一席话，说得坐在身边的卓琳和全车的人哈哈大笑起来。

已是 10 点多钟，邓小平仍兴致不减。在返程途中，他指着脚下的高速公路问张百发："这样的路算不算小康水平？"

张百发回答说："已经超过了。"

邓小平欣慰地点点头，又扯扯自己身上穿的烟灰色水洗绸夹克衫，风趣地问："我这件衫子算不算小康水平？"

张百发笑着回答："您这件是名牌，也超过了。"

车上又一次响起了一片愉快的笑声。

谈话间，邓小平又问到申办奥运会的事情。张百发简要地向他介绍了蒙特卡罗最后投票的情况，说："国外有人捣鬼。"

邓小平沉默了一下说："这是意料之中的事情，关键还是把我们自己的事情搞好。"

坐在车内的大夫告诉张百发："投票那天，老人家还想看电视实况转播呢，我们动员他睡觉。可早上起来，第一句话就问投票结果怎样，我们回答没有成功。他说：'预料中的事，没有什么了不起，关键还是把我们自己的事情搞好！'"

回到住处临下车时，邓小平说："我总想出来走走，逛逛公园和商店，可是他们不让。"他一边说一边指指身边的警卫和医生。

张百发提议：明年春暖花开的时候，请您看看世界公园和建设中的北京西站。他还介绍说："西客站是京九铁路的起点。1996年这条铁路建成后，您不用坐飞机，坐火车就可以从北京直达香港，实现您1997年去香港看看的愿望。"

邓小平听后连连点头说："好，好！"

和睦的家庭

邓小平虽然较少在公共场合露面，但他的晚年并没有将自己封闭起来，而是生活在一个大家庭之中。他极为重视家庭的团聚和睦，一贯主张全家应生活在一起。

邓小平有5个子女，加上女婿、儿媳、孙子、孙女及亲属，一家上下共18口人，是一个名副其实的大家庭。邓小平和夫人卓琳的工资全部交给工作人员用于全家人的伙食开支。家里的伙食账也由工作人员管理，月底将支出账目公开。

邓小平主张家庭内部生活要"大集中、小民主"，所谓"大集中"就是全家人要住在一起，吃饭时最好在一起。如果有谁说好回家吃饭而没有赶到，全家人一定要等他回来才开饭。但这一原则也不强加于人，家中有谁认为当天的饭菜不合口味，可以单独去做，也可以到外面去吃。家庭成员的个人爱好绝不干涉，这就是所谓的"小民主"。

邓小平重感情，讲亲情，也喜爱热闹，尤其喜欢小孩。他常常动员全家一起出游或参加某些社会活动。如每年一次的植树节，他都希望和全家人一起去。但他的子女们各有各的工作，很难凑到一起，他就带着孙子、孙女们去植树。小孩子不懂事，贪玩好动，不听管劝，他不怒不恼。他说过，经常见到小孩子心里就有一种平衡感，他们天真，有活力。

邓小平生活严肃、俭朴，起居很有规律，在吃的方面没有过多要求。别人都爱吃好大米，他却独独喜欢吃最普通的长粒米。

像其他老一代革命家一样，邓小平抽烟很勤，也颇有酒量。他香烟在手会见来宾的情景以前常在电视中出现。他最爱吸的"熊猫"牌香烟，也是很多人所知道的。1986年英国女王访问北京，邓小平在钓鱼台养源斋设宴款待，宾主落座，邓小平举起一杯珍藏二十余年的茅台酒致祝词，然后一饮而尽，博得客人一片赞叹。

由于年龄的关系，医生对邓小平的烟酒严加控制。在家中他每天要看许多报纸和文件，其中包括中共中央的主要文件、各有关部委的选送材料和参阅材料。这些报纸和文件材料，是他了解掌握国际、国内最新动态的渠道之一。他也经常去外地走访考察，倾听来自四面八方的声音。

邓小平喜爱桥牌，喜欢这种高智力的运动。尽管年事已高，但打牌时仍然思路敏捷，出手不凡。邓小平偶尔也搓麻将，却不如打桥牌精心。前者对他来说纯粹是消遣性的娱乐，从未认真过。

邓小平喜欢游泳，几乎每年夏天都要到北戴河避暑，在大海中畅游。除此之外，他还喜欢散步、爬山，也打高尔夫球。邓小平到广东深圳、珠海视察，参观游览，体力极佳，这与他喜爱运动不无关系。

社会上有传言说，邓小平南行之时有气功高手相伴，时时发功为他强身健体。据知情人介绍，邓小平对气功没有一点兴趣，也从未做过气功。

邓小平对子女们要求很严格。以往每次重大政治运动来临之前，他都要将子女们召集在一起，要求每个人自珍自重，出了问题他谁也不保。他的子女们都在社会上各有工作，回到家里总要对外面的所见所闻发表看法，进行评说。如某些社会现象，人们的思想情绪，各单位一度没完没了的政治学习等，有褒有贬，有时也有牢骚。对于子女们的议论，邓小平总是静静地倾听，有时笑一笑，从不发表意见。子女们的谈话，是他了解外面社会的又一渠道。但是，他决不允许子女们干涉国家的政治决策，他要求家中所有人都要维护国家的声誉和利益。

晚年的日常生活

到了晚年，邓小平的生活很有规律。通常清晨6点半准时起床，然后在庭院内散步半个小时，8时许进早餐。早餐多是喝淡豆浆，吃油饼或馒头。9

时在书房（工作办公室）听秘书读国内外报刊新闻摘要。当听到一些有兴趣的新闻时，邓小平常常让秘书再读一遍，或将原文送给他看。到了 10 时许，再批阅中共中央办公厅送来的简报和文件。

12 点半左右，是他进午餐的时间。如果没有人拜访，邓小平一般多是与家人一起用餐。全家人包括秘书有十三四个人，分坐两桌。通常是四菜，在桌边放一碟盐渍辣椒，即四川泡菜。邓小平特爱吃麻辣，但家里其他人并不习惯，他就要求有这一样菜供他"特殊"享用。

傍晚 6 点半前后是晚餐的时间，邓小平总要求一定要家人到齐后才开饭。1990 年秋天的一天，他的女儿从广州返京，由于飞机起飞晚点，回到家已近晚上 9 点了，邓小平硬是等着她回来才开饭。他是一个充满温情的父亲。晚饭有十七八个人，有时为邓小平单做一个汤和一碟炸花生、黄豆、蚕豆、杂果仁之类。在吃饭的过程中，邓小平爱询问子女在外面的一些情况，只听不答。他很留意孩子们的进餐胃口，一发现谁少进餐了，便追问："是不是身体有些不适，去看过医生吗？"但他自己却有个性，即便有什么病痛也不愿找医生，看了医生开的药也不会依嘱服完。1990 年春，从外地视察返京时，邓小平患上了重感冒。他只打了针，药却不大服，还得由保健医生通知女儿倒好水催他服药。

晚餐后，他喜欢和子女、孙儿们闲聊一会儿，看看电视新闻和体育节目。到了 10 点后，他还要看一次中共中央办公厅送来的简报和文件，然后才洗澡就寝。

当然，这么有规律的生活，常常会被工作和身体状况所打断。

当需要进医院住院检查和治疗时，他就要吃医院配的"营养膳食"了。

在医院，晚年的邓小平对这里的"营养餐"要求很有特色。

他的早餐非常简单，几碟小菜，或小米、大米稀饭，或绿豆、玉米面粥，平常不喝牛奶，最"奢侈"的是一个煎鸡蛋。可就是这个"煎鸡蛋"，往往还让邓小平分给了接白班的医护人员。理由是，他们赶来上班，不一定吃早饭，热量不够。你不吃，他会生气。有时医护人员感到过意不去，反复要求他按医院的"规定"办，邓小平这时就妥协一下，也非要"你一块，我一块"。

午餐一般是四菜一汤，有荤有素。医院的后勤部门总是找一些有烹饪经验、了解邓小平生活习惯的师傅为他服务。那些"大师傅"都感到邓小平对生活上的要求不像是个"高干"，更像是个普通病号，特别好服侍。他吃的是平常百姓家常见的"烩饭"：米饭、青菜、豆腐、鸡蛋一煮，既是家常饭，又是病号的"营养餐"。邓小平吃饭速度很快，早饭几分钟解决，午饭也不过十来分钟。

邓小平非常爱惜粮食，平时也很注意节约。一次，他在飞机上进餐，不小心一根豆芽菜掉到桌子上，便马上夹起放进嘴里。

1976年，恢复工作之后的邓小平，住在一所北京式的旧庭院。夏天来了，院子里的园林树下长满了一尺多高的草。邓小平看着有趣，便叫女儿买了一把镰刀，每天在院子里割草。他还很想在这块草地上种上点粮食。

餐巾纸也是他晚年才享用的，但坚持一张纸裁成四块，每次只用一小块，一天只用两张。

他对老家的川菜情有独钟，有时甚至亲自动手做出纯粹的麻辣川菜。

对吃不讲究，对穿要求就更低了。

邓小平身边的工作人员回忆说，邓小平仅有8套中山装，从未见他穿过西装。1992年年初，邓小平去南方视察时，女儿给他买了件夹克，邓小平还自嘲地说："又让我赶时髦了！"他的衣服多是布的，只有在会见外宾、重要客人或开会时，他才穿上毛料衣服，可一回家又换上布衣服。邓小平的不少衬衣都是打着补丁的，袜底磨得透亮了还穿着，有的怕不结实还补上了尼龙袜底。那年为华东灾区捐献衣物，邓小平也要捐，工作人员很为难，破的他不让捐，可好的又实在没几套。最后还是从较好的服装中找了几件，他才满意。

由于早年长期行军作战，邓小平养成了不怕冷的习惯。冬天，他也不穿毛裤，上身穿件毛衣，下身就穿两条裤子，在院子里散步时也不例外。有几次，医护人员问道："首长，您冷不冷，要不要披件大衣？"邓小平总是笑着摆摆手："我没那个福气啊！"

邓小平对医院、对医院的工作人员有着一种特殊的感情。到了晚年，他更是时常对自己身边的工作人员和子女说，医院是谁也离不开的地方，人吃五谷杂粮，哪能担保一辈子不生病？生了病就要到医院。在邓小平眼里，医院还是个人才密集的智力群体，是知识分子云集的地方。到医院检查身体、看病，有更多的机会走到知识分子中间去。

在医护人员为邓小平进行医疗保健的过程中，邓小平就把尊重科学、尊重知识具体化为尊重知识分子、尊重医护人员。

为了让医护人员在医疗保健过程中思想不紧张，邓小平总是在为他健康服务的医护人员面前表现得轻松、幽默，把自己视为普通人或普通病人，没有任何的特殊要求。他总是为医护人员着想，怕麻烦他们。

　　"首长，您该吃药了！"护士一声轻轻的招呼，伴着轻盈的脚步飘进了病房。邓小平马上满面春风地说："我晓得了，晓得了！"

　　有时候自己的身体真的有些不舒服时，他就用"我没事"来安慰医护人员。陪伴邓小平时间较长的医护人员都知道，"我没事"几乎成了邓小平在医院里的常用语。

　　有一次，邓小平要接受一个手术。手术前的一天晚上，一位老专家来到了他的病床前，邓小平从这位专家脸上的表情，猜测到他还是有些紧张。因为邓小平毕竟是我党、我军、我国各族人民公认的享有崇高威望的卓越领导人啊！他的健康，是党和国家及全国人民关注的大事。

　　这位专家就手术前的一些准备工作向邓小平作了简单的汇报，邓小平又是一句："我没事，你放心吧。世界上没有绝对的事情，出什么问题，由我、由我们全家负责。"然后又对那位专家说，"我相信你，相信你们的医院。"

　　有时碰到医院领导和有关首长到病房来看他，邓小平还是那句常用语"我没事"。谈到为他服务的医护人员，邓小平总是感触很深地说：他们都非常敬业，很辛苦，技术上也强得很。我很感谢他们对我的关心和服务。我以前说过，我要当好科学家、教授的后勤部长，你们也要当好他们的后勤部长。医院领导和首长听后不停地点头，并被邓小平对医务工作者的理解和信任所感动。

　　身体是革命的本钱，作为世纪伟人的邓小平，更深知有一个好的身体，就有了为人民服务的本钱，因而，他对医护人员的服务总是配合得很默契。医院里有好多规定，例如探视制度、陪伴制度等，邓小平都是认真地遵守，有时还提醒身边的工作人员，要多为医院着想，多为医护人员着想，要听大夫们的话。

　　医护人员为他检查身体，对他提出一些有益的意见或建议时，邓小平风趣地说："给我做个五年计划嘛！"每当医护人员想为他查一次身体，或采取一项治疗措施时，他也常常会幽默地对医护人员说："你看我是不是特别听话？"

　　听邓小平这么一说，医护人员心里不知有多么热乎，仿佛自己服务的不是什么显赫的保健对象，更不是什么特殊领导，倒像是个听话的普通百姓、慈祥可敬的老人。

　　"我是中国人民的儿子。"邓小平为他所挚爱的祖国和人民操尽了心。加之他坎坷的经历和特殊的个性,到了晚年,身体状况虽然在他这年龄上算是不错,但总的情况是一年比一年有所下降。有时,为了综合治疗的需要,一些有损坏性及难度较大的检查,给他造成了很大的痛苦。

　　例如肠镜、胃镜等这类检查,大夫们认为有必要做,而且只有做才能确切地下诊断结论。一开始,有的医护人员考虑到邓小平都八九十岁的人了,这类检查太痛苦,怕他吃不消、受不了。可邓小平得知情况后,非常果断地说:"我听医生的,你们认为该怎样做就怎样做,我一直不都很听话吗?"有时,他还鼓励医护人员说:"不要考虑得太多,我的身体能经得住!"

　　在做肠镜、胃镜时,邓小平总是一声不吭,把检查带来的痛苦压在心里。有时实在痛得受不了,他就紧咬着牙,微微闭上眼,配合着医护人员的一举一动。因为他知道,医护人员是为了诊断准确无误,为了及早恢复他的健康。

　　他时刻体谅医护人员为他所付出的劳动。一次,邓小平的病比较严重,医疗组反复研究了治疗方案,都不能及时奏效,医护人员为不能很快为邓小平解除病痛而内疚。躺在病榻上的邓小平,看着医护人员相互交换着不安的眼神,他强忍着痛苦,坐了起来,一字一句地说:"你们别紧张,我没什么关系。"由于医患双方配合得好,每次的检查和治疗都很顺利,效果都很好,邓小平的身体和心理状况也不断有所好转。

　　邓小平不爱照相。用他子女的话说:"爸爸一生最怕的就是拍电影和照相。"有一年春天,杨绍明来到邓小平的家里,他刚把相机对准卓琳,恰好邓小平出来了,他自言自语地说:"玉兰香不香?"说着嗅了嗅。杨绍明灵机一动,摄下了一张"嗅玉兰"。子女们认为,这是爸爸一生中最富人情味的一张照片。

　　虽然邓小平不爱照相,却忘不了与医务人员一起合影。

　　1992年春天,邓小平要到上海去看看。临行前他答应与身边的医护人员合一张影。那天上午就要动身去上海,合影一事大家都忘了,然而邓小平没有忘。他早上不到6点就起了床,亲自写了个条子,上面写着有关人员的名字,并坚持让秘书去请他们来,照了相后他才离京赴沪。

　　晚年时期,邓小平到医院检查身体次数多了,按保卫人员的要求,邓小平到病人如流的医院检查身体要单独安排。可有一次,他到医院去做检查,却被楼上的病人看到了。保卫人员很紧张,可邓小平却亲切地向群众挥挥手。

结果，成群的病人出来鼓掌，邓小平看着热爱他的人民，高兴地笑了。

晚年有一段相当长的时间，邓小平与医院的医护人员结下了深厚感情。

一位在邓小平身边工作了十几年的护士感触颇深。那天，邓小平看到新来的护士，就先和她拉起了家常，从护士在北京的家谈到她的老家，从护士的父母又谈到护士的孩子……亲人般的交谈，把一位慈祥老人对下一代的关心爱护送进了这位护士的心坎，她心里原来的那份紧张早已跑到"爪哇国"去了。

一次，这位护士陪邓小平到外地出差，列车刚刚开进河南安阳站，邓小平就对这位护士说了一句："到你的老家了。"护士心头一热，自己刚到首长身边工作时闲谈到老家，竟被时时刻刻考虑国家大事的邓小平记在心里。在邓小平身边工作，就和在自己家里与自己的亲人在一起一样。

1991 年到邓小平身边工作的护士小黄，有着和那位护士一样的经历。轮到她单独值班的时候，心里就特别紧张，于是，每做完一件事，就偷看邓小平一眼，生怕哪件事没做好。可每次邓小平总是给她一个慈祥的微笑，好像在说："就这样做，做得很好。"其实小黄心里明白，自己做的事并非件件妥帖，这是首长在鼓励她。

一次，小黄在家做饭时不留神把手割伤了。第二天一上班就被邓小平发现了。邓小平关切地问道："怎么割的，还痛不痛？"随后又嘱咐她，"有接触水的事，你就别自己做，就让别人帮个忙。"小黄以为这件小事就这样过去了，没想到过了两天，邓小平又把她叫了过去："我看看你的手好了没有？"小黄心里别提多感动了："在父母身边也不过如此吧！"

还有一次，护士小徐为邓小平送早餐，摆盘子时不小心把桌子上的一个药瓶碰掉在地上。药瓶没有摔坏，可护士心里别别扭扭的，大家也跟着紧张。"我们这里有个小马虎。"邓小平一句玩笑，把当时的紧张气氛消除得一干二净。护士把这件事永远牢记在心底："这件事时时刻刻提醒着我，做什么事都要小心谨慎，可不能有半点马虎。"

在邓小平身边，医护人员不仅领略到一代伟人的风采，更看到了一位令人敬仰的慈祥老人。心中有事，他会为你开导化解；做错了事，他能在不知不觉中让你接受教训。

《邓小平文选》的出版

1993 年 11 月 2 日，《邓小平文选》第三卷由人民出版社出版发行。江泽民同志指出："《邓小平文选》第三卷的出版，为我们进一步用建设有中国特色社会主义理论武装全党，教育干部和人民，统一思想，坚定信念，积极、全面、正确地执行党的基本路线，提供了最好的教材和最有力的武器。"

1992 年 10 月，党的十四大提出了用邓小平建设有中国特色社会主义的理论武装和统一全党思想的战略任务。战略任务提出来了，拿什么做教材呢？最好的教材当然是邓小平本人的著作。这样，尽快编辑和出版新一卷《邓小平文选》，成为全党强烈的呼声。于是，中共中央决定，编辑和出版《邓小平文选》第三卷。

在此之前，《邓小平文选》已经出版过两卷，即 1983 年出版的《邓小平文选》（1975—1982 年），主要是邓小平 1975 年领导整顿到党的十二大以前的著作，是在党的指导思想上完成拨乱反正和改革开放起步阶段的著作。1989 年出版的《邓小平文选》（1938—1965 年），是邓小平在革命战争年代和新中国成立后十七年间的主要著作。

《邓小平文选》第三卷是邓小平同志 1982 年 9 月至 1992 年 2 月这段时间内的重要著作，共 119 篇。很大一部分是第一次公开发表。曾经在《建设有中国特色的社会主义》（增订本）、《邓小平同志重要谈话》（1987 年 2 月—7 月）等小册子和报纸上发表过的著作，这次编入文选时，又作了文字整理，许多篇根据记录稿增补了重要内容。

在《邓小平文选》第三卷的编辑过程中，邓小平以八十九岁的高龄，亲自指导每一篇文稿的整理加工，并逐篇审定了全部文稿。

《邓小平文选》第三卷以《中国共产党第十二次全国代表大会开幕词》为开卷篇。1992 年 1 月 18 日至 2 月 21 日《在武昌、深圳、珠海、上海等地的谈话要点》是全书的终卷篇。这本文选的时间跨度为十年。在开卷篇党的十二大开幕词中，邓小平提出了认识"我国社会主义建设规律"的问题，提出了"走自己的道路，建设有中国特色的社会主义"，成为这十年中邓小平全部理论和实践的主题。终卷篇南方巡视谈话要点，则是这十几年中邓小平全部理论思考的总结、展开、发挥、深化，并且成为代表建设有中国特色社会主义科学理论体系的纲领性文献。南方巡视谈话要点的基本观点，不仅与1989年以来小平同中央负责同志的6次谈话（《组成一个实行改革的有希望的领导集体》《第三代领导集体的当务之急》《改革开放政策稳定，中国大有希望》《国际形势和经济问题》《善于利用时机解决发展问题》《总结经验，使用人才》）相连贯，而且在第三卷全书中都一以贯之。

邓小平的论述，有着逻辑缜密的连贯性。这种连贯性，正是理论思考形成为一定的科学思想体系的一种表现。《邓小平文选》第三卷从开篇到终篇，主题鲜明，内容不断展开，思想不断深化，对规律的认识越来越丰富和深刻。全书思路连贯，一气呵成，读来有如读一篇文章。

继《邓小平文选》第三卷之后，1989年出版的《邓小平文选》（1938—1965年）和1983年出版的《邓小平文选》（1975—1982年），经邓小平同意，中共中央文献编辑委员会增订和修补，改称《邓小平文选》第一卷、第二卷，于1994年11月2日由人民出版社出版了第二版。

《邓小平文选》第二、第三卷是一个整体，汇集了邓小平在形成和发展建设有中国特色社会主义理论过程中的最重要、最富有独创性的著作。它立足的基础是党和人民的崭新实践，展现了建设有中国特色社会主义理论体系逐步形成的历史全貌，是对马列主义、毛泽东思想的继承和发展，是中国共产党和中华民族宝贵的精神财富，是当代中国的马克思主义的奠基之作。

1982年以来这十年，是我们党领导全国各族人民全面开创改革开放和社会主义现代化建设新局面的十年，是在建设有中国特色社会主义道路上不断探索前进、不断积累经验、不断前进的十年，也是经历了国内风波和国际局势巨大变动的十年。《邓小平文选》第三卷，就是邓小平建设有中国特色社会主义理论日益丰富、完善和继续发展的十年。《邓小平文选》第三卷是这十年历史的生动记录，是这十年形成的新的理论成果。

伟大的革命实践需要伟大的革命理论，伟大的革命理论指导伟大的革命实践。在中国这样一个经济文化比较落后的国家，建设社会主义，巩固和发展社会主义，是一项前无古人的全新的事业，它呼唤着新的理论创造。

邓小平是我国社会主义改革开放和现代化建设的总设计师，是建设有中国特色社会主义理论这一当代中国马克思主义的创立者。在改革开放和社会主义现代化建设的历史新时期，作为我们党的第二代领导集体的核心，他最突出的贡献就在于，不仅领导我们的党和国家从"文化大革命"造成的深重灾难中走了出来，而且还以对当代中国和世界的深刻了解，为党和国家重新走在时代潮流的前面，为中华民族以更强大的力量自立于世界民族之林，规划了崭新的和切合实际的宏伟蓝图。他立足中国大地而又面向世界，正视国情现实而又放眼未来，在研究新情况、解决新问题的过程中，高瞻远瞩地构思和设计了有中国特色社会主义的一整套发展战略，第一次比较系统地初步回答了中国这样的经济文化比较落后的国家如何建设社会主义、如何巩固和发展社会主义的一系列基本问题。他在领导我国人民进行改革开放和社会主义现代化建设的伟大实践中，进行艰辛的锲而不舍的理论探索，使马克思主义理论在当代中国进入了新境界，达到了新高度，实现了马克思主义和中国实际相结合的又一次历史性飞跃。

作为党的第二代中央领导集体的核心，邓小平在党的十三大以前就提出了退休的愿望，十三大以后他一直期待着尽早完成新老交替，从党的十三届四中全会到十三届五中全会，他准备并且实行向党的第三代中央领导集体交班。这个交班，是职务的交班，更是路线的交班。在致中共中央政治局请求辞去职务的信中，小平同志说："作为一个为共产主义事业和国家的独立、统一、建设、改革事业奋斗了几十年的老党员和老公民，我的生命是属于党、属于国家的。退下来以后，我将继续忠于党和国家的事业。"他在离开军委领导岗位时的讲话中说："我虽然离开了军队，并且退休了，但是我还是关注我们党的事业，关注国家的事业，关注军队的前景。"作为这种崇高精神的集中体现，邓小平巡视南方的谈话要点和他编订的以这个谈话为终卷篇的《邓小平文选》第三卷，对"第二代中央领导集体在开创全新事业中积累的基本经验、创造的基本理论、形成的基本路线"，作了系统的总结。可以说，邓小平是把这一部极为重要的著作，郑重地献给新的中央领导集体和各级领导干部，献给全党和全国人民，希望这部著作能够帮助党和人民更好地掌握和坚持党的基本路线，不论发生什么风波，预计到的和没有预计到的、国际的和国内的、政治的和经济的风波，都不动摇，一百年不动摇，直到下世纪中叶基本实现社会主义现代化的战略目标。

在《邓小平文选》第三卷的最后，邓小平谆谆告诫全党："从现在起到下世纪中叶，将是很要紧的时期，我们要埋头苦干。我们肩膀上的担子重，责任大啊！"

所以，《邓小平文选》第三卷的编订和出版，正如江泽民同志所说的，表达了"老一辈无产阶级革命家对后辈的殷切期望和谆谆嘱托"。这是历史性的嘱托,是面向现实、面向21世纪的历史嘱托。

再道一声:小平您好

1997年2月24日,首都人民和全国各族人民永远难忘。中国人民敬爱的邓小平的遗体,将运往八宝山革命公墓火化。清晨,从西郊五棵松路口到八宝山革命公墓沿途近3 000米的道路两侧,前来为邓小平送行的人越聚越多,越聚越多……

7时40分,一位白发苍苍、八十四岁的老太太就坐在了国防大学门前左侧的高台上,一动不动凝望着,等待那个时刻的到来。她嘴里反复叨念着:"我来送小平,我来送小平。"

五棵松路口,北京大学法律系王景、陈靖两位同学,合托着小平同志的彩色遗像,神情庄重。头天晚上,他们专程赶到海淀新华书店买了这幅遗像,"以此来寄托我们的哀思"。

玉泉东旅馆两位工作人员发现树上挂着一个塑料袋,便搬来椅子,手拿长把儿笤帚将其清理下来。他们说:"这是小平同志最后一次从这条路上走,我们要让他老人家走得舒心,走得放心。"

四〇二医院的200多名医务人员早早静候在路边。送行的人们见他们胸前佩戴的白花做得极为精致,纷纷索要,他们只好把头天晚上精心制作的白花摘下来,送给了群众。夏院长说:"白衣、白帽也能表达我们对小平同志的沉痛哀悼。"

首钢一位姓何的工人师傅下了夜班,回家接上小女儿来到八宝山东边。或许是一夜的工作劳累,或许是刚刚擦干悼念邓小平的泪水,他的眼里布满了血丝。父女俩手牵着手,伫立在路旁,"我们就是为了看小平同志最后一眼"。

中国人民解放军总医院西门。门内,是重重排列的医务工作者,静静地肃立在两侧;门外,是公安干警和武装警察立正的英姿,他们胸佩白花,守候在大门的四周。

马路两侧的汽车都熄灭了发动机。所有的三轮车、机动车一排排停放整齐。

大门对面的便道上、墙头上、楼顶上、阳台上和窗户前，站满了人。

摄影记者、摄像记者都选好角度，调好焦距，同所有人的眼睛一样，凝视着医院的大门，等待着那个既想看又不愿看到的情景。

人们笼罩在一种肃穆庄严的气氛中。无人喧哗，无人走动。人们的眼神，人们的表情，周围的空气，周围的环境，一切仿佛都凝固了。

9时30分，一声凄厉的警笛悲鸣打破了肃穆和宁静，揪紧了所有人的心。

中央领导同志护送着载有小平同志遗体的灵车，徐徐驶出医院大门。灵车上黑幛黄挽，低回的哀乐，声声像重锤敲击着人们颤抖的心弦。

人们再也抑制不住内心的悲痛，由热泪暗垂变为轻轻抽泣，有的女同志忍不住失声恸哭。

灵车在千万人泪水模糊的视线中缓缓驶过，人们的心儿也随之而去。

小平同志，您慢些走啊！医院的医务工作者涌出大门，周围的群众拥上马路，缓步相随，目送一程又一程。

"邓爷爷我想您，孙女思思鞠躬。"这是一个很小的花圈上的敬挽，这是一个仅有四岁的小女孩的心声。在五棵松路口附近，有一支由爱心酒家、京丰餐厅组成的"悼念队"，他们举着"敬爱的小平同志永垂不朽"的横幅，手里拿着放着哀乐的录音机，怀里抱着邓小平的遗像。思思的父亲一次又一次地重复着："是小平同志制定的政策，使我有了今天的一切，我要让孩子记住这位好爷爷。"

送行的人群里，有一位怀抱花篮、胸别白色菊花的女士，她是园丁精品花店的经理许萍。头天，她特意来熟悉了一趟路线，今天早晨7点多钟她就赶到了灵车将通过的五棵松路口。她不时用手帕擦拭着脸颊上的泪水。花篮里洁白的菊花、百合和翠绿的松柏树枝上欲滴的水珠，仿佛也是伤心的眼泪。她声音颤抖地说："今天不来送送他老人家，我心不安。小平同志的富民政策使我们部分个体经营者先富裕起来了，吃水不忘挖井人，我从心里感激他。"

在清华大学"洒热泪，送别小平同志；继遗志，实现四化宏图"的横幅下，清华附中的曹萌手捧一束美丽的鲜花。他虽然只是高二的学生，但他想告诉邓爷爷，他老人家开创的事业，会像这花儿一样，永远灿烂。"我们这一代，一定要把祖国的明天建设得更加美好。"

灵车前行，哀乐低鸣。尽管车速缓慢，但送行的人们真希望车轮停下来，时间停下来，再多看看邓小平。一位五十多岁的重庆人，摘下帽子，眼中噙满了泪水。他是外地出差来北京，听说今天为小平同志送灵，特意推迟了返回重庆的日期。

北京武警二总队十八支队的战士们，在五棵松执行完任务后，仍沉浸在巨大的悲痛中。实习排长白锵深情地说："我们支队曾多次为小平等领导同志执行警戒任务。今天，为小平同志站最后一次岗，使我终身难忘。"

永定路路口，数百名解放军官兵齐刷刷地脱下军帽，深情地向驶来的灵车行注目礼。一旁，胸前佩戴白花的全国优秀公交售票员李素丽默默地站在人群中，泪水夺眶而出。昨天，她和搭班的司机何美荣，摘下车厢里挂的所有彩旗和绢花，把她们那个清洁美丽的车厢布置得庄严肃穆。

七十多岁的孙大妈身穿斜襟大褂，一大早就来到玉泉路，为的是最后再看上一眼她心中崇敬的邓小平。她还想告诉邓小平，她家在河南省农村，存的粮食几年也吃不完，还花6 000多元买了一辆"小四轮"。这都是小平同志推行的联产承包责任制带来的好处。

望着灵车徐徐驶来，二十一岁的哈斯其其格不禁泪流满面。她的老家在内蒙古兴安盟哈嘎村。前两天，她从大草原来到北京，为的就是给邓小平送行。哈嘎村十分偏僻，但几年前已通了电，家里还买了电视机。她年迈的父亲常念叨，要不是邓小平，牧民们不会有今天的好生活。她说："我父亲让我把这些话带来，让邓小平他老人家知道，草原的人民想念他、感谢他。"微风轻轻吹动灵车上的挽幛，哈斯其其格觉得，邓小平听见了她的心里话。

国防大学门前聚满了送行的人们，站在密密麻麻人群中的一位大妈被挡住了视线，她将小孙女高高抱起："奶奶看不见，你替奶奶好好地多看几眼。"

这时，站在花坛上的两名青年从怀里取出一条横幅，洁白的棉布上写着五个黑色的大字："小平您走好。"

1984年10月1日，参加国庆游行的大学生通过天安门广场时，队伍中突然展开"小平您好"的横幅，表达了亿万人民的心声。这两位一个姓蔡，一个姓赵的青年说："今天，小平同志离开了我们，'小平您走好'这句话，同样也表达了亿万人民的心声。"

送行的人群中，有一位饱经风霜的老人，不住地擦着眼泪。她原是"二野"的女战士，已经七十七岁了。今天一清早，她就来到路旁等待着，想再看上一眼老政委邓小平。当年，她和丈夫一起跟随刘邓大军转战太行，渡江作战。20世纪70年代，邓小平同志复出后，他们夫妇和"二野"的老战士曾到邓小平家中去看望。想不到，这竟是最后的一别。

路边的三轮车上，一位老者手拿照相机，对着驶来的邓小平的灵车一次次地按下快门。他是国防大学党史系教授胡庆云，家里存有不少有关邓小平同志的资料。他说："毛主席让中国人民站了起来，小平同志使中国人民开始富裕起来。我要用镜头把今天这个特别的日子记录下来。"

玉泉大厦门前，有一个身穿黑色短大衣的中学生，冲着驶来的灵车深深地鞠了一躬。头天，他从昌平县特意赶来，住在了北京的叔叔家，又新买了这件短大衣。他动情地说："这大衣，我今天只穿一天，但我会好好保存一辈子。以后，提起这一天，我就会说，我是穿着这件大衣为敬爱的小平同志送行的。"

四〇二医院病房里能行走的病人几乎都出来为邓小平送行了。几天前，住院的病人争相向医生请求，允许他们在这一天走出大门，加入为邓小平送行的行列。六十一岁的常汝棉大妈三个月前动了手术，整整一个冬天没有出屋门。今天她执意要女儿用轮椅推着来到路边，想见邓小平最后一面。在北京打工的保定市青年高爱民，腿部骨折，灵车通过的那一瞬，他硬撑着拐杖，从轮椅上站了起来，向邓小平深深地致敬。

五岁的何莹被爸爸高高举过头顶，手里拿着一个又红又大的苹果，她哭着说："邓爷爷，您看见这个苹果了吗？我爷爷让我把它送给您，请您平安走好。"红苹果像一团燃烧的火，似一颗跳动的心，表达了祖孙三代人共同的心愿——小平同志，一路平安！

临近八宝山北侧的何家坟，有两棵千年银杏树，上面钉着的古树标号是：A01531 和 A01532。住在这一带的孙大妈说："70 年代，北京修建地铁时，我亲眼见小平同志在这里挥锹劳动过。如今他去了，我们非常怀念他。"

是的，邓小平虽然离开了我们，但他在人民的心中，就像这两棵千年古树，高耸云天，万古长青！

9 时 51 分，载着邓小平遗体的灵车驶入八宝山革命公墓。邓小平就要离我们而去了。

"小平爷爷！小平爷爷！"一声声稚嫩的呼唤撞击着众人的心灵。

邓小平走了。为他送行的人们依然伫立在街头，久久不愿离去。他们把胸前的一朵朵小白花系在路边的松柏树枝上，以此寄托无边的眷恋、不尽的哀思。

邓小平走了。伫立的人们挥动着手臂，向这位世纪伟人作最后的诀别。

邓小平走了。带着他自信坚毅的微笑；带着他对祖国美好未来的憧憬；

带着他对祖国和人民的赤子之心。

邓小平走了。巨星陨落，江河同悲，但他光辉的业绩、伟大的精神与山河同在，与日月同辉。

邓小平走了。全国人民将沿着他的足迹，紧密地团结在以江泽民同志为核心的党中央周围，在建设有中国特色社会主义的大道上昂首阔步，去实现小平同志亲手描绘的四个现代化的宏伟蓝图。

邓小平走了。一代伟人离我们而去了。让我们再道一声：小平您好！

在大海中永生

一位以自己的一生书写中华民族崭新历史的伟人，今天完成了他人生的最后一个篇章。

1997年3月2日上午。

银色的专机，离开西郊机场，在首都上空低低地、缓缓地绕飞一周，然后穿过云层，飞向祖国的辽阔大海……

机舱内安放着全党全军和全国各族人民衷心爱戴的邓小平的骨灰。

一面鲜红的中国共产党党旗覆盖在骨灰盒上，这是党和人民给予一位九十三岁的老共产党员的最高荣誉。

捐献角膜、解剖遗体，不留骨灰、撒入大海——这是把毕生毫无保留地献给祖国和人民的邓小平的遗愿，也是他留给党和人民的一份珍贵遗产，表现了一个彻底的唯物主义者的高尚情怀。

今天，胡锦涛等中央领导和邓小平的夫人卓琳等亲属一起，以最朴素、最庄严的方式完成邓小平生前的这一嘱托。

穿云破雾，专机向大海上空飞去，飞向这位一生波澜壮阔的伟人最迷恋的地方。

也许是苍天为之动容，当专机飞临大海时，天空出现一道绚丽的彩虹。

11时25分，专机飞至1 800米高空。强忍着悲痛，八十一岁的卓琳眼含热泪，用颤巍巍的双手捧起邓小平同志的骨灰久久不忍松开。她一遍又一遍地呼唤着小平同志的名字，许久才将骨灰和五彩缤纷的花瓣缓缓撒向大海。

骨灰撒大海，鲜花送伟人。

1939 年 8 月，在延安陕北公学学习的卓琳与邓小平相识相爱并结为革命伴侣。那年，邓小平三十五岁，卓琳二十三岁，两人共同走过了五十八年的人生历程。如今，面对自己深爱的丈夫的骨灰，她怎能不肝肠寸断，悲痛欲绝？

这是一个令人心碎的时刻。

怀着无比悲痛的心情，胡锦涛缓缓地将骨灰和花瓣撒入大海。

随后，邓小平的子女邓林、邓朴方、邓楠、邓榕、邓质方和孙辈眠眠、萌萌、羊羊、小弟，悲痛地跪在机舱里，撒放骨灰与花瓣，完成他们敬爱的父亲、爷爷的遗愿。邓榕哽咽道："爸爸，您回归大海，回归大自然，您的遗愿得到了实现，您安息吧！"

跟随邓小平多年的卫士孙勇、张宝忠一身戎装，忠实地守卫在他的骨灰盒前。

泪水涟涟，哀思绵绵。

第一次见到海洋，邓小平还是一个十六岁的少年。那是 1920 年，他远渡重洋，到欧洲勤工俭学，寻求救国救民的真理。在那些日子里，美丽而苦难的祖国，时常越过海洋，沉入他的梦中……

大海，是他革命生涯的起点。1922 年，十八岁的邓小平在法国参加旅欧中国少年共产党，从此，他走上无产阶级职业革命家的道路。

大海，磨炼了他坚强的意志。从百色起义到浴血太行，从挺进中原到决战淮海，从横渡长江到挥师西南，他出生入死，南征北战，为共和国的创建立下了不朽功勋。

大海，坚定了他革命的信念。早在莫斯科学习时，他就"打定主意"："更坚决地把我的身子交给我们的党，交给本阶级。"六十多年后，他在退休之前，依然深情地说："我的生命是属于党、属于国家的。退下来以后，我将继续忠于党和国家的事业。"

飞机盘旋，鲜花伴着骨灰，撒向无垠的大海；

大海呜咽，寒风卷着浪花，痛悼伟人的离去……

邓小平一生迷恋大海，与波峰浪谷有着不解之缘。一下海，他就舒展双臂，游向深处。无论海多深，风多急，浪多大，他都劈波斩浪，勇往直前。

大海的无垠，开阔了他博大的胸襟；

浪涛的汹涌，塑造了他顽强的性格。

潮涨潮落，大海沉浮，就像他人生的三落三起。半个多世纪的革命生涯中，虽历经风险，但他始终百折不挠，总是能一次次在历史的紧要关头挽狂澜于既倒，在沧海横流中显出伟大的无产阶级革命家大无畏的英雄本色。

历史不会忘记，1978年12月，第三次复出的邓小平，以党的十一届三中全会为起点，揭开一场新的伟大革命的序幕，开创了一条有中国特色的社会主义康庄大道——

"如果现在再不实行改革，我们的现代化事业和社会主义事业就会被葬送……"

在他倡导的解放思想、实事求是的思想路线指引下，改革大潮汹涌澎湃。从农村到城市，从沿海到内地，从经济基础到上层建筑……改革，以神奇的魔力，使古老的中华大地焕发出勃勃生机。正如一首歌颂小平同志的诗所写的："于是才有了凤阳花鼓，敲响农民走向市场的节拍；才有了深圳神话，十年完成一个世纪的跨越……"

1992年春天，邓小平再次来到海边，像一位舵手，又一次为中国的改革开放和现代化建设指明了航程。

——改革开放胆子要更大一点，思想更解放一点，步子更快一点。

——判断改革和各方面工作的是非得失，归根到底，要以是否有利于发展社会主义社会的生产力，是否有利于增强社会主义国家的综合国力，是否有利于提高人民的生活水平为标准。

——基本路线要管一百年，动摇不得。

被称为社会主义改革开放和现代化建设总设计师的邓小平，以他大海般的气魄，又一次在中国大地掀起改革开放的巨澜。

飞机盘旋，鲜花伴着骨灰，撒向无垠的大海；

大海呜咽，寒风卷着浪花，痛悼伟人的离去……

历史不会忘记，1979年大年初一，邓小平最后一次越洋过海访问美国，这次出国距他少年时漂洋过海勤工俭学，整整五十九年。

风风雨雨，沧海桑田。饱经忧患的中华民族经历了太多的磨砺，太多的坎坷，太多的苦难。闭关自守，必然带来停滞、贫穷、愚昧和落后。

——任何国家要发达起来，闭关自守都不可能。

——太平洋再也不应该是隔开我们的障碍，而应该是联系我们的纽带。

邓小平以巨人之手，将封闭的国门打开。

位于南海边上的深圳、珠海，是中国对外开放的第一道风景线。1979年

4月，他提出了兴办经济特区的大胆设想，鼓励创业者"杀出一条血路来"。国门打开了！沿海、沿江、沿边，全方位开放的大格局已经形成，古老的中国终于向世界敞开了博大的胸怀。

飞机盘旋，鲜花伴着骨灰，撒向无垠的大海；

大海呜咽，寒风卷着浪花，痛悼伟人的离去……

海天相接，碧波相连。

小平同志心系各族人民，心系港澳台同胞，心系海外侨胞……

也许，奔腾不息的浪花会把他的骨灰送向祖国的万里海疆，小平回眸应笑慰。他开创的有中国特色社会主义的伟大事业，处处气象万千，后继有人，大有希望。

也许，奔腾不息的浪花会把他的骨灰送向香港、澳门，小平回眸应笑慰。他提出的"一国两制"的伟大构想，即将成为现实。香港回归即在眼前，澳门回归指日可待。

也许，奔腾不息的浪花会把他的骨灰送向台湾，小平回眸应笑慰。实现祖国完全统一，是他也是海峡两岸中国人的共同心愿，骨肉同胞终有一天会团圆。

也许，奔腾不息的浪花会把他的骨灰送向太平洋、印度洋、大西洋……小平回眸应笑慰。海外侨胞为祖国在改革开放中腾飞而骄傲；各国政要和人民盛赞小平："20世纪罕见的杰出人物""本世纪公认的世界级领袖""邓小平的影响超时代超国界"……邓小平不仅属于中国，也属于全世界。

骨灰撒大海，鲜花送伟人。

11时50分，专机盘旋着向大海告别。

透过舷窗望去，水天一色，波翻浪涌。从那永不停息的涛声中，人们仿佛又听到了震撼过无数人心灵的声音：

"我荣幸地以中华民族一员的资格，而成为世界公民。我是中国人民的儿子。我深情地爱着我的祖国和人民。"

一个人的生命是有限的，而人民的事业是永恒的。

如同一朵浪花，他从故乡的山溪流入嘉陵江、长江，然后穿云雾，过三峡，奔腾而下，经过九曲十八折，最终汇入浩瀚的大海……漫长的征程，昭示着一个朴素的真理：敢向时代潮头立，沧海一粟也永恒。

邓——小——平

一个铭刻在亿万人民心中不朽的名字，他在大海中得到永生！

编后记

　　邓小平的一生是光辉的一生、战斗的一生、伟大的一生。他的一生同中国共产党、中国人民解放军、中华人民共和国创建和发展的历史紧紧相连，同中国革命、建设、改革的历史进程紧紧相连，同中华民族抗争、独立、振兴的历史进程紧紧相连。作为一位享有崇高威望的卓越领导人、中国社会主义改革开放和现代化建设的总设计师、中国特色社会主义道路的开创者、邓小平理论的主要创立者，邓小平以其非凡的经历、独特的魅力以及过人的胆略和气魄，征服了千千万万的人们。邓小平为我们党、国家和民族立下了不朽的功绩。

　　为了展示邓小平的光辉业绩、伟大思想、崇高风范和卓越贡献，也为了纪念邓小平诞辰一百周年，编者曾以《邓小平人生纪实》为书名，于2004年6月编辑了本书，由江苏教育出版社出版。在纪念中国改革开放40周年之际，编者以《邓小平实录》为书名，由北京联合出版公司再版此书。

　　本书在体例上以时间顺序编排，共分十个部分。每一部分从历程、交往、珍闻三个主要方面，试图立体式地展现邓小平为中国新民主主义革命的胜利和新中国的成立，为中国社会主义的创建、巩固和发展，为中国社会主义现代化建设和改革开放而建立的不可磨灭的功勋。

　　本书内容是从大量有关研究邓小平的图书及报刊文章中精选出来的。在此，我们向这些图书及文章的编著者表示衷心的感谢！

　　初版时江苏教育出版社和凤凰出版社为本书的出版付出了很大的心血，在此一并致谢！

　　因水平及学识有限，疏漏及不当之处在所难免，敬请读者批评指正。

编者

2018 年 7 月

说　明

本书主要内容选编自以下著述：

《伟人之初领袖篇：邓小平》，邓榕著，浙江人民出版社 1996 年 7 月版。

《我的父亲邓小平》（上卷），邓榕著，中央文献出版社 1993 年 8 月版。

《邓小平在赣南》，凌步机著，中央文献出版社 1995 年 7 月版。

《刘伯承与邓小平：转战太行》，田酉如著，中共中央党校出版社 1994 年 8 月版。

《邓小平在中原》，任涛著，中央文献出版社 1993 年 7 月版。

《二十八年间——从师政委到总书记》，杨国宇等编，上海文艺出版社 1989 年 7 月版。

《邓小平与大西南》，中共重庆市委党史研究室等编，中央文献出版社 2000 年 1 月版。

《邓小平的历程：一个伟人和他的一个世纪》，刘金田等编，解放军文艺出版社 1997 年 9 月版。

《邓小平与中共党史重大事件》，刘金田、张爱茹著，中央文献出版社 2001 年 7 月版。

《邓小平与共和国重大历史事件》，武市红、高屹主编，人民出版社 2000 年 5 月版。

《邓小平视察纪实（1957—1994）》，刘金田、张爱茹著，江苏教育出版社 2002 年 12 月版。

《邓小平与 20 世纪政治人物》，陈继安、刘金田编著，北京出版社、团结出版社 1996 年 11 月版。

《邓小平与六十人》，齐欣、林娟、佳盈编著，上海人民出版社 2000 年 4 月版。

《邓小平交往录》，于俊道、邹洋编，四川人民出版社、新疆人民出版社 1996 年 12 月版。

《邓小平与共和国将帅》，江天编著，解放军文艺出版社 1998 年 1 月版。

《邓小平与外国首脑》，于越、白墨编著，中共中央党校出版社 1999 年 1 月版。

《走出国门的领袖——邓小平》，刘金田著，河北人民出版社 2001 年 9 月版。

《一代导师邓小平》，刘建军、马凤珍主编，中国青年出版社 1999 年 8 月版。

《伟人与中国铁路》，雷风行、才铁军著，中国铁道出版社 2001 年 12 月版。

《共和国历史上的邓小平》，阎润鱼著，河北人民出版社 2000 年 8 月版。

《邓小平的说服与攻心之道》，谭春元、伍英编著，湖南人民出版社 2002 年 9 月版。

《伟人邓小平》，袁永松主编，红旗出版社 1997 年 11 月版。

《邓小平珍闻录》，张世明、郑晓国、相三栓编著，知识出版社 1993 年 1 月版。

《生活中的邓小平》，聂月岩著，解放军出版社 1999 年 9 月版。

《邓小平在江西的日子》，危仁晟主编，中共党史出版社 1997 年 2 月版。

《回忆邓小平》，中共中央文献研究室编，中央文献出版社 1998 年 2 月版。

《再道一声：小平您好》，中共中央文献研究室邓小平研究组编，法律出版社 1997 年 3 月版。

《总设计师的足迹》，中共中央文献研究室邓小平研究组编，辽宁人民出版社、辽宁教育出版社 1997 年 5 月版。

《邓小平外交风采》，中华人民共和国外交部、中共中央文献研究室编，中央文献出版社、福建人民出版社 1998 年 12 月版。

《壮丽的画卷》，中共中央文献研究室科研管理部编，中央文献出版社 2001 年 5 月版。

《邓小平与现代中国》，邓小平与现代中国编委会编，现代出版社 1997 年 3 月版。

另外，本书还从《党的文献》《百年潮》《党史文汇》《党史天地》《党史博览》《党史纵横》等刊物中选编了一些文章。

在此，我们对上述作者表示深切的谢意。特别要指出的是，在这部书的编辑过程中，得到了上述许多作者的热情支持，但由于各种原因，我们未能在本书出版前与个别作者取得联系，谨向这些作者表示歉意。希望这些作者及时与我们联系，我们将按有关规定支付稿酬。

编者

2016 年 7 月于北京